80/20 법칙

80/20 법칙

리처드 코치 지음
공병호 옮김

http://www.book21.co.kr

80/20 법칙은, 수시로 바뀌는 자연의 풍경처럼 변덕스러운 경제현상을 오랜 세월 동안 지배해왔다. 그러나 이 법칙은 경험적으로 확인할 수 있을 뿐 아무도 왜 그런지를 설명하지 못한다.

— 조셉 스타인들

신은 우주를 상대로 주사위놀이를 하고 있다. 그러나 신은 단지 주사위를 던질 뿐이다. 우리가 신경 써야 할 것은 신이 어떤 규칙에 맞춰 주사위를 던지는지 알아내고, 그 규칙을 어떻게 우리 자신의 목적에 맞춰 이용할 수 있는지 알아내는 일이다.

— 조셉 포드

인류의 완벽을 향한 진보는 끝없이 원대하다. 그러므로 시대를 거듭할수록 인류의 진정한 부와 행복, 지식, 미덕까지도 계속 발전되어왔으며 앞으로도 계속 발전할 것이라는 희망적인 결론에 우리는 동의할 수밖에 없는 것이다.

— 에드워드 기번

80/20은 자연의 법칙이다

우연한 기회에 이 책과 만나게 되었다. '80/20 법칙'이란 제목만으로는 세계화의 음울한 현실과 전망을 그린 『세계화의 덫』이나 『노동의 종말』 등과 비슷한 이야기를 담고 있는 것처럼 보인다.

좌파 지식인들이나 낭만파 지식인들이 흔히 말하듯이 소수가 모든 것을 갖는 사회, 다시 말하면 한 사회의 20%가 대부분의 부를 차지하는 그런 암울한 미래를 그린 책처럼 보인다.

그러나 이 책은 예상을 완전히 뒤엎는 내용을 담고 있는 책이다. 저자가 개인적인 체험, 컨설턴트와 투자가로서 현장을 누비면서 발견한 공통된 사실들을 하나의 법칙으로 제시한 것이다.

저자가 자연법칙 혹은 진리라고 생각하는 '80/20 법칙'은 평소에 역자가 생각해온 것과 상당부분 일치한다. 때문에 이 책의 번역을 흔쾌히 맡았다. 이를테면 역자의 세계관이나 인생관과 맞아떨어지는 그런 책이라 할 수 있다. 서로가 다른 분야에서 살아가지만 치열하게 고민을 하면서 살아가는 사람들은 세상을 바라보는 관점이 서로 엇비슷함을 확인할 수 있었다.

'80/20 법칙'은 무엇을 뜻하는가? 간략히 말하면 "노력, 투입량, 원인의 작은 부분이 대부분의 성과, 산출량, 결과를 이루어낸다는 법칙"을 말한다. 구체적으로 이야기하면 원인과 결과, 투입량과 산출량, 노력과 성과 사이에 일정한 불균형이 존재하며, 이를테면 투입량 20%가 산출

량의 80%를 만들어내고, 원인 가운데 20%가 결과의 80%를 도출하며, 전체 노력의 20%에서 전체 성과의 80%가 만들어진다는 것이 자연과 인간 사회를 관류하는 법칙이라 할 수 있다.

무작정 열심히 노력한다고 해서 좋은 결실을 얻을 수 있는 것은 아니다. 어떻게 성공할 수 있을 것인가를 고민하는 사람이라면, 매일매일 변화하는 것처럼 보이는 자연현상이나 경제현상을 관류하는 이같은 법칙을 정확히 이해함으로써 성공에 한 걸음 다가설 수 있다.

모두들 얼마나 분주하게 살아가는가? 그러나 의외로 많은 사람들이 쓸데없고 가치없는 일에 수많은 시간과 많은 노력을 자신도 모르는 사이에 투자하고 있는 경우가 많다. 이는 투자가 아니라 낭비일 뿐이다. 그래서 저자는 시간혁명을 위한 7단계에서 노력과 보상은 비례하지 않는다는 발상의 전환과 80%의 가치를 창조하는 20%의 시간을 파악하고 여기에 집중적으로 투자할 것을 강하게 권하고 있다.

저자는 이 책이 경영컨설턴트들이 내놓는 경영혁신에 관한 책 가운데 한 권이 아니라는 사실을 분명히 밝히고 있다. 이 책은 자신의 신념을 활자화한 것임을 이렇게 고백하고 있다.

"나는 이 도입문을 의례적인 치사가 아니라 나의 개인적 신념으로 끝마치려고 한다.

나는 80/20 법칙이 희망을 줄 수 있다고 믿는다. 우리는 곳곳에서 비극적이라고 할 정도로 낭비하며 살고 있다. 자연에도, 기업이나 사회, 나아가 우리 개인의 삶 속에서도 낭비되고 있는 것이 얼마나 많은가? 투입의 20%가 80%를 낳는 것이 우리 삶의 현실이라면, 고작 20%의 결과밖에 만들어내지 못하는 나머지 80%의 노력은 얼마나

비생산적인가라는 점도 생각해보아야 한다."

이 책은 이 같은 자연법칙을 정확하게 이해함으로써 개인은 더 행복하고 효과적으로 살아갈 수 있으며, 영리를 추구하는 기업은 훨씬 더 많은 이윤을 얻을 수 있다. 물론 비영리 단체들도 더 값진 결과를 얻을 수 있을 것이며 정부 또는 국민들에게 적은 비용으로 더 많은 혜택을 제공할 수 있을 것이다.

살아 있는 모든 생물은 최적화를 위해 노력한다. 적은 투입으로 보다 많은 것을 얻기 위해서 노력한다. 물론 '80/20 법칙'이 지나치게 현상을 단순화하는 비난을 받을 수도 있다. 하지만 개인과 조직, 그리고 사회를 이 법칙에 의해서 조망하면 의외로 삶의 풍부한 지혜를 얻을 수 있을 것이다.

모두들 분주하게 살아가는 세상이다. 모두들 시간이 없다고 한다. 하지만 80%의 성과를 가져오는 진정으로 중요한 20%에 관심을 갖고 이에 시간과 노력을 집중하는 개인은 흔하지 않다.

수많은 상품과 조직을 갖추고 있는 기업 역시 수익의 80%를 낳는 핵심적인 분야에 대해서 좀더 집중한다면 원하는 소기의 성과를 훨씬 효과적으로 얻어낼 수 있을 것이다.

사회의 불평등에 분격하고 소득의 평등을 부르짖는 사람들이라면 이 책을 반드시 읽어봐야 할 것이다. 세상의 진정한 모습이 어떻게 생겨 있는지를 이해한다면 불필요한 갈등과 투쟁이 얼마나 해로운 것인가를 깨닫게 될 것이다. 물론 부의 불평등을 해소하는 방법에 대해서도 고정관념을 벗어날 수 있을 것이다.

독자들은 '제1부: 80/20 법칙이란 무엇인가'를 읽은 다음 본인의

필요에 따라 취사선택할 수 있다. 80/20 법칙을 개인 생활의 혁신에 이용하기를 원한다면 '제2부: [개인편] 덜 일하고 많이 버는 길'을 바로 읽는 것이 좋을 것이다. 이 법칙을 조직혁신에 적용하기를 원한다면 '제3부: [기업편] 적게 투자하고 많이 남기는 길'을, 그리고 바람직한 사회의 진로에 대해서 고민한다면 '제4부: [사회편] 덜 싸우고 풍요로워지는 길'을 읽을 수 있을 것이다.

옮긴이 공병호

80%는 낭비다! 20%로 승부하라!

이 책은 내가 지금껏 쓴 책 중 가장 심혈을 기울인 책으로서 충분한 자료조사가 뒷받침되었다. 80/20 법칙(the 80/20 Principle)에 따르자면 내가 이 책을 쓰기 위해 바친 시간의 20%에서 이 책이 가진 가치의 80%가 만들어졌다는 아이러니가 이 책에도 존재한다. 두말할 나위 없이 나는 이 책을 매우 만족스럽게 생각하지만, 사실 내가 기울인 노력이 그만한 가치가 있는지 없는지는 독자만이 판단할 수 있다. 개인적으로는 이 책이 충분한 가치가 있다고 생각하지만, 이 책에 관한 평가에 있어서 나는 객관성을 잃어버렸을지도 모르기 때문이다.

이 책의 구성

'제1부: 80/20 법칙이란 무엇인가'는 80/20 법칙의 기본적인 개념을 설명한다. 제1장에서는 80/20 법칙의 의미와 역사적 발전과정을 소개한다. 그리고 제2장에서는 80/20 법칙을 어떻게 실행할 수 있는지, 그리고 80/20 법칙에서 도출된 유용한 두 가지 방법인 80/20 분석과 80/20 사고방식이 어떻게 다른지 고찰하고 있다. 80/20 분석은 원인과 결과를 비교하는 체계적이며 정량

적인 방법론이다. 이에 비해 80/20 사고방식은 덜 정확하지만 보다 직관적인 사고의 과정이다. 이를 통해 우리는 생활에서 중요한 일의 중요한 원인을 찾아내서 자원을 재분배함으로써 우리의 삶을 획기적으로 개선할 수 있는 사고방식과 습관을 형성할 수 있다.

'제2부: [개인편] 덜 일하고 많이 버는 길'은 80/20 법칙을 활용하여 직장과 개인 생활에서의 행복을 증진시킬 수 있는 방법을 보여준다. 이것은 내가 새로 연구하여 개척한 부분이다. 이러한 나의 시도는 불완전하고 완성된 것도 아니긴 하지만 몇 가지 놀랄 만한 통찰력을 제공해줄 것이다. 예를 들면 인생에서 전형적인 개인의 행복이나 성취의 80%는 인생의 아주 작은 부분에서 생긴다. 최고의 개인적 가치는 대개 크게 확대될 수 있다. 많은 사람들이 공통적으로 시간이 부족하다고 말한다. 나는 80/20 법칙을 적용하여 역으로 생각할 것을 제안한다. 즉 우리는 사실상 시간을 낭비하고 있으며, 남용하고 있다.

'제3부: [기업편] 적게 투입하고 많이 남기는 길'은 80/20 법칙을 비즈니스에 가장 효과적으로 활용하는 방법을 설명해준다. 이러한 활용방법은 그 동안 검증을 거쳐 무한한 가치를 가지고 있다는 점이 증명되었다. 그러나 대부분의 비즈니스 조직은 이를 아직 충분히 활용하지 못하고 있다. 이 부분은 저자의 독창적인 부분은 많지 않다. 그러나 중소기업이든 대기업이든 획기적인 이익의 향상을 기록한 사례를 찾아 처음 책으로 정리해냈다는 데서 의의를 찾을 수 있다고 본다.

'제4부: [사회편] 덜 싸우고 풍요로워지는 길'은 사회 진보의 강

력한 추진력으로서 80/20이 가지는 위상과 관련 주제를 다룬다. 나는 80/20 법칙이 기업의 가치 창조와 개인의 발전뿐 아니라 공공선(公共善)을 위해서 활용될 수도 있다고 생각한다.

이전에 쓴 책들과 비교해볼 때 이 책을 쓰는 데는 정말 많은 분들이 도움을 주셨다. 많은 작가들이 자신의 책에 "이 책은 함께 일한 사람들이 노력한 결과"라고 점잖게 써놓곤 하는데 이는 마음에도 없는 겸손이니 이 말을 액면 그대로 믿어서는 안 된다. 왜냐하면 결국 그 책을 쓸 수 있는 사람은 작가 자신뿐이기 때문이다. 그럼에도 불구하고 나는 이분들의 도움이 없었더라면 이 책이 세상에 존재하지 않았거나 훨씬 가치 없는 책이 되고 말았을지도 모를 몇 분께 감사를 드리고 싶다.

첫 번째로 감사드리고 싶은 분은 한때 피트만 출판사에서 일했고 지금은 캡스톤 출판사에서 나의 동업자로 일하고 있는 마크 올린씨인데, 이분은 제일 처음 이 책을 쓸 것을 제안해주신 분이다.

두 번째로는 니콜라스 브릴리씨에게 감사드린다. 니콜라스는 이 책을 쓸 때 지적인 면에서 큰 도움을 주신 분으로, 나는 진심으로 이 책이 그의 노고를 전액 보상해주기를 바란다. 제7장에 나오는 폰 멘스타인의 법칙에 따르면 니콜라스처럼 영리하고 부지런한 사람은 위험인물이므로 회사에서 해고당해야 하는데, 그는 본인이 직접 회사를 운영하는 위치에 있으니 참 다행스러운 일이다. 또한 나는 그의 엄청난 인내심에도 감사를 드리는 바이다.

샐리 런셀 영은 내가 감사하고자 하는 세 번째 인물인데 이 책이 올바른 구조와 내용을 갖출 수 있도록 공동작업을 해준 자칭 '천부적인 출판업자'이다.

다음으로 감사를 드릴 분은 이 책의 자료조사를 맡아준 닉 오스터링크씨로 그는 1897년부터 1997년에 이르는 80/20 법칙의 역사를 재구성하는 데 발군의 실력을 발휘해주었다. 지금은 종적을 감춰 내 레이더망에 잡히지 않고 있는데, 혹시 그가 내게 연락을 해온다면 나는 기꺼이 그를 위해 샴페인을 터뜨려줄 것이다.

또한, 처음으로 80/20 법칙을 만들어낸 파레토 박사와 이 법칙을 계속 심화·발전시켜준 주란, 집프, 크루그만씨, 이름이 알려지지 않은 1960년대 IBM의 주인공들에게도 감사를 드린다. 이 외에도 80/20 법칙과 관련된 글을 잡지에 써주신 수백 분께 감사드린다. 나는 이 법칙이 어떤 식으로 활용될 수 있는지를 증명하기 위해 이 중 많은 글을 광범위하게 인용했으며, 인용된 글은 반드시 참고문헌란에 수록하려고 세심한 주의를 기울였다. 그러나 혹 실수로 수록하지 않았을 경우를 대비해 미리 사과를 드리며 다음 인쇄시 시정할 수 있도록 반드시 연락해줄 것을 당부한다. 버밍엄 경영대학에서 경제·경영과 비즈니스 전략에 관해 강의를 하고 있는 데이비드 파커 교수에게 특히 감사드린다. 비즈니스 전략에 카오스 이론을 적용한 그의 연구는 대단한 통찰력을 갖춘 것이어서 나는 이 연구의 많은 부분을 인용했다.

리처드 코치

차례

80/20 법칙이란 무엇인가 1

성공의 비밀

80/20 법칙은, 수시로 바뀌는 자연의 풍경처럼 변덕스러운 경제현상을 오랜 세월 동안 지배해왔다. 그러나 이 법칙은 경험적으로 확인할 수 있을 뿐 아무도 왜 그런지를 설명하지 못한다.

– 조셉 스타인들[1]

80/20 법칙은 모든 사람이 일상생활에 적용할 수 있으며 또한 행복을 원한다면 누구나 활용해야 할 것이다. 또한 모든 조직, 기관과 사회 단체들도 역시 마찬가지다. 80/20 법칙을 통해 개인과 조직은 보다 적은 노력으로 훨씬 많은 것을 얻을 수 있으며, 개인은 일의 효과와 행복을 획기적으로 증진시킬 수 있다. 또한 이 법칙은 기업의 이익을 높여주고 모든 조직에서 일의 효과를 크게 개선시켜준다. 그리고 공공 서비스의 질을 높이면서도 비용은 절감할 수 있는 비결을 제시해준다. 이 책은 80/20 법칙[2]을 설명한 세계 최초의 책이다. 나는 80/20 법칙이야말로 동시대인의 삶을 압박하는 문제를 해결하는 최선책이라는 확고한 신념하에 이 책을 썼다. 나의 이러한 신념은 개인적 경험과 직업적 활동을 통해 형성되고 더욱 강해졌다.

마법의 숫자 80/20

80/20 법칙이란 노력, 투입량, 원인의 작은 부분이 대부분의 성과, 산출량, 결과를 이루어낸다는 법칙이다. 이것은 독자 여러분이 직장에서 이룬 성과의 80%는 그 일을 위해 투자한 전체 시간의 불과 20%에 의해 성취된다는 것을 의미한다. 따라서 실용적으로 보자면 노력의 대부분이라고 할 수 있는 5분의 4는 거의 성과 없이 허비하게 된다는 것을 의미한다. 이는 보통 사람들이 생각하는 상식이나 도덕률과는 상반된다.

이처럼 80/20 법칙에 따르면 원인과 결과, 투입량과 산출량, 노력과 성과 사이에 일정한 불균형이 있으며, 이 불균형의 관계를 나타내는 기준 수치가 바로 80과 20이다. 다시 말해, 투입량 중 20%가 산출량의 80%를 만들어내고, 원인 가운데 20%로부터 결과의 80%가 도출되며, 전체 노력의 20%에서 전체 성과의 80%가 만들어진다는 것이 이 법칙의 전형적인 모델이다. [도표 1]은 바로 이러한 80/20 법칙의 전형적인 모델을 보여주고 있다.

비즈니스 측면에서도 80/20 법칙은 여러 가지 예를 통해 입증되고 있다. 전체 제품 중 20%의 품목에서 전체 매출액의 80%가 나오며, 전체 고객의 20%가 전체 매출액의 80%를 구매한다. 또 모든 품목의 20%, 혹은 전 구매자의 20%로부터 그 회사는 전체 이익의 80%를 얻게 된다.

사회적으로 보면 범죄자의 20%가 전체 범죄의 80%에 해당하는 범죄를 저지르며, 전체 운전자의 20%가 80%의 교통사고를 일으킨다. 또한, 전체 기혼자의 20%가 전체 이혼율의 80%를 구성한다. 이처럼 여러 차례 결혼과 이혼을 반복하는 사람들이 통계를 왜곡시

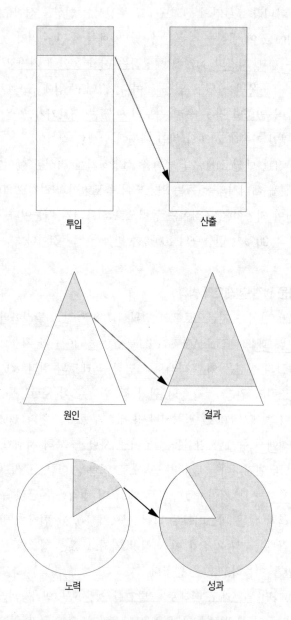

투입   산출

원인   결과

노력   성과

[도표 1] 80/20 법칙

킬 뿐 아니라 부부간의 신뢰도에도 부정적인 인상을 심어주고 있다.

가정에도 이 법칙을 적용할 수 있다. 예를 들면 우리가 옷을 입고 지내는 전체 시간의 80%에 해당하는 시간 동안에 가지고 있는 옷 중 20%의 옷만을 입고 있을 것이다. 그리고 집에 도난 경보기가 설치되어 있다면 잘못 울린 경보의 80%는 경보기가 울릴 수 있는 모든 원인 가운데 20%의 원인 때문에 발생할 것이다.

내연기관 엔진도 80/20 법칙을 설명하기에 적절한 예이다. 왜냐하면 전체 에너지의 80%는 연소되어 쓸모없이 버려지고 20%의 에너지만이 자동차를 움직이는 동력으로 사용되기 때문이다. 즉 전체 투입량의 20%가 산출량의 100%를 만들어내는 것이다.[3]

놀라운 발견-파레토의 법칙

80/20 법칙은 지금으로부터 정확히 100년 전 이탈리아의 경제학자인 빌프레도 파레토(Vilfredo Pareto, 1848~1923)가 처음으로 발견했다. 그의 발견은 이후 파레토의 법칙, 파레토의 원리, 80/20 규칙, 최소 노력의 원리, 불균형의 원리 등 수많은 이름으로 불리어졌다. 나는 이 책에서 80/20 법칙이란 용어로 부르고자 한다. 80/20 법칙은 사회에서 중요한 업적을 이루어낸 사람들, 특히 사업가, 컴퓨터광, 고급 엔지니어들에게 지속적으로 영향을 미침으로써 현대사회를 이룩하는 데 기여하였다. 그럼에도 이 법칙은 지금껏 우리 시대의 풀리지 않는 미스터리로 남아 있으며, 80/20 법칙을 알고 있다고 생각하는 전문가조차 이 법칙이 가지고 있는 영향력 중 빙산의 일각만을 이용하고 있을 뿐이다.

그렇다면 빌프레도 파레토가 발견한 것은 무엇인가? 파레토는 19세기 영국의 부와 소득의 유형을 연구하던 중 연구자료를 통해 소

수의 국민이 대부분의 소득을 벌어들인다는 부의 불평등현상을 발견했다. 이 사실은 그리 놀랄 만한 것은 아니었다. 그러나 그는 이 외에도 매우 의미있는 두 가지 사실을 발견해냈다. 그 하나는 인구의 비중과 그들이 소유하고 있는 부 혹은 소득의 비중 사이에는 항상 일관된 수치가 나타난다는 것이다.[4] 간단히 말해, 전 인구의 20%가 전체 부의 80%를 차지하고 있다고 볼 때,[5] 10%의 인구는 65%의 부를, 5%의 인구는 50%의 부를 차지하고 있다는 사실이다.

파레토 자신도 대단히 흥분했던 또하나의 발견은 바로 다른 어느 시대, 어느 나라의 자료를 조사해보더라도, 이 불균형의 패턴이 항상 똑같이 나타난다는 점이었다. 영국의 초기 근대사회를 관찰하든, 동시대의 다른 나라를 연구하든, 혹은 그 이전 시대를 관찰하든 동일한 패턴이 매우 정확하게 반복해서 나타나는 것이었다.

그렇다면 이 현상은 일시적인 우연의 일치였을까? 아니면 경제와 사회에 엄청난 중요성을 가지게 될 일반 법칙으로 발전시킬 수 있는 발견이었을까? 이 법칙을 부나 소득이 아니라, 서로 연관성을 갖는 다른 자료에 적용해도 성립할 것인가? 파레토 이전에는 그가 부, 소득의 분배와 재산 소유자의 수를 비교한 것처럼 서로 관련있는 두 가지 자료를 함께 비교 연구한 학자가 없었으므로 파레토는 대단히 혁신적인 연구자인 셈이다. 지금은 이런 연구방법이 매우 보편화되었으며, 이 방법을 통해 사업과 경제학에서 큰 발전을 이룩할 수 있었다.

파레토는 자신의 발견이 중요하다는 것과 광범위하게 적용될 수 있다는 것을 알았지만 유감스럽게도 이를 제대로 설명하는 데는 매우 서툴렀다. 그는 생애의 후기에는 무솔리니의 파시스트 정권의 강요에 못 이겨 엘리트 계층의 역할을 부각시키는 사회학 이론들을

잇달아 발표했다. 이후 80/20 법칙의 중요성은 한 세대 동안 별 주목을 받지 못하였다. 미국 경제학자들을 포함한 몇몇 학자들이 이 법칙의 중요성을 인식하게 되었지만,[6] 본격적으로 이 법칙을 연구한 것은 제2차 세계대전 이후 나타난 두 명의 선구자들이었다.

집프의 최소 노력의 법칙

이 두 명의 선구자 중 한 명이 하버드 대학의 언어학자인 조지 K. 집프(George K. Zipf) 박사였다. 집프 박사는 1949년 '최소 노력의 법칙(Principle of Least Effort)'을 발표했다. 이 법칙은 사실상 파레토의 법칙을 재발견하여 심화시킨 것이다. 집프의 법칙에 따르면 사람, 물건, 시간, 기술 등 생산적인 자원은 스스로 노동을 최소화하도록 조정하는 경향이 있어서, 대개 자원의 20~30%에 해당하는 양이 그 자원의 결과로 나타나는 활동의 70~80%를 이루어낸다고 한다.[7]

집프 박사는 이러한 불균형의 패턴이 일관되게 나타난다는 점을 증명하기 위해 인구통계, 문헌, 언어학, 산업활동 등을 활용했다. 예를 들어, 필라델피아 내에 있는 20블록 크기의 한 지역을 설정해 그 안에 살고 있는 사람들의 결혼증명서 중 1931년 발급된 결혼증명서를 조사한 결과, 20블록의 30%에 해당하는 거리 안에 살고 있는 사람들끼리 결혼한 경우가 전체의 70%에 이른다는 사실을 알아냈다.

이에 덧붙여, 집프 박사는 "사용빈도가 높은 물건일수록 몸에서 가까운 곳에 두게 된다"는 또 다른 법칙을 이용해 우리가 책상 위에 여러 물건들을 어지럽게 쌓아두는 이유를 과학적으로 설명해냈다. 유능한 비서라면 자주 사용하는 서류 파일은 분류해서 따로 보

관할 필요가 없다는 사실을 알고 있을 것이다.

주란의 핵심적인 소수의 법칙과 일본의 부흥

80/20 법칙의 또 다른 선구자는 품질연구의 대가로서 루마니아 태생의 미국인 엔지니어 조셉 M. 주란(Joseph Moses Juran, 1904~) 이다. 그는 1950년부터 1990년 사이에 일어난 품질혁신운동의 이론적 기초를 만든 사람이다. 주란은 스스로 '파레토의 법칙' 혹은 '핵심적인 소수의 법칙(Rule of the Vital Few)'이라고 부른 법칙을 발견했는데, 이 둘은 사실상 같은 것을 의미하며 제품의 품질을 높일 목적으로 만들어졌다.

1924년 주란은 벨 텔레폰 시스템사의 제조부문인 웨스턴 일렉트릭사에서 산업 엔지니어로 사회생활을 시작하여 나중에는 세계 최초의 품질 컨설턴트 중 한 명으로 변신했다.

주란은 품질상의 결함을 제거하여 산업재와 소비재의 가치와 신뢰도를 향상시키기 위해서 다른 통계적 품질관리 방법과 함께 80/20 법칙을 사용해야 한다고 주장했다. 주란은 1951년에 품질관리의 새로운 지평을 연 『품질관리 핸드북 Quality Control Handbook』이라는 책을 발간했는데, 이 책에서 80/20 법칙을 다양한 예를 들어가며 극찬하고 있다.

> 파레토라는 경제학자는 나의 품질 저하에 대한 연구 결과와 동일한 방식으로 부가 불균등하게 분배되는 현상을 발견해냈다. 이 외에도 범죄자들 사이의 범죄율 분포나 난폭 운전자들 사이의 교통사고의 분포 등에도 이런 불균등현상이 나타난다. 파레토의 불균등한 분포의 법칙은 부의 분배뿐 아니라 품질 저하의 분포에도 적용된다.[8]

그러나 당시 미국의 주요 기업가들은 아무도 주란의 법칙에 관심을 갖지 않았다. 1953년 주란은 일본에 강연 초청을 받았는데, 그곳에서 자신의 이론에 귀 기울이는 기업인들을 만나게 되었고 이후 일본에 머물며 여러 일본 기업에서 생산하는 소비재의 가치와 품질을 향상시키는 데 공헌하였다. 1970년대 이후 일본의 산업이 미국을 위협할 만큼 성장하자, 서구에서도 주란의 이론을 진지하게 받아들이게 되었다. 그는 곧 미국으로 돌아와 일본에서와 같은 방법으로 미국의 산업발전을 위해 일하게 되었다. 그러므로 80/20 법칙이야말로 전 세계 품질혁명의 중추라 할 수 있는 것이다.

세계적 기업들이 80/20 법칙을 이용하다

IBM은 80/20 법칙을 주목하고 활용한 최초의 기업이자 가장 성공한 기업이라 할 수 있다. IBM이 80/20 법칙을 활용했기 때문에 1960년대와 1970년대에 공부한 컴퓨터 시스템 전문가들은 이 법칙에 매우 익숙하다.

1963년 IBM은 컴퓨터를 사용하는 시간 중 80%가 전 운영 코드 가운데 20%를 실행하는 데 쓰인다는 점을 발견했다. IBM은 즉시 사용자들이 가장 많이 사용하는 20%의 운영 코드를 쉽고 편하게 사용할 수 있도록 운영 소프트웨어를 다시 만들었다. 그래서 IBM은 경쟁 회사들의 컴퓨터보다 다양하게 응용할 수 있으면서도 더 효율적이고 빠른 컴퓨터를 생산해낼 수 있었다.

그 다음 세대에 개인용 컴퓨터와 그에 맞는 소프트웨어를 개발해낸 애플, 로터스, 마이크로소프트사도 80/20 법칙을 사용하여 더욱 값싸면서도 모든 이용자들이 쉽게 사용할 수 있는 컴퓨터를 만들어냈다.

사회적 불균형 논란의 핵심

파레토 이후 한 세기가 지난 현재, 몇몇 슈퍼스타와 정상의 자리에 오른 극소수의 사람들이 천문학적 액수의 소득을 벌어들이는 점과 관련해, 80/20 법칙을 둘러싼 논쟁이 표면화되었다. 영화감독 스티븐 스필버그는 1994년 한 해 동안 1억 6,500만 달러를 벌어들였고, 최고의 변호사 조셉 저메일은 9,000만 달러를 벌었다. 그에 비해 능력 면에서 크게 떨어지지 않는 다른 영화감독이나 변호사들은 이들에 비해 매우 적은 소득만을 기록했다.

20세기에 국가는 소득의 평등을 위해 최대의 노력을 기울였지만, 한 부분의 불평등을 해결하면 다른 부분에서 소득 불평등현상이 계속 재생산되었다. 1973년부터 1995년 사이에 미국의 실질 소득 평균은 36% 증가했으나, 비관리직 노동자의 경우에는 평균소득이 14%나 감소했다. 1980년대에 이룬 모든 경제적 성과가 소득의 상위 20%에게 돌아갔으며, 놀랍게도 총증가율의 64%가 상위 1% 이내의 고액소득자들에게 돌아가버렸다. 미국 내 주식의 소유도 극소수의 가구에 집중되어 있다. 즉 미국 전체 가구의 5%가 전체 가구가 소유한 주식의 75%를 가지고 있다. 이와 유사한 현상이 달러화의 역할에서도 나타난다. 미국이 전 세계 무역에서 차지하는 비율은 13%에 불과하지만 세계 무역 대금의 50%가 달러화로 청구된다. 또한 전 세계 생산량에서 미국의 국내 총생산이 차지하는 비율은 20%를 조금 넘는 데 불과하지만 외환 보유고에서는 달러화의 비율이 64%나 된다.

이러한 불균형을 제거하기 위한 최대의 노력을 의식적으로 계속 기울이지 않는 한 80/20 법칙은 항상 존재할 것이다.

왜 80/20 법칙이 중요한가

80/20 법칙이 가치있는 이유는 이것이 인간의 직관에 반하는 법칙이라는 점 때문이다. 사람들은 모든 원인이 각각 똑같은 중요성을 갖기를 바라고, 모든 소비자들이 동등한 가치를 지니기를 바라며, 어떤 사업, 제품, 매출액이 다른 것들과 똑같은 가치를 가지기를 기대한다. 특정 분야에서 일하는 종업원 개개인이 각자 동등한 가치를 갖기를 바라며, 우리가 보내는 하루나 한 주가 모두 똑같이 중요하기를 바란다. 친구 한 사람 한 사람이 우리에게 다같이 중요하길 바라며, 모든 질문과 전화가 똑같이 취급되길 바란다. 모든 대학이 동등한 명예를 갖길 바라고, 문제를 발생시킨 여러 가지 원인이 모두 똑같은 중요성을 가지고 있어서 특별히 중요한 원인 몇 가지만을 더욱 복잡하게 생각할 필요가 없길 바란다. 또 모든 기회가 동등한 가치를 지니고 있기를 기대한다.

보통 우리는 원인 혹은 투입량의 50%가 결과 혹은 산출량의 50%를 만들어낼 것이라고 생각한다. 원인과 결과가 평등하게 균형 잡힌 상태여야 자연스럽고 공정한 것이라고 생각한다. 물론 때때로 그런 결과가 나타나기도 한다. 그러나 이러한 50 대 50 사고방식의 오류는 우리 의식 내부에 깊숙이 자리잡은 부적절하고 위험한 생각이다. 80/20 법칙이 주장하는 바는 인과관계에 있는, 조사 분석이 가능한 두 자료를 연구해봤을 때 그 둘 사이에는 반드시 불균형의 관계가 존재한다는 것이다. 이 불균형의 비는 65 대 35, 70 대 30, 75 대 25, 80 대 20, 95 대 5, 99.9 대 0.1, 또는 이 사이의 다른 어떤 수치로도 구성될 수 있다. 또한 두 숫자의 합이 반드시 100 이상일 필요는 없다.

80/20 법칙에 따라 우리가 두 자료의 불균형 정도를 알아본다면

대부분 깜짝 놀라게 될 것이다. 불균형의 정도가 어떤 수치로 나오든 그 수치는 우리가 예상했던 정도를 뛰어넘는다. 회사 간부들은 특정 구매자와 특정 제품이 다른 구매자나 제품보다 더 많은 이익을 안겨준다는 사실을 예상하고는 있을 것이다. 그러나 격차를 객관적으로 확인해보면 상상을 뛰어넘는 불균형에 놀라 말문이 막힐지도 모른다. 교사들도 소수의 학생이 대부분의 교칙위반이나 문제를 일으킨다는 사실을 알고는 있겠지만 그 불균형의 정도를 기록해서 분석해보면 예상했던 것보다 훨씬 차이가 클 것이다. 또 우리의 시간 배분의 비중과 그에 따른 성과 사이의 관계를 비교해보면 깜짝 놀랄 것이다.

우리가 80/20 법칙을 알아야 하는 이유는 분명하다. 바로 우리가 80/20 법칙을 깨닫든 깨닫지 못하든 상관없이 이 법칙이 절대적으로 우리의 삶과 사회, 직장, 일터를 지배하기 때문이다. 그러므로 80/20 법칙을 이해하면 우리의 주변에서 일어나는 일의 실상을 정확히 파악할 수 있게 된다.

이 책이 전달하고자 하는 가장 중요한 메시지는 바로 80/20 법칙을 이용해 우리의 일상생활을 크게 향상시킬 수 있다는 점이다. 개인은 더 행복하고 효과적으로 살아갈 수 있으며, 영리를 추구하는 기업은 훨씬 더 많은 이윤을 얻을 수 있다. 비영리 단체들도 더 값진 결과를 얻을 수 있으며, 정부는 국민에게 더 많은 혜택을 제공할 수 있다. 이 법칙은 모든 개인과 조직이 더 적은 노력, 비용, 투자를 들여서 더욱 가치있는 결과를 얻도록 해준다.

80/20 법칙의 전개 과정에서 가장 중요한 부분은 바로 목적에 맞춰 최대의 효과를 얻도록 자원을 대체하는 과정이다. 즉 특정 용도에서 효과가 미미한 자원은 사용하지 않거나 아주 일부만을 사용하

고, 효과가 큰 자원을 최대한 사용함으로써, 모든 자원이 최고의 효과를 발휘하도록 자원활용을 최적화할 수 있다. 특정 용도에서는 효과가 적었던 자원도 다른 적절한 곳에 사용하면 훨씬 큰 효과를 발휘할 수도 있다.

수백년간 기업과 시장은 이런 과정을 활용해 효과를 높여왔다. 1800년경 프랑스의 경제학자인 J-B 세이(J-B Say)는 '기업가(entrepreneur)는 경제 자원을 생산성이 낮은 분야에서 빼내 생산성과 산출량이 큰 분야로 이동시켜야 한다'라고 말하여 '기업가'라는 신조어를 탄생시켰다. 그러나 80/20 법칙과 관련하여 한 가지 흥미로운 사실은 아직도 기업과 시장이 최선의 해결책을 찾지 못했다는 점이다. 예를 들어 80/20 법칙에 따르면 제품, 소비자, 종업원의 20%가 실제 이익의 80%를 만들어낸다. 그런데 실제 조사결과 대부분의 경우 확인되는 이러한 심각한 불균형의 상태는 뒤집어보면 현재의 업무내용이나 자원배분이 비효율적이며 최적의 배분은 아니라는 것을 의미한다. 즉 제품, 소비자, 종업원의 80%가 전체 이익의 20%만을 만들어낸다는 것을 의미하므로 이러한 현실은 대단한 낭비이다. 효과가 상대적으로 적은 다수의 자원들이 기업 내에서 가장 효과가 큰 제품의 효율성을 낮추고 있는 셈이므로 효율성이 가장 높은 제품을 더 많이 팔거나, 효율성이 높은 종업원을 더 고용하거나, 효율성이 높은 소비자들이 더 많은 물건을 사도록 설득할 수 있다면 회사의 이익은 비약적으로 증가할 것이다.

그러면 사람들은 '그럼 겨우 20%만의 이익을 내는 80%의 제품은 왜 계속 생산하는가?'라고 되물을지도 모른다. 그러나 당신이 지금껏 해온 일의 5분의 4를 당장 그만둔다고 생각해보라. 그것이 개인생활의 혁명을 의미하듯이 기업도 당장 80%의 제품 생산을 중

단하는 것은 너무 급진적인 것이라 수용하기 어려울 것이다.

세이가 기업가의 역할로 정의했던 것을, 현대 금융가들은 중재(arbitrge)라고 부른다. 국제 금융시장은 환율과 같은 요소에서 비정상적인 가치평가가 발생할 경우 이를 신속하게 바로잡을 수 있지만, 개인이나 기업 조직은 자원을 성과가 낮은 곳에서 성과가 큰 곳으로 이동시킨다든지, 효과가 적은 자원의 사용을 줄이고 효과가 큰 자원을 더 많이 사용하는 등의 중재활동에 서툴다. 우리는 어떤 자원이 조셉 주란이 말한 생산성이 획기적으로 높은 '핵심적인 소수'이며, 어떤 자원이 조셉 주란이 '하찮은 다수'라고 부른 비생산적인 자원인지를 파악하지 못하는 경우가 대부분이다. 만일 우리가 삶의 모든 측면에서 핵심적인 소수와 하찮은 다수의 차이점을 깨닫고 이에 대응하는 조치를 취할 수만 있다면, 우리가 원하는 것을 더 많이 가질 수 있을 것이다.

80/20 법칙과 카오스 이론

확률 이론에 따르면 80/20 법칙이 적용되는 것이 모두 우연의 일치라고 치부해버리는 것이 논리적으로도 옳지 않다는 점을 알 수 있다. 이 법칙이 그렇게 광범위하고 일관되게 적용되는 것은 이 법칙에 우리가 미처 알지 못하는 더 깊은 의미가 있거나 배후에 어떤 원인이 있지 않고는 불가능한 일일 것이다.

사회 연구에 일관된 방법론을 적용하려고 노력한 파레토는 이 문제에 집요하게 매달렸다. 그는 '경험과 관찰을 통해 확인한 사실을 모사(picture)하는 이론'과, 개인이나 사회적 행동을 설명할 수 있는

일정한 패턴이나 사회적 법칙 또는 통일성을 찾으려고 노력했다.

그러나 파레토의 사회학은 설득력 있는 해답을 찾아내지 못했다. 그는 80/20 법칙과 같은 짝을 이루며 이 법칙을 설명하는 데 도움이 되는 카오스 이론이 출현하기 훨씬 이전에 세상을 떠났다.

20세기의 마지막 30여년 동안은 과학자들이 지난 350년 동안 지배해온 우주에 대한 사고방식에 일대 변혁을 가져온 시기였다. 지난 350년 동안 과학계를 지배해온 지식이란 중세 시대의 신비적이고 비논리적인 세계관에서 훨씬 발전된 합리적인 사고방식과 기계 문명에 바탕을 둔 지식이었다. 그러한 세계관에 따르면 모든 현상들은 규칙적이고 예측 가능한 것만을 과학적이라고 인정한다. 예를 들면, a 때문에 b가 생기고 b로 인해 c가 발생하며 a+c가 되어 d가 발생한다는 식이었다. 이러한 세계관을 통해 인간의 심장 운동이나, 개별적인 시장의 움직임처럼 우주의 개별적인 부분들을 별도로 떼어내 분석할 수 있게 되었다. 왜냐하면 각 부분의 합계가 곧 전체이며 그 반대의 경우도 성립한다는 명제에 근거했기 때문이다.

그러나 20세기 후반에 들어서면서 전체 시스템은 단순한 부분들의 총합과는 다른 무엇이고, 각 부분들 사이의 관계도 단순한 일차원적 관계가 아니며, 세계를 진화하는 유기체라는 관점에서 보는 것이 옳다는 견해가 대두되었다. 원인을 정확히 밝혀내는 것도 힘들 뿐 아니라 원인들끼리도 복잡하게 얽혀 있으며 어떤 것이 원인이고 어떤 것이 결과인지도 분명하지 않다. 선형적인 사고방식이 지닌 결점은 그것이 맞지 않는 경우도 많으며, 사물을 지나치게 단순화시킨다는 것이다. 평형상태란 가상 속에서만 존재하거나 아주 순간적으로 존재할 뿐이다. 우주는 그야말로 변화무쌍한 존재인 것이다.

그렇다고 카오스 이론이 이름처럼 모든 것이 헛되며 이해할 수 없는 혼란으로 가득 찼다고 주장하는 것은 아니다. 카오스 이론은 오히려 무질서 이면에 존재하는 자기 논리, 즉 예측 가능한 불규칙성을 찾아낸 것이다. 경제학자 폴 크루그만(Paul Krugman)은 이것을 '으스스하고', '무시무시하며', '소름끼칠 만큼 정확하다'고 지적하고 있다.[9] 그러한 논리는 찾아내는 것보다 설명하는 것이 더 어려운 작업이다. 마치 음악의 한 대목을 듣고 거기에 재현된 전체의 테마를 찾아내는 것과 비슷하다고도 할 수 있다. 어떤 특정한 패턴은 다시 반복되기도 하지만, 본질적으로 무한히 변화하는 속성을 가져 예측할 수 없을 정도로 다양하다.

카오스 이론과 80/20 법칙

그렇다면 어떤 점에서 카오스 이론과 그에 관련된 과학적 개념들이 80/20 법칙과 관련이 있는가? 비록 그것을 연결시켜 설명한 사람은 아직 한 명도 없지만 나는 분명 밀접한 관계가 그것도 아주 크게 존재한다고 생각한다.

불균형의 법칙

카오스 이론과 80/20 법칙 사이에 존재하는 공통점은 바로 균형의 문제이다. 더 정확히 말하자면 불균형의 문제이다. 카오스 이론과 80/20 법칙은 둘 다 이 세상이 불균등하다고 주장한다. 두 이론의 주장에 따르면 세상은 직선처럼 단순한 형태가 아니며 원인과 결과가 모두 동일한 방식으로 연결되어 있는 경우도 거의 없다. 또한 두 이론은 자생적인 유기체를 중요하게 생각한다. 일부의 힘이 항상 다른 것보다 강력하며 자원을 공정하게 분할하기보다는 더 많

은 몫을 가지려고 애를 쓴다. 카오스 이론은 장기간에 걸쳐 이루어진 수많은 발전을 추적함으로써 이런 불균형이 왜, 그리고 어떻게 생기는지 설명하는 데 도움이 되는 이론이다.

우주는 직선이 아니다

카오스 이론과 마찬가지로 80/20 법칙도 세계가 비선형적(non-linear)이라는 생각에 바탕을 두고 있다. 사건의 대부분은 중요하지 않거나 무시해버릴 수도 있다. 그리고 일부의 힘은 항상 숫자 이상의 커다란 영향력을 갖는다. 우리는 이 힘을 파악하고 관찰할 수 있어야 한다. 만일 그 힘이 유용한 것이라면 우리는 그것을 증폭시켜야 한다. 만일 그 힘이 바람직한 것이 아니라면 그 힘을 어떻게 하면 무력화시킬 수 있는지 매우 조심스럽게 생각해봐야 한다. 80/20 법칙은 모든 시스템 안에서 작용하는 불규칙한 현상에 대한 매우 강력하고 경험적인 설명을 제공한다. 우리는 의문을 가질 수도 있다. 정말로 원인의 20%가 전체 결과의 80%를 야기하는가? 그리고 어떤 현상의 80%가 그 원인이 되는 20%의 현상하고만 관련이 있는가? 이 법칙은 일반적으로 복잡한 현상을 파악하는 유용한 방법이지만, 특별히 강력한 힘을 파악하는 데 더욱 강력한 힘을 발휘한다.

균형을 깨뜨리는 피드백 순환고리가 존재한다

80/20 법칙은 카오스 이론에서 확인한 피드백 순환고리와 일치하며, 이를 통해 더욱 잘 설명할 수 있다. 흔히 '베트남 밀림에서 작은 나비의 날갯짓 하나가 미국에 태풍을 몰고 온다'는 비유로 설명되듯이, 카오스 이론에 따르면 초기의 아주 작은 영향이 매우 커져서 전혀 예상치 못했던 결과를 가져올 수도 있다고 한다. 그러나 얼

핏 황당해 보이는 이런 연결고리를 자세히 살펴보면 거기에는 나름 대로의 인과관계가 연결되어 있다고 카오스 이론에서는 말한다. 이러한 피드백 순환고리가 없다면 자연적으로 분포된 현상은 그 초기의 투입량과 같은 비중의 결과를 낳는 50 대 50이 사물을 지배할 것이다. 이와 달리 원인의 비중과 동일한 결과들이 나타나지 않는 것은 긍정적인 피드백 순환고리들과 부정적인 순환고리가 작용하기 때문이다. 그러나 강력한 긍정적 피드백 순환고리는 오직 투입의 아주 작은 부분에만 영향을 미친다. 투입량 가운데 그렇게 작은 부분만이 왜 그렇게 강력한 영향을 미치는지를 설명하는 열쇠도 바로 이 점에 있다.

이런 긍정적인 순환고리가 우리 사회의 많은 영역에서 작용한다. 그리고 이러한 작용 때문에 50 대 50의 관계가 아니라 80 대 20의 관계가 사회를 지배한다. 예를 들어 상위 20% 이내에 드는 부자일수록 더욱 부유해지는데, 이는 그가 가진 뛰어난 능력 때문이 아니라 오히려 부가 부를 낳는 피드백 순환고리 때문이다. 비슷한 예로, 한 연못에 두 마리의 금붕어가 있다고 하자. 두 마리의 금붕어는 처음에는 정확히 같은 크기였다. 그런데 그 중에서 아주 조금 커진 놈은 상대적으로 더욱더 커지게 된다. 왜냐하면 초기의 근소한 우위가 강력한 추진력으로 작용하여, 훨씬 더 많은 먹이를 먹을 수 있게 되기 때문이다.

발화점

피드백 순환고리 개념과 관련된 것으로써 발화점(tipping point) 개념이 있다.

특정 지점에 이르기까지는, 새로운 것이 ― 신제품, 질병, 신생 록

그룹, 또는 조깅이나 롤러 블레이드와 같은 새로운 사회 관습이든 무엇이나 — 발전할 수 있는 추진력을 얻기가 매우 힘들다.[10] 엄청난 노력을 기울여도 결과는 미미할 뿐이다. 이 지점에서 많은 개척자들은 포기한다. 그러나 만일 새로운 힘이 끈질기게 지속되어 어떤 보이지 않는 한계선을 넘어설 수 있다면, 아주 적은 노력만 기울여도 비약적으로 성과가 향상될 수 있다. 이 보이지 않는 한계선이 바로 발화점이다.[11]

최초의 승자가 지배한다

카오스 이론에서는 초기 조건의 미세한 차이가 최종 결과에서 거대한 차이를 만들어내는 현상을 '초기값에 대한 예민한 의존성'[12]이라고 한다. 즉 처음 발생이 겉보기에 하찮은 것이라 하더라도 예기치 않게 큰 결과를 가져올 수 있다는 것이다. 이러한 논지는 80/20 법칙을 설명하는 데도 도움이 된다. 즉 이러한 논리는 원인의 사소한 부분이 결과의 대부분을 낳는다는 80/20 법칙과 맥락을 같이한다. 단지 80/20 법칙만을 떼어내서 적용할 경우 주어질 수 있는 한계 중 하나는 80/20 법칙이 항상 한 순간의 사실만을 설명하는 데 그치기 쉽다는 점이다. 초기값에 대한 예민한 의존성이라는 카오스 이론의 논리가 80/20 법칙의 이런 한계를 보완해준다. 즉 피드백 순환고리에 의해 초기의 아주 작은 힘이 큰 결과로 귀결되며, 이것은 평형상태를 깰 만큼 큰 영향력을 발휘할 새로운 힘이 지배할 때까지 시스템을 지배하게 된다.

시장의 초기 형성 단계에 한 기업이 경쟁사보다 10%만 우수한 제품을 생산할 수 있다면, 시장점유율에서는 100% 내지 200%의 우위를 점할 수 있을 것이며, 그 우위는 뒤에 경쟁사가 더 우수한

제품을 공급하더라도 크게 흔들리지 않을 것이다. 자동차 운전이 시작된 초기에 51%의 운전자 또는 국가들이 자동차의 좌측 통행을 결정했다면, 현재 거의 100%의 운전자들이 그것을 규범으로 받아들였을 것이다. 처음에 51%의 시계가 현재의 시계방향과 반대로 움직이도록 만들어졌다면 이러한 관습이 우세해져서 우리는 지금쯤 왼쪽 방향으로 바늘이 움직이는 시계를 차고 다녔을 것이다. 실제로 플로렌스 대성당의 시계 바늘은 24시까지 표시된 판 위를 반시계 방향으로 움직인다.[13] 대성당이 건설된 1442년 직후에 권력자들과 시계 제조자들이 12시제와 현재의 '시계방향'을 표준으로 정했던 것이다. 그 이유는 대다수의 시계들이 이러한 모양을 갖고 있었기 때문이다. 그러나 만일 51%의 시계가 플로렌스 대성당의 시계와 같았다면 우리는 지금 거꾸로 돌아가는 24시제 시계를 차고 있을 것이다.

초기 조건의 중요성에 대한 이러한 관찰이 80/20 법칙을 정확히 설명해주지는 못한다. 이러한 카오스 이론을 설명하는 예들은 긴 시간에 걸친 변화를 보여주는 데 반해, 80/20 법칙은 어떤 특정한 시기의 정태적 불균형상태를 보여줄 뿐이다. 그러나 두 방법 사이에는 중요한 연관성이 있다. 두 이론 모두 우리가 사는 우주의 대부분은 불균형상태로 이루어져 있다는 사실을 잘 보여준다. 우리는 50 대 50의 분할과 동떨어진 전형적인 예로 자유낙하현상을 들 수 있다. 50 대 50으로 힘의 균형을 유지하고 있는 상태는 불안정한 상태이므로 쉽사리 평형이 무너진다. 일단 51 대 49로 균형이 무너지면 중력법칙에 따라서 힘의 균형은 95 대 5, 99 대 1, 심지어는 100 대 0의 상태로까지 급속히 낙하한다.

양자간의 균형은 무너지며 결국 어느 한쪽이 지배하는 것으로 귀

결된다. 이것이 카오스 이론이 전하는 메시지 중 하나이다. 80/20 법칙의 메시지는 이와는 다르지만 상호 보완적이다. 모든 현상에서 그 대부분은 그 현상에 작용하는 소수의 요인으로 설명할 수 있거나 야기된다는 점, 이것이 80/20 법칙이 전하는 메시지이다. 소수가 중요하지 다수가 중요한 것은 아니다.

왜 80/20 법칙이 희망의 도구인가?

나는 이 도입문을 의례적인 치사가 아니라 나의 개인적 신념으로 끝마치려고 한다. 나는 80/20 법칙이 희망을 줄 수 있다고 믿는다. 우리는 곳곳에서 비극적이라고 할 정도로 낭비하며 살고 있다. 자연에도, 기업이나 사회, 나아가 우리 개인의 삶 속에서도 낭비되고 있는 것이 얼마나 많은가? 투입의 20%가 80%의 결과를 낳는 것이 전형적인 우리 삶의 현실이라면, 고작 20%의 결과밖에 만들어내지 못하는 나머지 80%의 노력은 얼마나 비생산적인가라는 점도 생각해보아야 한다.

이러한 역설이 반대로 희망의 뉴스가 될 수도 있다. 즉 우리가 80/20 법칙을 창조적으로 활용하여 단지 낮은 생산성을 확인하는 데 그치지 않고 이를 적극적으로 개선해나갈 수 있다면 전화위복의 계기를 만들 수 있을 것이다.

세상과 자신의 삶을 다시 생각하고 방향을 수정한다면 개선을 위한 기회는 수없이 많을 것이다. 모든 진보는 현상유지를 거부하고 상식이라고 생각되는 것에 도전하는 데서 시작된다. 이 말은 생물의 진화나 과학의 진보, 사회나 개인의 발전 모두에 해당된다.

조지 버나드 쇼는 다음과 같이 말했다.

　이성적인 사람은 자신을 세상에 맞춘다. 비이성적인 사람은 세상을 자신에게 맞추려고 끊임없이 노력한다. 따라서 모든 진보는 비이성적인 사람에 의해 이루어진다.[14]

80/20 법칙이 진정으로 의미하는 바는 우리가 생산성이 낮은 투입 자원을 생산성이 높은 수준으로 끌어올릴 수 있다면 성과는 단순 증가를 넘어 기하급수적으로 높아질 것이라는 점에 있다. 비즈니스 영역에서 이루어진 80/20 법칙의 실험 성과는 창의성과 결단력만 뒷받침된다면 거의 언제나 성과의 획기적 향상이 이루어진다는 점을 증명해준다.

이러한 목표에 이르는 데는 두 가지 경로가 있다. 한 가지는 비생산적인 것에서 생산적인 쪽으로 자원을 재분배하는 것이다. 이 방법은 시대를 불문하고 모든 기업가들이 성공할 수 있었던 비결이다. 동그란 구멍에는 동그란 말뚝을, 네모난 구멍에는 네모난 말뚝을 박으면 빈틈이 없이 꼭 맞는 법이다. 경험적으로 볼 때 모든 자원은 그 잠재력을 가장 잘 발휘할 수 있는 장소가 있다. 적재 적소에 배치된 자원은 잘못된 영역에서보다 열 배 혹은 백 배나 더 효율을 발휘할 수 있다.

또 다른 경로는 과학자, 의사, 선교사, 컴퓨터 시스템 설계자, 교육자와 훈련교관으로 비효율적인 자원의 배치를 바꾸지 않은 채 효율을 높일 수 있는 방법을 발견하는 것이다. 그들은 취약한 자원을 가지고 가장 생산적인 자원을 활용할 때만큼 효율을 높이는 방법을 찾는다.

환상적으로 역할을 잘 수행하는 소수를 파악한 후 그것을 더욱

개발하고 확대해나간다. 동시에 사람에게나 짐승에게나 가치가 없는 쓸모없는 대다수를 찾아내 버리거나 획기적으로 줄여야 한다.

80/20 법칙의 수많은 사례들을 조사하고, 이 책을 쓰며 나는 더욱 확고한 신념을 가지게 되었다. 세상은 비약적으로 진보할 수 있으며, 인류는 개인적으로든 조직적으로든 세계를 바꿀 수 있는 힘을 가지고 있다는 신념을 확인할 수 있었다.

조셉 포드는 이렇게 말했다.

> 신은 우주를 상대로 주사위놀이를 하고 있다. 그러나 신은 단지 주사위를 던질 뿐이다. 우리가 신경 써야 할 것은 신이 어떤 규칙에 맞춰 주사위를 던지는지 알아내고, 그 규칙을 어떻게 우리 자신의 목적에 맞춰 이용할 수 있는지 알아내는 일이다.[15]

바로 이러한 일에 맞는 것이 80/20 법칙이다.

20은 80보다 크다

제1장에서는 80/20 법칙의 배후에 있는 개념을 설명했다. 여기서는 그 법칙을 실제로 어떻게 활용하는지 그리고 얼마나 유용한지를 설명한다. 즉, 80/20 법칙의 두 가지 활용법인 '80/20 분석(80/20 Analysis)'과 '80/20·사고방식(80/20 Thinking)'을 활용하여 우리의 삶을 이해하고 발전시킬 수 있는 실용적인 철학을 제시한다.

80/20 법칙의 정의

80/20 법칙은 원인과 결과, 투입량과 산출량, 그리고 노력과 성과 사이에 내재적인 불균형이 존재한다고 주장한다. 전형적으로 원인이나 투입, 노력은 두 범주로 나누어진다.

- 거의 영향을 주지 않는 다수
- 결정적인 영향을 주는 소수

대체적으로 결과, 산출, 성과는 원인이나 투입, 노력의 작은 일부분에서 창출된다. 따라서 원인, 투입, 노력과 결과, 산출, 성과의 관계는 대체로 불균형하다.

이를 산술적으로 계산해보면 80/20의 수치관계가 좋은 기준이 된다. 결과나 산출, 성과의 80%는 원인이나 투입, 노력의 20%에서 만들어진다. 예를 들어[1] 전 세계 에너지의 80%는 전 세계 인구의 15% 정도가 소비한다. 전 세계 부(富)의 80%는 전 세계 인구의 25%가 차지하고 있다.[2] 의료 진료의 경우, 인구의 20%와 질병의 20%가 동시에, 혹은 각각 자원의 80%를 소비한다.[3]

[도표 2]와 [도표 3]은 이런 80/20의 유형을 보여준다. 어떤 기업의 경우, 100가지 상품이 있을 때 이 중 가장 이익률이 높은 20가지 상품으로부터 얻는 이익이 총이익의 80%를 차지한다는 사실을 알아냈다고 가정해보자. [도표 2]를 보면 왼쪽 막대가 각각 같은

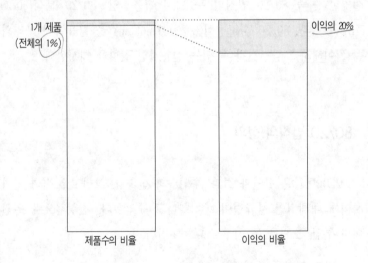

[도표 2] 1개 제품이 전체 이익의 20%를 만든다

1/100 단위로 100가지 상품을 나타내고 있다.

오른쪽 막대는 이 기업이 이들 100가지 상품으로부터 얻는 총이익을 나타낸다. 가장 이익률이 높은 상품으로부터 얻는 수익을 오른쪽 막대의 위로부터 아래로 채운다고 가정하고, 가장 수익률이 높은 상품의 수익이 총수익의 20%를 차지한다고 가정해보자. [도표 2]는 왼쪽 막대에서는 1/100의 공간을 차지하는 한 가지 상품, 즉 총생산상품 중 1%의 수익이 총수익의 20%를 차지하고 있음을 보여준다. 검게 채워진 부분이 이 수치관계를 나타낸다.

계속해서 이익률이 높은 상품들을 순서대로 나열해보면 이들 상위 20가지 상품들로부터 얻는 이익을 오른쪽 막대에 채워넣을 수 있다. [도표 3]이 바로 그 결과인데, 우리가 위에서 든 가상의 예에서 이들 20가지 상품의 이익이 총이익의 80%를 차지하고 있음을 볼 수 있다. 역으로, 하얗게 남겨진 부분을 살펴보면 상품의 나머지

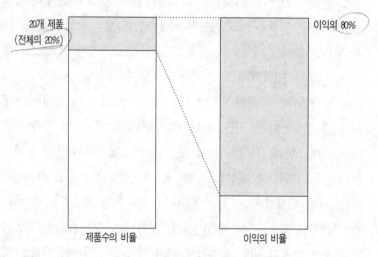

[도표 3] 20개 제품이 전체 이익의 80%를 만든다

80%로부터 얻는 이익은 총이익의 20%에 불과하다는 이 수치관계의 이면을 볼 수 있다.

80/20이라는 수치관계는 단지 하나의 기준에 불과하며 실제로는 그 관계가 80/20보다 더욱 불균형하거나 혹은 보다 균형에 접근할 수도 있다. 그러나 80/20 법칙에 따르면 대부분의 경우 그 수치관계가 50 대 50보다는 80 대 20에 가까울 것이라고 예측할 수 있다. 만일 우리가 가정한 예에서 상품들이 모두 같은 이익을 낸다면 그 결과는 [도표 4]처럼 나타날 것이다.

묘하게도 이러한 조사를 실제로 해보면 [도표 3]의 유형이 [도표 4]보다 훨씬 전형적으로 나타난다. 거의 언제나 총수익의 대부분은 전체 제품의 작은 일부분에서 창출된다.

물론 정확한 수치관계는 80/20이 아닐 수도 있다. 80/20은 사용하기 쉬운 은유이자 유용한 가설이긴 하지만 절대적인 것은 아니다. 간혹 수익의 80%는 상품의 30%, 15% 심지어는 10%로부터 창출되기도 한다. 이들을 비교하는 데 사용하는 숫자의 합이 반드시 100일 필요는 없지만 대부분의 경우 그 결과는 불균형한 모습으로, 즉 [도표 4]보다는 [도표 3]에 가깝게 나타난다.

80과 20이라는 숫자의 합이 100이 된다는 사실이 이 법칙을 이해하는 데 걸림돌이 될 수도 있다. 80과 20을 대비시키면 결과가 좀 더 정확해 보이고 기억하기 쉽기는 하지만, 많은 사람들이 문제있는 한 자료집단만을 대상으로 법칙을 적용한다고 오해할 가능성이 많다. 이런 위험성은 50 대 50, 70 대 30, 혹은 99 대 1 등 여러 가지 조합의 경우 역시 마찬가지다. 하지만 80/20 법칙은 원인과 결과 또는 제품과 이익 등 다른 2개의 자료집단 사이의 관계를 밝혀주는 것이라는 점을 분명히 알아야 한다. 따라서 사람들의 80%

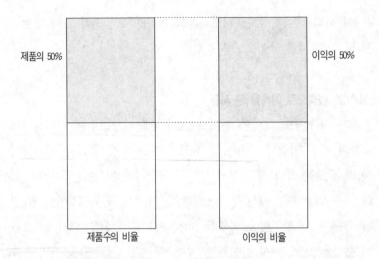

제품의 50%

이익의 50%

제품수의 비율

이익의 비율

[도표 4] 50 대 50의 관계는 매우 예외적인 경우이다

가 오른손잡이이고 20%가 왼손잡이라는 결과가 나타났다고 이것을 80/20 법칙의 예로 드는 것은 잘못이다. 80/20 법칙을 적용하려면 서로 연관이 있지만 서로 다른 2개의 자료집단을 대상으로 삼아야 한다.

80/20 법칙이 우리에게 줄 수 있는 것들

내가 아는 사람 가운데 80/20 법칙을 진지하게 받아들인 사람은 누구나 예외없이 유용한 도움을 얻었으며, 그 중에는 인생을 바꾸어놓을 정도의 획기적인 통찰력을 가지게 된 사람도 있었다. 이 법칙을 활용하려는 사람은 각자 자기에 맞게 활용해야 한다. 독창적으로 찾아본다면 누구나 방법을 터득할 수 있을 것이다. 활용방법

은 이 책의 나머지 부분에서 점차 설명하겠지만 먼저 나의 경험에서 몇 가지 예를 들어보도록 하겠다.

80/20 법칙으로 이득을 본 사연

내가 옥스퍼드 대학의 신입생이었을 때 지도교수는 강의시간에 다음과 같이 말했다. "책을 더 빠르게 읽는 방법이 있지. 재미삼아 볼 때 말고는 절대 책을 처음부터 끝까지 읽지 말도록. 공부하기 위해 책을 읽을 때는, 처음부터 끝까지 읽지 말고 먼저 그 책이 뭘 전달하려는지 요점부터 파악해야 하네. 그러니 결론을 먼저 읽고 나서 서론을 보고, 다시 결론을 본 후에 관심있는 부분만을 가볍게 훑어보는 것이 방법이네." 지도교수가 말하고 싶었던 것은 한 권의 책에서 찾을 수 있는 가치의 80%를 그 책의 20% 정도의 페이지에서, 그리고 책을 처음부터 끝까지 통독하는 시간의 20% 이내에 얻을 수 있다는 점이었다.

나는 이 공부방법이 마음에 들어 나름대로 발전시켰다. 옥스퍼드 대학에서는 일상적인 학습태도를 평가하지 않고 학위성적을 학기말고사 점수로만 결정한다. 나는 과거의 시험지들을 분석해보았다. 그결과 시험문제의 적어도 80%, 때로는 100%가 해당 과목에 대한 지식의 20% 정도로 풀 수 있다는 사실을 알게 되었다. 따라서 시험관들은 많은 분야에 대해 조금씩 아는 학생보다 상대적으로 적은 분야에 대해 깊이 아는 학생을 더 높게 평가할 것이다. 이 점을 파악한 나는 학습의 효율을 획기적으로 높일 수 있었다. 결국 나는 필사적으로 공부하는 다른 학생보다도 나은 성적을 받아 최상급의 점수로 학위를 받았다. 당시에 나는 옥스퍼드 대학의 교수들을 속이는 것도 별것 아니라는 생각에 의기양양했었다. 그러나 지금 생각

해보니 교수들이 우리에게 어떻게 세상을 살아야 하는지를 가르쳐 주려고 했던 것 같다.

나는 쉘(Shell)사에 입사하여 끔찍한 정유공장에 배속되었다. 이 경험이 정신을 단련하는 데는 좋았을지 모르지만 직업적인 매력은 별로 없었다. 이때 나는 나이 어리고 경험없는 사람들이 가장 돈을 많이 벌 수 있는 직업은 경영컨설팅이라는 사실을 알게 되었다. 이런 이유로 나는 신병훈련소 스타일의 하버드 대신, 필라델피아에 있는 와튼 경영대학원에 입학해서 대학 시절의 공부방법을 활용하여 손쉽게 MBA 학위를 취득했다. 그 후 손꼽히는 미국 컨설팅 회사에 취직해 쉘사에서 퇴직시 받았던 것의 4배나 되는 초임을 받게 되었다. 의심의 여지없이 나처럼 젊은 나이의 사람들이 받는 월급의 80%는 전체 직업 중 20%에 집중되어 있었던 것이다.

그 컨설팅 회사에는 나보다 똑똑한 사람이 너무 많았기 때문에 나는 경영전략을 전문으로 하는 작은 컨설팅 회사로 직장을 옮겼다. 그곳으로 옮긴 이유는 전 직장보다 훨씬 발전 속도가 빨랐으며, 똑똑하고 강력한 경쟁자가 적어 승진하기가 쉽기 때문이었다.

무슨 일을 하느냐보다 누구를 위해서 일하느냐가 더 중요하다

여기서 나는 80/20 법칙의 많은 역설에 부딪히게 되었다. 그 당시도 지금만큼 빠르게 성장하고 있었던 경영전략 컨설팅업계에서 성장의 80%를 점유하는 회사의 인력을 합치면 전체의 20% 미만이었다. 빠른 승진의 80%도 몇 안 되는 회사에서만 가능했다. 능력은 별로 상관이 없었다. 내가 첫번째 회사를 그만두고 새로운 경영전략전문 컨설팅사에 입사했을 때 나는 양쪽 회사의 지능수준을 동시에 올린 셈이 되었다.

하지만 영문 모를 일은 나의 새로운 동료들이 과거의 동료들보다 훨씬 유능했다는 점이다. 왜 그랬을까? 그 사람들이 특별히 더 열심히 일하는 것은 아니었다. 하지만 그들은 80/20 법칙을 두 가지 중요한 면에서 따르고 있었다. 첫째, 그들은 대부분 회사 수익의 80%는 고객의 20%로부터 창출된다는 사실을 알게 되었다. 컨설팅 업계에서 대형고객과 장기고객의 두 가지가 20%의 고객이다. 대형 고객은 규모가 큰 일을 맡기는데, 이 경우 비용이 상대적으로 적게 들고 젊은 컨설턴트의 기용 비율을 높일 수 있다. 장기고객은 강한 신뢰관계를 형성하게 되므로 다른 컨설팅 회사로 옮길 위험이 크지 않다. 또한 장기고객은 가격에 그다지 민감하지 않다.

대부분의 컨설팅 회사에서는 새로운 고객을 유치하는 사람이 영웅이 된다. 나의 새 직장에서는 가장 중요한 고객을 가장 오랫동안 유지하는 사람들을 진정한 영웅으로 인정했다. 그런 사람들은 고객 회사의 최고경영진과 친분을 쌓는 데 힘을 기울였다.

두 번째 중요한 통찰력은, 어떤 고객에 대해서든 성과의 80%는 가장 중요한 문제의 20%에 집중하는 데서 나온다는 것이다. 이 20%의 문제는 호기심 많은 컨설턴트의 입장에서 보면 가장 흥미로운 것들은 아니었다. 하지만 우리의 경쟁회사들이 수많은 문제들을 전체적으로 살펴보고는 고객이 권고를 어떻게 받아들이는지에 대해서는 별로 신경 쓰지 않았던 반면에, 우리는 가장 중요한 문제에 대해서는 부지런히 고객이 실제로 권고를 행동으로 옮길 때까지 끈질기게 설득했다. 결과적으로 고객의 수익이 급증하는 경우가 많아지면서 우리의 컨설팅 예산도 크게 올라갔다.

자신을 위해 일해야 한다

두 곳의 경영전략전문 컨설팅사에서 일해보고 나는 곧 컨설턴트와 고객에게 있어 노력이 곧바로 보상과 직결되는 것은 아니라는 점을 확신하게 되었다. 아무리 현명하고 열심히 일해도 일하는 지점이 잘못되면 노력한 만큼 보상이 돌아오지 않는다. 투입하는 노력보다는 노련하게 결과에 주의를 기울이는 것이 가장 좋은 방법이었다. 몇 가지 주요 통찰력에서 좋은 결과가 나왔다. 똑똑하고 열심히 일하는 것은 그렇지 못했다. 그러나 나는 불행하게도 몇 년 동안 죄책감과 동료집단의 압력을 이기지 못하고 이 교훈을 지키지 못했다.

전에 내가 일하던 컨설팅 회사에는 수백 명의 전문인력과 나를 포함한 30명의 '파트너'가 있었다. 하지만 이익의 80%는 숫자상으로 파트너 전체의 4%도 안 되며 전체 컨설팅 인력에서 1%도 안 되는 비중을 가진 단 한 사람, 즉 설립자에게 돌아갔다.

나는 설립자만 부자로 만들어주는 일에서 벗어나, 두 명의 다른 젊은 파트너와 함께 컨설팅 회사를 차렸다. 하는 일은 전과 똑같았다. 우리는 수백 명의 컨설턴트를 고용할 정도로 성장했다. 얼마 되지 않아 어느 모로 보나 회사의 가치있는 일의 20%도 하지 않는 우리 3명에게 이익의 80%가 돌아오게 되었다. 이 역시 나에게 죄책감을 안겨주었다. 결국 6년 후 지분을 다른 파트너들에게 팔고 그만두었다. 이때는 우리 회사의 주가가 매년 2배씩 상승하던 시기였기 때문에 내가 보유한 주식을 좋은 가격에 넘길 수 있었다. 그 직후 1990년의 불경기로 컨설팅업계는 큰 타격을 받았다. 나는 죄책감이 행운으로 바뀌었다. 80/20 법칙을 따르는 사람들조차 약간은 운이 필요하며, 나의 경우 언제나 나의 몫보다 큰 행운을 누렸다고 생각한다.

돈은 일이 아니라 투자로 버는 것이다

나는 컨설팅사의 지분을 팔아 받은 돈의 20%로 필로팩스 (Filofax)사라는 회사의 주식을 매입했다. 투자 자문가들은 모두 기겁을 했다. 그 당시 나는 상장 공기업의 주식을 20주 정도 가지고 있었는데 새로 구입한 필로팩스사의 주식 한 주가 숫자에서는 5%에 불과했지만 전체 투자 자산의 80%를 차지하였다. 다행스럽게도 이러한 불균형은 더욱 커졌다. 그 후 3년 동안 필로팩스의 주식은 몇 배로 뛰어서 1995년 주식을 팔았을 때 주가는 처음 샀을 때 가격의 거의 18배에 달했다.

나는 그 밖에도 2개의 대규모 투자를 감행했다. 하나는 벨고라는 신설 레스토랑이었고, 다른 하나는 당시에 호텔을 하나도 소유하지 않은 MSI라는 호텔 회사였다. 3가지 투자를 모두 합치면 가격기준으로 내 순자산의 20%였지만 후에 내 투자 수익의 80% 이상이 이들로부터 나왔고, 이제는 훨씬 늘어서 순자산의 80% 이상을 차지하게 되었다.

제8장에서도 보겠지만 장기투자자산 증식액의 80%는 투자의 20% 미만에서 발생한다. 이 20%를 잘 골라 가능한 한 여기에 집중적으로 투자하는 것이 중요하다. 전통적인 지혜에서는 바구니 하나에 달걀을 몽땅 담지는 말라고 충고하지만, 80/20의 지혜는 하나의 바구니를 주의깊게 골라 거기에 달걀을 몽땅 담고, 그것을 매처럼 잘 지키라고 조언한다.

80/20 법칙의 활용

[도표 5]에서 보는 것처럼 80/20 법칙을 활용하는 방법에는 두 가지가 있다.

80/20 법칙을 적용하는 전통적 방법은 원인, 투입, 노력과 결과, 산출, 성과의 관계를 분석하여 정확한 정량적 관계를 정립하는 80/20 분석이다. 이 방법은 80/20의 관계가 존재한다고 가정하고 데이터를 모아 실제 관계를 파악하는 것이다. 이런 실증적 분석을 통해 50 대 50부터 99.9 대 0.1까지의 어떠한 결과도 나올 수 있다.

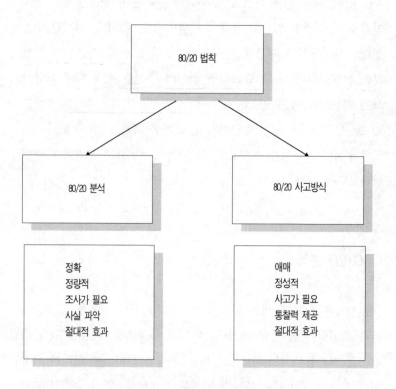

[도표 5] 80/20 법칙을 이용하는 2가지 방법

그 결과 65 대 35 수치관계나 이보다 더 불균형적인 관계처럼, 투입과 산출 사이의 현저한 불균형이 입증되면 그 결과에 따라 행동을 취하게 된다.

80/20 법칙을 사용하는 새롭고 보완적인 방법은 내가 80/20 사고방식이라고 부르는 방법이다. 이는 중요한 일에 대해서는 항상 깊이 생각해서 80/20 법칙이 그 분야에서도 통용되는지 판단하는 방법이다. 그리고 이를 통해 얻는 통찰력에 따라 행동하는 것이다. 80/20 사고방식에서는 자료를 수집하거나 가설을 검증할 필요가 없다. 따라서 80/20 사고방식으로 인해 간혹 우리가 잘못 판단할 수도 있다. 예를 들어 특정 관계에 대해 우리는 무엇이 중요한 20% 인지를 이미 알고 있다고 생각할 위험이 있는 것이다. 하지만 나는 80/20 사고방식이 전통적인 사고방식보다 오류의 가능성이 훨씬 낮다고 생각한다. 아주 중요한 안건이나 추정한 것에 대해 확신이 서지 않는 경우에는 80/20 분석이 더 좋겠지만, 그 밖의 경우에는 80/20 사고방식이 훨씬 접근하기 쉽고 빠른 효과를 볼 수 있다.

먼저 80/20 분석을 살펴보고 그 다음에 80/20 사고방식에 대해 알아보도록 하자.

80/20 분석

80/20 분석은 두 개의 비교가능한 데이터간의 관계를 조사한다. 한쪽 데이터는 통상 100개가 넘는 수의 사람 또는 사물에 관한 데이터로 백분율로 환산한다. 또 다른 한쪽의 데이터는 그러한 사람이나 사물의 흥미있는 특징에 관계된 데이터로, 역시 측정하여 백

분율로 계산할 수 있어야 한다.

예를 들어 우리는 적어도 가끔은 맥주를 마시는 친구들 100명의 집단을 대상으로 조사해서 그들이 지난주에 마신 맥주의 양을 비교해볼 수 있다.

지금까지 이런 분석방법은 다른 통계기법에서도 많이 사용했다. 그러나 80/20 분석이 독특한 이유는 두 번째 자료집단을 측정하는 데 있어서 자료를 중요한 것부터 위에서 아래로 순서대로 나열하여 두 자료집단의 백분율을 서로 비교한다는 점에 있다.

그렇다면 우리가 앞서 든 예에서 100명의 친구 모두에게 지난주에 맥주를 몇 잔 마셨는지 질문하고 그 답변들을 순서대로 위에서 아래로 표에 나열하도록 하겠다. [도표 6]은 그 표에서 나타난 상위 20명과 하위 20명을 보여주고 있다.

80/20 분석으로 두 데이터, 즉 친구들의 수와 마신 맥주의 양 사이의 백분율을 비교해보자. 이 경우 우리는 친구 중 불과 20%가 맥주의 70%를 마셨다고 결론내릴 수 있다. 따라서 이 결과는 70/20 수치관계를 우리에게 보여준다. [도표 7]은 이 데이터를 시각적으로 이해할 수 있는 80/20 빈도분포 그래프, 줄여서 80/20 도표라고 부르는 그림을 소개한 것이다.

80/20 분석이라고 부르는 이유

오래 전부터(아마 1950년대부터) 측정하는 양의 80%가 사람이나 사물의 20%에서 창출된다는 사실이 빈번하게 관찰되었다. 통계적으로 정확히 80/20 수치관계가 나오는 경우는 적겠지만 80/20은 이런 류의 불균형적인 관계를 상징하는 단어가 되었다. 그리고 관례적으

로 80/20을 말할 때 원인의 하위 20%가 아닌 상위 20%만 인용하게 되었다. 80/20 분석이란 80/20 법칙이 지금까지 양적이고 경험적으로 투입과 산출 간의 관계를 측정하기 위해 일반적으로 사용되어온 방식을 내 나름대로 이름붙인 것이다.

우리는 맥주 마시는 친구들에 대한 데이터를 통해 하위 20%의 사람들은 30잔, 혹은 전체의 3%밖에 마시지 않았다는 사실을 관찰할 수 있었다. 그리고 이를 3/20 수치관계로 부른다고 틀린 것은 아니지만 실제로 사용하는 예는 거의 없다. 거의 언제나 주요한 소비자나 원인에 중점을 두게 된다. 만일 맥주회사에서 판촉을 원하거나, 생산하는 맥주 종류에 대해서 고객들이 어떻게 생각하는지를 알려고 한다면 당연히 상위 20%를 연구하는 것이 가장 유용할 것이다.

우리는 총맥주 소비량의 80%를 차지하는 친구들의 백분율이 도합 얼마인지를 알고 싶을 수도 있다. 이런 경우 [도표 6]에 나와 있지 않은 부분, 즉 중간 부분을 조사해보면 10잔을 마신 28번째의 마이크(Mike G.)까지의 누적합계가 정확히 800잔이다. 따라서 우리는 이 관계를 80/28로 나타낼 수 있을 것이다. 결국 겨우 28%의 친구가 총맥주 소비량의 80%를 소비한 것이다.

물론 80/20 분석을 통해 어떤 결과가 나타날지는 미리 알 수 없다. 분명히 불균형이 큰 데이터일수록 더욱 흥미롭고 잠재적으로 유용한 분석결과를 낳을 것이다. 예를 들어 만일 친구들이 모두 똑같이 8잔씩 마셨다고 하면 맥주회사는 이 집단을 판촉이나 시장조사의 대상으로 이용하는 데 별 관심이 없을 것이다. 이 경우에는 20/20 수치관계, 다시 말해 친구 중 상위 20%가 맥주의 20%를 소비했거나, 혹은 80/80 수치관계, 다시 말해 친구의 80%가 맥주의

순위	이름	마신 맥주잔 수	누계
		상위 20명	
1	찰스	45	45
2	리처드	43	88
3=	조지	42	130
3=	프레드	42	172
5	아더	41	213
6	스티브	40	253
7	피터	39	292
8	레그	37	329
9=	조지	36	365
9=	범버	36	401
9=	패티	36	437
12	매리언	33	470
13	스튜어트	32	502
14	체릴	31	533
15=	캐빈	30	563
15=	닉	30	593
15=	리키	30	623
15=	니겔	30	653
19	그레그	26	679
20	캐롤	21	700
		하위 20명	
81=	리퍼트	3	973
81=	패트릭	3	976
81=	앤	3	976
81=	제이미	3	982
85=	스테파니	2	984
85=	칼리	2	986
87=	로베르타	1	987
87=	패트	1	988
87=	제임스	1	989
87=	찰스	1	990
87=	존	1	991
87=	에드워드	1	992
87=	마크	1	993
87=	로자베스	1	994
87=	셜리	1	995
87=	그레그	1	996
87=	질리	1	997
87=	프랜스	1	998
87=	데이비드	1	999
87=	다렌	1	1000

[도표 6] 마신 맥주잔의 수, 상위와 하위 20명

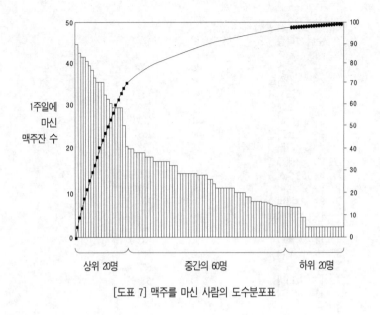

1주일에 마신 맥주잔 수

상위 20명   중간의 60명   하위 20명

[도표 7] 맥주를 마신 사람의 도수분포표

80%를 소비했다는 사실이 성립하게 된다.

막대 그래프로 보는 80/20 분석

80/20 분석에서는 두 개의 막대를 이용하여 도형으로 표시하는 것이 가장 좋다. 특히 우리가 든 예에서는 이 방법이 가장 효과적이다. [도표 8]의 첫번째 막대는 한 개인이 1%의 공간을 차지하는, 맥주를 마시는 100명의 친구들로 구성되어 있는데 가장 많이 마시는 친구부터 가장 적게 마시는 친구순으로 위에서 아래로 표시하고 있다. 두 번째 막대는 맥주 소비량에서 상위를 차지하는 친구순으로 누적해서 각각의 총맥주 소비량을 나타내고 있다. 이 도표에서는 친구의 몇 퍼센트가 맥주를 얼마나 소비했는지 쉽게 볼 수 있다.

[도표 8]은 [도표 7]에서처럼 우리가 표에서 발견한 사실, 즉 친구들의 상위 20%가 총맥주 소비량의 70%를 소비했다는 사실을 보

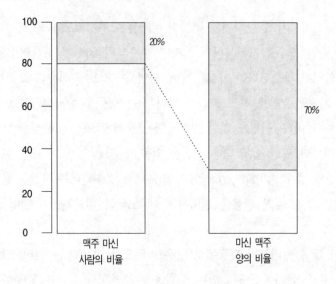

[도표 8] 70/20의 관계를 나타낸다

여준다. [도표 8]의 간단한 막대들은 [도표 7]의 자료를 좌우가 아
니라 상하로 표시한다. 어떻게 표시하든 그것은 자유이다.

80/20 분석의 용도

80/20 분석을 하는 목적은 분석대상의 관계를 변화시키기 위해
서, 또는 보다 잘 활용하기 위해서이다. 활용방법의 한 가지는
80/20의 수치관계에서 산출의 80% 또는 원하는 결과를 낳는 20%
의 투입에 집중하는 것이다. 만일 총맥주 소비량의 70%를 친구들
의 상위 20%가 소비했다면 바로 이 집단이 맥주회사가 판촉시에
접촉하려고 노력해야 할 집단일 것이다. 이를 통해 상위 20%의 고
객 사이에서 가능한 한 높은 점유율을 확보하거나 소비량을 더 증
가시키는 것이 중요하기 때문이다. 실제로 맥주회사는 맥주의 30%

밖에 소비하지 않는 나머지 80%의 친구들은 무시해도 좋을 것이다.

비슷한 경우로, 만일 어떤 회사가 총수익의 80%가 고객의 20%에 의해서 창출된다는 사실을 알게 되면, 이 정보를 이용해 그 20%의 고객을 즐겁게 하고 그들과 함께 하는 업무를 증가시키려고 해야 할 것이다. 이렇게 하면 고객집단 모두에게 똑같은 관심을 보이는 것보다 훨씬 쉽게 많은 소득을 얻을 수 있을 것이다. 또는 회사가 만일 총수익의 80%가 상품의 20%에서 창출된다는 사실을 알게 되면, 그 20%의 상품을 판매하는 데 노력의 대부분을 쏟아야 할 것이다.

이 개념을 비영리 활동에도 같은 맥락으로 적용할 수 있다. 만일 여러분이 여가활동에서 얻는 즐거움을 분석해서 즐거움의 80%가 여가활동 중 20%에서 얻어진다면, 현재 20%의 시간을 투자하고 있는 그 활동의 비율을 20%에서 적어도 80%로 증가시키는 것이 현명할 것이다.

교통문제를 또 다른 예로 들면 교통정체의 80%는 도로의 20%에서 일어난다. 만일 매일 출근하는 길이 같다면 정체의 약 80%는 교차로의 20%에서 일어난다는 사실을 알 것이다. 현명한 교통당국이라면 정체현상을 빚는 20%의 교차로에 대해 교통량 관리에 특별히 관심을 쏟아야 할 것이다. 모든 곳에 대해 이러한 조절을 하기가 비용 때문에 어렵다면 하루의 20% 시간을 정체되는 교차로의 20%에 대해서만 투자해도 획기적으로 사정을 개선할 수 있을 것이다.

80/20 분석의 두 번째 활용방법은 산출의 20%밖에 창출하지 않는 '부실한' 투입의 80%에 대해 특별한 대책을 세우는 일이다. 예를 들어 이따금씩만 맥주를 마시는 사람을 위해 더 부드러운 맛의 맥주를 보급함으로써 소비량을 늘릴 수도 있을 것이다. 어쩌면 '부

실한' 여가활동에서 더 큰 즐거움을 얻을 수 있는 새로운 방법을 생각해낼 수도 있을 것이다. 교육 분야에서 대학교수들은 전체 출석인원의 80%가 학생의 20%로 구성되는 80/20 법칙을 깨뜨리기 위해 아무 학생에게나 무작위로 질문을 하는 쌍방향 교육체계를 수용하고 있다. 미국의 백화점 업계에서는 인구의 50%에 해당하는 여성이 전체 구매의 70%를 차지하고 있다는 조사결과가 나왔다.[4] 남성들의 구매 비중을 30%보다 늘리려면 가게를 남성만을 위해 특별히 디자인하는 방법을 쓸 수 있을 것이다. 이렇게 80/20 분석의 두 번째 활용방법은 부실한 공장의 생산성을 높이는 과정 등에서 대단한 효과를 보이는 경우도 있지만 첫번째 방법보다는 일반적으로 어렵고 이득도 적다.

80/20 분석의 주의점

80/20 분석에 대해 말하며 우리는 잠재적인 오용 가능성을 잠시 짚고 넘어가야 한다. 다른 간단하고 효과적인 도구와 마찬가지로 80/20 분석 역시 오해 또는 오용될 위험이 있다. 또한 새로운 것을 찾아내기보다는 진부한 고정관념을 정당화하는 방편이 될 수도 있다. 80/20 분석을 부적절한 방법, 즉 피상적으로 사용하게 되면 잘못된 길로 빠져 일을 그르칠 수도 있다. 우리는 잘못된 논리에 대해 항상 경계해야 한다.

내가 최근 시작한 사업인 서적판매의 경험을 통해 이를 설명하고자 한다. 시간과 장소를 불문하고 총판매량 80%는 책 종류의 20% 정도가 차지한다. 80/20 법칙에 정통한 사람들에게 이는 별로 놀라운 사실이 아니다. 이로부터 서점은 책의 재고를 크게 줄여 '베스트셀러'만을 진열하여 판매해야 한다는 결론이 너무 쉽게 나올 수 있

다. 하지만 흥미로운 점은 대부분의 경우 종류를 줄이면 이익이 오히려 줄어든다는 사실이다.

그러나 이런 사실로 인해 80/20 법칙의 가치가 떨어지는 것은 아니다. 거기에는 두 가지 이유가 있다. 가장 먼저 생각해야 할 점은 팔리는 책의 종류가 아니라 고객이 무엇을 원하느냐이다. 가판대나 슈퍼마켓에서는 종류가 한정되어 있는 데 반해 서점에 가게 되면 사람들은 여러 종류의 책들이 있을 것으로 기대한다. 따라서 서점은 이익의 80%를 차지하는 20%의 고객에 초점을 맞추어 그들이 무엇을 원하는지 알아내야 할 것이다.

또 다른 이유는 고객은 물론 서적을 고려할 때조차 판매의 분포가 중요한 것이 아니라 이익의 분포가 중요하기 때문이다. 다시 말해 판매량의 80%를 차지하는 20%의 책들이 중요한 것이 아니라 이익의 80%를 차지하는 20%의 책들이 중요한 것이다. 그런 책들은 많은 경우 소위 베스트셀러나 유명작가가 쓴 책이 아니다. 실제로 미국에서 이루어진 연구조사를 보면 '베스트셀러는 총판매량의 약 5%를 차지한다'[5]고 말하고 있다. 순위에 오르지는 못하지만 매년 안정된 판매를 기록하여 이익률이 높은 책이 진정한 베스트셀러인지도 모른다. 같은 연구조사에 의하면 '재고 목록의 핵심을 이루는 책은 계절에 관계없이 꾸준히 팔리는 책들로 이루어져 있다. 이들이 80/20 법칙의 80이며 특정 분야의 판매량에 있어서 매우 큰 부분을 차지하는 경우가 많다'는 것이다.

이 설명은 매우 유익하다. 핵심은 언제나 어떤 고객과 상품이 이익의 80%를 내는가 하는 질문이므로, 이는 80/20 분석을 무효화하는 것이 절대 아니다. 하지만 80/20 분석을 잘못 활용할 경우의 위험을 보여주는 사례이기는 하다. 80/20 법칙을 정선하여 비판적으

로 활용하도록 하자. 모든 사람들이 주목하는 변수, 이를테면 최신 베스트셀러 순위에 오른 책들이 실제로 중요하다는 식의 고정관념에서 벗어나야 한다. 80/20 분석에서 가장 소중한 통찰력은 다른 사람들이 보지 못하는 새로운 관계를 찾아내는 데에 있다. 또한 80/20 분석은 어떤 특정한 시점의 정지된 장면을 분석하는 것이지 시간에 따른 변화를 고려하지 못하기 때문에, 만일 잘못된 혹은 불완전한 상황을 정지화면으로 잡아 분석하면 틀린 답을 도출할 수 있다는 점을 명심해야 한다.

80/20 사고방식이 필요한 이유

80/20 분석은 매우 유용하다. 하지만 대부분의 사람들이 타고난 분석가는 아니며 분석가들조차 판단을 내릴 때마다 하던 일을 멈추고 매번 자료를 조사할 수는 없다. 만약 항상 그렇게 한다면 앞으로 나아갈 수 없을 것이다. 대부분의 중요한 결정들은 분석을 통해 이루어지지 않는다. 컴퓨터가 앞으로 얼마나 똑똑해질지는 모르지만 미래에도 그렇게 되지는 않을 것이다. 따라서 만일 우리가 80/20 법칙을 일상생활의 길잡이로 삼으려면 80/20 분석보다는 덜 분석적이고 더 쉽게 쓸 수 있는 방법이 필요하다. 그것이 바로 80/20 사고방식이다.

80/20 사고방식은 80/20 법칙을 수량적 분석 없이도 일상생활에 적용할 수 있는 방법이다. 이 경우도 80/20 분석과 마찬가지로 투입과 산출 사이에 불균형이 있다는 가정에서 시작하지만, 자료를 모아서 분석하는 대신 추정하는 방법을 사용한다. 어느 정도 훈련

만 쌓으면 누구나 활용할 수 있다. 80/20 사고방식은 몇 가지 매우 중요한 일과 그렇지 않은 일을 구별하는 데 그 목적이 있다. 즉 나무를 보지 말고 숲을 보도록 가르친다.

완벽한 데이터나 완벽한 분석은 필요없다. 숫자보다는 직관과 통찰력에 의지할 때 본질을 훨씬 정확하게 포착할 수 있는 경우가 많다. 이것이 80/20 사고가 자료의 도움을 받으면서도 데이터에만 전적으로 의존하지 않는 이유이다.

80/20식으로 생각하기 위해 우리는 지속적으로 자문해야 한다. 80%의 결과를 만들어내는 20%의 원인은 무엇인가? 이때 절대로 해답을 이미 알고 있다고 생각해서는 안 되며 독창적으로 생각할 시간을 가져야 한다. 하찮은 다수에 반해 꼭 필요한 소수의 투입이나 원인은 무엇인가? 배경 소음에 묻혀 잘 들리지 않는 매혹적인 선율에 귀를 기울여야 한다.

답을 찾은 다음의 행동은 80/20 사고방식과 80/20 분석이 똑같다. 행동양식을 바꾸고, 가장 중요한 20%에 힘을 집중해야 한다. 80/20 사고방식이 잘 작용하면 그 효율성은 크게 증대된다. 80/20 사고방식으로부터 도출된 답에 따라 행동한다면 지금까지보다 훨씬 적은 노력으로 더 많은 것을 얻을 수 있다.

80/20 법칙을 사용할 때 우리는 그 결과의 선악을 예단해서는 안 된다. 또한 우리가 찾아낸 강력한 힘이 반드시 선한 것은 아닐 수도 있다. 우리는 그것이 선한지 악한지를 나름대로 판단해서 선한 것이라면 그 힘을 키워주고 악하다면 억제해야 할 것이다.

80/20 법칙은 상식을 뒤집는다

80/20 법칙은 우리가 무엇을 해야 할지를 가르쳐준다.

- 노력의 평균 수준을 높이기보다는 예외적으로 높은 생산성을 갖는 부분에 노력을 집중하라.
- 잘 닦인 길을 따라 차근차근 가기보다는 지름길을 찾아라.
- 최소한의 노력으로 자기 삶의 주인이 되라.
- 무조건 열심히 하기보다는 핵심을 찾아내라.
- 여러 가지 일을 평균적으로 잘하기보다는 특정 분야에서 탁월해야 한다.
- 일상생활에서 가능한 한 아웃소싱(일의 외주)을 활용하라. 가사나 자동차 수리 같은 일을 스스로 하기보다는 당신보다 훨씬 잘 할 수 있는 전문가를 최대한 활용하라.
- 직업과 회사를 매우 조심스럽게 골라라. 가능하면 타인에게 고용되기보다는 타인을 고용하는 편이 좋다.
- 제일 잘하고 가장 즐거운 일만 하자.
- 수면 밑에 숨어 있는 아이러니와 비일상적인 것을 찾아내라.
- 모든 중요한 영역에서 20%의 노력이 80%의 성과로 이어지도록 만들어라.
- 차분해지고 업무량을 줄이며, 모든 기회를 다 추구하기보다는 80%의 가치를 가진 20%의 목적만을 추구하라.
- 창의력이 절정에 이르고 성공이 보장되는 뜻밖의 '행운'을 잘 움켜줘어라.

80/20 법칙에는 경계가 없다

코끼리의 형태를 식별하려던 6명의 인도 현자들의 이야기처럼 80/20 법칙 활용자들의 대부분이 그 능력의 일부분밖에 알지 못한다. 80/20 사고방식을 체득하려면 적극적인 훈련과 독창성이 필요하다.

지금 바로 시작하는 것이 좋다. 먼저 자신의 삶을 크게 개선시키기 위해 이 법칙을 사용하고 싶다면 80/20 법칙을 일상생활에 연관시키는 새로운 시도를 소개한 제2부로 넘어가도록 하자. 만일 자신의 회사에 적용하고 싶다면 80/20 법칙의 중요한 사업적 응용에 관해 설명한 제3부를 보자.

[개인편]
덜 일하고 많이 버는 길

2

제3장

생활인의 자유선언

80/20 법칙은 우리를 자유롭게 해준다. 더 적게 더 즐겁게 일하면서도 수입과 만족은 더 커진다. 이를 위해 치러야 할 유일한 대가는 세상이 80 대 20으로 구성되어 있다는 현실을 진지하게 받아들이기만 하면 된다. 80/20 사고방식에 따라 행동한다면 우리의 삶을 바꿀 수 있는 몇 가지 중요한 통찰력이 생길 것이다.

이것은 종교도 아니고 이데올로기도 아니며, 누군가에게 강요받는 것도 아니다. 80/20 사고방식의 매력은 개인을 중심으로 실용적이면서 동시에 자기 내면의 변화를 통해 형성된다는 점이다.

다시 말하지만 이 모든 것이 80/20식 사고방식을 익히기만 하면 된다. 독자가 할 일은 내가 말하는 내용을 자신의 목적에 맞게 편집하고 다듬는 것뿐이다. 하지만 그것조차 별로 어려운 일이 아니다.

80/20 사고방식으로 얻을 수 있는 통찰력은 그 숫자가 많은 것은 아니지만 그 위력은 매우 강력하다.

생활에서 시작하는 80/20 사고방식

나의 소망은 단순히 80/20 사고방식에서 비롯된 통찰력을 제공하고 이를 개개인이 자신의 삶에 맞게 활용할 수 있도록 도와주고 싶다는 것이다. 하지만 실제로는 그보다 훨씬 큰 소망을 갖고 있기는 하다. 독자들이 80/20 사고방식의 본질을 발견하고 추구함으로써 내가 미처 발견하지 못했던 특별하고 보편적인 자기 고유의 통찰력을 개발하기를 바란다. 또한 세상의 틀에 얽매이지 않는 80/20식 사고방식을 확산시키는 사람들의 대열에 가능하면 많은 사람들을 동참시키고 싶다.

80/20 사고방식의 특징은 사색을 중시하고, 전통에 얽매이지 않으며, 쾌락을 추구하고, 근본적인 삶의 전략 변화를 지향하며, 불균형적이다. 뿐만 아니라 보다 나은 쪽으로 상황을 바꾸고 싶어한다는 의미에서 최고의 야망과 관대하고 자신만만한 태도를 겸비하고 있다. 이제 이 분야와 관련된 몇 가지 설명을 통해 80/20 사고방식을 익히기 위한 예비지식을 쌓고 바른 방향으로 인생을 설계하는 설레는 여행을 시작해보자.

신중히 생각하고, 단호히 행동하라

80/20 사고방식의 목적은 자신과 타인의 삶을 크게 향상시킬 수 있는 행동지침을 얻는 데 있다. 그러한 행동을 하기 위해서는 색다른 통찰력이 필요하다. 통찰력을 얻기 위해서는 반성과 자기 성찰이 필요하다. 때로는 자료의 수집이 필요할 때도 있지만, 자료 없이 단순히 새로운 방식으로 생각을 하는 것만으로도 통찰력을 얻을 수 있는 경우도 많다. 이미 우리의 뇌에는 우리가 상상하는 것보다 훨

씬 더 많은 정보가 들어 있기 때문이다.

80/20 사고방식은 널리 퍼져 있는 상식적인 사고방식과는 매우 다르다. 상식적인 사고방식은 대개 급하게 결론을 추구하고 좋은 기회만을 생각하며 직선적으로 사고한다. 예를 들어 'X는 옳은가 그른가, 그 원인은 무엇인가?' 라는 식이다. 오늘날 사람들은 생각도 안 해보고 바로 행동에 들어가는 경우가 많다. 즉 행동이 사고를 내 몰아버린다. 80/20 사고방식을 지닌 사람들로서 우리의 목적은 행동을 잠시 보류하고, 조용히 생각하며, 귀중한 통찰력의 작은 조각들을 찾아낸 다음에 비로소 행동에 나서는 것이다. 그러나 일단 행동에 나서면 중요한 몇 가지 제한된 목적을 선별해서 단호하게, 그리고 최소한의 정력과 자원을 투자해서 최대한의 결과를 얻기 위해 전력을 기울인다.

낡은 전통에서 벗어나라

80/20 사고방식으로 전통적인 사고방식의 잘못된 부분을 찾아낼 수 있다. 우리의 삶을 따라다니는 낭비와 최적의 상태가 아닌 것을 파악해서 우리의 일상생활에서부터 그것을 바꾸어나감으로써 진보는 비로소 시작된다. 전통적인 사고방식은 여기서 전혀 도움이 되지 않는다. 전통적인 사고방식이야말로 낭비와 최적이 아닌 상태를 만들어내는 근원이기 때문이다. 80/20 법칙의 힘은 전통에 얽매이지 않고 새로운 사고방식을 바탕으로 전혀 다른 방식으로 일을 수행하는 데서 나온다. 이를 위해 먼저 왜 대부분의 사람들이 잘못된 일을 수행하거나, 적어도 잘못될 가능성이 많은 일을 하게 되는지 그 이유를 파악해야 한다. 만약 그 해답이 지극히 상식적인 것이라면, 그것은 80/20식 사고와는 거리가 먼 것이니 버려야 한다.

최대한 즐겨라

80/20 사고방식은 즐거움을 추구한다. 인생은 즐거워야 한다고 믿는다. 또한 대부분의 성취는 흥미, 기쁨, 그리고 미래의 행복을 향한 욕망의 부산물이라고 생각한다. 인생을 즐겁게 살고 싶다고 생각하는 사람은 물론 많다. 그런데 행복을 부르는 아주 간단한 길이 있는데도 많은 사람들은 그 길을 모르고 있거나 비록 있어도 실천하려고 하지 않는다.

대부분의 사람들은 다음과 같은 함정 중 한 가지 이상에 빠진다. 사람들은 대개 자신이 별로 좋아하지 않는 사람들과 많은 시간을 보낸다. 먹고 살기 위해서라는 명목으로 자신이 열정을 갖지 않는 일을 한다. 이들은 별로 즐겁지도 않은 일을 하느라 '자유 시간'의 대부분을 써버린다. 이것을 역으로 표현해보면 의미가 더 분명해진다. 대부분의 사람들은 자신이 가장 좋아하는 사람들과 보내는 시간이 너무 적다. 자신이 가장 즐거움을 느끼는 활동을 하는 데 쓰는 시간은 자유 시간의 극히 일부밖에 안 된다. 이런 사람들은 사물을 낙관적으로 생각하지 않는다. 설령 낙천주의자들이라 하더라도 장차 더 나은 삶을 살기 위해 주도면밀하게 계획을 세우려고 하지 않는 사람들이다.

이런 모든 사실은 매우 신기한 현상이다. 희망에 대한 경험의 승리라고 말할 수 있을 것이다. 하지만 명심해야 할 점이 있다. '경험'이란 객관적인 외부의 현실 그 자체가 아니라 우리가 외부의 현실을 받아들이는 방식에 따라 스스로 쌓아온 구조물이란 사실이다. 따라서 희망이 경험을 이기지 못한다면 이는 또한 기쁨에 대한 죄책감의 승리, 지성에 대한 유전학의 승리, 스스로의 선택에 대한 운명의 승리, 진정한 의미에서 삶에 대한 죽음의 승리라고 말할 수 있

을 것이다.

'쾌락주의'가 타인을 무시하는 이기주의, 의지가 약한 자가 빠지는 함정이라고 오해하는 경우가 많지만 전혀 그렇지 않다. 사실 쾌락주의는 다른 사람을 도와주고 큰 일을 성취하는 데 있어 필요조건이다. 가치는 있지만 즐겁지 않은 큰 일을 성취하기란 매우 어려우며 항상 쓸데없는 정력을 낭비하게 만든다. 만일 쾌락주의자들이 더 많다면 이 세상은 더욱 살기 좋고 모든 점에서 더욱 풍족하게 될 것이다.

80/20 법칙은 진보의 법칙이다

우주와 인류의 역사는 과연 진보하고 있는가? 일시적인 후퇴와 굴곡이 있음에도 불구하고 긴 안목에서 볼 때 진정으로 진보하고 있다고 말할 수 있는가? 이 문제를 놓고 지난 3000년 동안 많은 논란이 있었다. 헤시오도스(Hesiod, 700년경 B.C.), 플라톤(Plato, 428~348 B.C.), 아리스토텔레스(Aristotle, 384~322 B.C.), 세네카(Seneca, 4 B.C.~A.D. 65), 호라티우스(Horatius, A.D. 65~68), 아우구스티누스(St. Augustine, A.D. 354~430) 및 현재를 살고 있는 철학자와 과학자의 많은 사람들이 진보를 부정하는 사람들이다. 폰트넬(Fontenell), 콩도르세(Condorcet) 등 17세기 말과 18세기의 계몽사상가들 거의 대부분과 다윈(Darwin), 마르크스(Marx)를 포함한 19세기의 사상가 및 과학자들은 대부분 진보라는 개념을 지지하고 있다. 진보를 지지하는 진영의 리더라고 할 수 있는 역사가인 에드워드 기번(Edward Gibbon, 1737~1794)은 『로마제국 흥망사』에서

다음과 같이 기술하고 있다.

> 인류의 완벽을 향한 진보는 끝없이 원대하다. 그러므로 시대를 거듭할수록 인류의 진정한 부와 행복, 지식, 미덕까지도 계속 발전되어왔으며 앞으로도 계속 발전할 것이라는 흐뭇한 결론에 우리는 동의할 수밖에 없는 것이다.

물론 오늘날에는 진보를 부정하는 증거는 기번의 시대보다 훨씬 더 설득력 있게 제시할 수 있다. 그러나 진보를 지지하는 증거 역시 이에 못지 않게 우세하다. 이 논쟁은 결코 실증적으로 해결할 수 없다. 그것은 사고방식의 문제이다. 진보를 믿는다면 신뢰해야 한다. 진보는 일종의 의무이다.[1] 만약 우리가 진보의 가능성을 믿지 않는다면, 결코 이 세상을 더 좋게 바꿀 수 없을 것이다. 비즈니스 세계는 이런 점을 이해하고 있다. 대체로 비즈니스 세계는 과학계와 더불어 함께 진보를 옹호하는 가장 위대한 증거를 제공해왔다. 우리가 천연 자원은 무한하지 않다는 사실을 발견했지만, 비즈니스와 과학은 함께 마이크로칩, 혁신적인 첨단기술 등 새로운 차원의 무한한 지평을 인간의 힘으로 열어나가고 있다.[2] 그러나 진보하는 것이 과학기술과 비즈니스만은 아니다. 우리의 개별적·집단적 삶도 진보시킬 수 있으며 또한 진보시켜야만 한다.

80/20 사고방식은 본질적으로 낙관적이다. 사물은 모두 자신이 가지고 있는 힘의 극히 일부만을 드러내고 있을 뿐이다. 자원의 20%만이 성취에 있어 정말 중요한 것이다. 그 나머지 부분은 없는 것보다는 있는 게 좋은 정도일 뿐이다. 그러므로 중요한 20%에 더 많은 힘을 쏟고 80%는 적당한 수준으로 유지하라. 그러면 성과를 획기적으로 높일 수 있다. 이러한 진보를 통해 우리는 훨씬 더 높은

새로운 수준에 이르게 될 것이다. 그러나 높은 수준에서도 산출과 투입의 80대 20의 분포는 여전히 존재할 것이다. 따라서 우리는 다시 훨씬 더 높은 수준으로 진보할 수 있다.

비즈니스와 과학의 진보는 80/20 법칙의 타당성을 잘 보여준다. 예를 들어, 기존 장비보다 몇 배나 더 빠르게 계산할 수 있는 대형 컴퓨터를 제조하는 경우를 생각해보자. 일단 그런 컴퓨터를 만들면 사용자들은 더 작게 더 빠르게 더 싼 값으로 만들라고 요구한다. 그러면 실제로 컴퓨터 제조업체는 기존의 것보다 훨씬 연산속도가 빠르고 작은 컴퓨터를 훨씬 싼 값에 공급한다. 컴퓨터는 이런 과정을 끊임없이 반복하며 끝없이 진보해나가고 있다. 이제 똑같은 법칙을 우리의 삶에도 적용할 수 있다. 우리가 진보를 믿는다면 80/20 법칙이 무한한 진보의 동반자가 되어줄 것이다. 우리는 결국 에드워드 기번의 주장, 즉 진정한 부, 행복, 지식, 어쩌면 미덕까지도 끊임없이 확대시킬 수 있다는 논리가 옳았음을 증명할 수도 있을 것이다.

전략적으로 실행하라

전략적이라는 것은 중요한 부분, 다른 사람보다는 스스로에게 중요한 부분에 집중하여 계획을 세우고 단호한 결의를 가지고 그 계획을 실행하는 것이다.

발상의 전환 : 비선형적으로 생각하라

전통적인 사고방식은 설득력이 있지만 때로는 부정확하고 파괴적인 성격을 드러낸다. 전통적인 사고방식은 선형적(linear)이다. 즉 x가 원인이 되어 y가 일어나고, y는 z의 원인이 되며 b는 a의 필연적 결과라는 식이다. 이러한 논리의 예는 수없이 많다. 내가 보

잘것없는 직업을 가진 원인은 학력이 낮기 때문이다. 혹은 내가 출세가도를 달리는 것은 머리가 비상하기 때문이다. 제2차 세계대전이 일어난 것은 히틀러 때문이다. 우리 회사는 업계가 불황이기 때문에 성장할 수 없다. 실업은 낮은 인플레이션의 대가이다. 가난하고 병든 노약자를 돌보고 싶다면 세금을 더 내야 한다.

이런 모든 것이 선형적 사고방식에서 나온다. 선형적 사고방식이 인기있는 이유는 단순명쾌하여 흑백이 분명하기 때문이다. 문제는 이런 사고방식은 우리가 살고 있는 세계를 제대로 설명하지 못하며, 더욱이 세계를 바꾸기 위한 준비도 훨씬 미약하다는 것이다. 과학자들과 역사학자들은 이런 선형적 사고방식을 오래 전에 포기해버렸다. 그런데 왜 우리만 이런 사고방식에 집착해야 하는가?

80/20의 사고를 하면 즐거워진다. 단 하나의 원인만으로는 그 어떤 것도 발생하지 않는다. 필연적인 것은 아무것도 없다. 균형상태란 존재하지 않으며, 변화하지 않는 것은 아무것도 없다. 불쾌한 상황을 참고 견딜 필요는 없다. 원하는데 얻지 못할 것은 없다.

좋건 나쁘건 간에 어떤 일의 원인을 정확히 이해하기는 어렵다. 두드러지게 눈에 띄지 않는 뜻밖의 요인이 매우 큰 영향을 미칠 수도 있다. 사소한 행동 하나가 환경의 균형을 크게 바꿀 수 있다. 정말 중요한 결정은 손꼽아 셀 수 있을 정도로 적다. 그리고 어떠한 상황에서도 반드시 선택의 여지는 있다.

80/20 사고방식은 경험, 사색과 상상력에 호소하기 때문에 선형적 논리의 함정에서 벗어날 수 있다. 만일 자신이 불행하다고 생각한다면 불행의 원인이 무엇인지 찾느라 정력을 낭비하지 말아라. 행복했던 날들을 떠올려보고 그때와 비슷한 상황을 만들겠다고 결심하라. 업무에서 두꺼운 벽에 직면했을 때는 더 큰 사무실, 더 비

싼 차, 더 그럴듯한 직책, 적은 근무 시간, 좀더 이해심 많은 상사 등을 꿈꾸는 헛된 생각을 하지 말아라. 자기 인생에서 진정으로 중요한 것이 무엇인지를 다시 생각해보라. 그리고 그 중요한 일을 지금의 회사에서 이룰 수 없다면 직장이나 직업을 바꾸기 위한 생각을 하라. 원인을 찾지 말라. 특히 실패의 원인은 찾지 말라. 먼저 마음속 깊은 곳에서 행복을 느낄 수 있는 환경을 생각해보고 그런 환경을 만들어나가야 한다.

자신에 대한 확신을 가져라

우리들은 높은 뜻을 성취하려면 몸을 아끼지 않고, 자신과 가족도 희생해야 하며, 아침 일찍부터 밤늦게까지 끊임없이 일해야 한다는 생각에 길들여져 있다. 간단히 말해 치열한 경쟁을 뚫고 나아가야 한다고 생각하고 있는 것이다. 우리는 이런 생각 때문에 야망을 실현하기 위해서 비싼 대가를 치르지만 이런 생각은 실제로는 바람직하지도 필요하지도 않다.

훨씬 더 매력적이면서도 혹독하게 노력하는 것 이상을 성취할 수 있는 길이 있다. 최고의 야망을 위해서 진정으로 필요한 것은 자신감, 편안함 그리고 예의바른 태도이다. 이러한 80/20의 이상은 확고한 경험적 근거를 가지고 있다. 대부분의 위대한 성과는 한 가지에 대한 지속적인 몰두와 갑작스런 통찰력이 결합되었을 때 이루어진다. 목욕중에 부력을 발견한 아르키메데스(Archimedes)나 나무 아래에서 사과 한 알을 보고 중력 이론을 발견했던 뉴턴(Newton)을 생각해보자. 만일 아르키메데스가 부력에 관해 생각하지 않았거나 뉴턴이 중력에 관해 생각하지 않았다면 갑작스럽게 떠오른 매우 중요한 통찰력은 생기지 않았을 것이다. 동시에 만일 아르키메데스가

책상에만 앉아 있었거나 뉴턴이 동료 과학자들에게 열심히 지시만 내렸었다면 아무런 일도 일어나지 않았을 것이다.

일생을 통해 성취하는 것 중 대부분, 즉 우리 자신과 타인에게 귀중한 가치 중 대부분은 실제 삶의 아주 작은 부분에서 이루어진다. 80/20 사고방식과 관찰을 통해 이런 사실은 더할 나위 없이 분명해진다. 시간이 없다는 것은 거짓말이다. 우리에게는 아주 많은 시간이 있다. 모든 것을 희생하여 떠들썩하고 분주하게 일해야 야망이 이루어진다는 생각에 빠져 있어 제대로 시간을 쓰지 못할 뿐이다. 성취는 통찰력과 선택을 통해 이루어진다. 마음속에서 들려오는 조용하고 작은 목소리는 우리가 생각하는 것 이상으로 인생에서 큰 비중을 차지하고 있다. 통찰력은 우리가 스스로에 대해 편안해하고 좋은 감정을 가질 때 생긴다. 그리고 통찰력이 생기기까지는 시간이 필요하다. 전통적인 사고방식과 달리 시간은 아주 많다.

80/20의 통찰력으로 생활을 바꾼다

이제 개인적 생활을 위한 80/20 통찰력을 생각해보자. 여기서 일부의 통찰력을 하나의 판단 척도로써 시험해볼 수 있다. 이를 통해 우리 삶의 질을 크게 향상시켜 줄 몇 가지 통찰력에 한 걸음 더 다가갈 수 있을 것이다.

- 성취와 행복의 80%는 우리 시간의 20% 안에서 이루어지며, 그 절정의 느낌을 더욱 고양시킬 수 있다.
- 우리의 인생은 좋든 나쁘든 전체의 극히 일부 사건과 몇 가지 결정에 의해 매우 큰 영향을 받는다. 그리고 이런 중요한 결정은

의식적인 선택보다는 스스로 알지도 못하는 사이에 이루어지는 경우가 많다. 따라서 우리가 중요한 전환점을 인식하고, 행복을 느끼고 많은 것을 성취할 수 있는 결정을 내릴 수 있다면 생활을 극적으로 향상시킬 수 있다.

- 모든 일에는 항상 그 핵심이 되는 소수의 원인이 있지만, 그것이 눈에 보이지 않을 때가 많다. 만약 주요 원인을 떼어내서 파악할 수 있다면, 그 힘을 훨씬 증폭시킬 수 있다.

- 누구나 위대한 것을 성취할 수 있다. 중요한 것은 노력이 아니라 성취하기에 적합한 것을 찾아내는 안목이다. 사람은 누구나 남보다 훨씬 생산적으로 수행할 수 있는 일을 할 능력을 가지고 있다. 그러나 능력을 사용하는 장소가 잘못되어 너무 많은 것을 한꺼번에 하게 되면 타고난 능력을 충분히 발휘할 수 없다.

- 언제 어디서나 승자와 패자는 있게 마련이며, 언제나 패자가 더 많다. 정확한 상대, 정확한 우군, 정확한 방법을 선택한다면 누구나 승자가 될 수 있다. 우리는 자신의 성취를 향상시키기 위해 노력하는 것보다는 핸디캡을 정당하고 공정하게 자신에게 유리한 쪽으로 조정하는 것이 승리할 확률을 훨씬 높여준다. 전에 성공했던 부분에서 다시 승리할 가능성이 더 크다. 자신에게 적합한 경쟁을 선택해서 게임에 참가할 경우 승리할 가능성이 더 높다.

- 실패의 대부분은 타인이 원하는 경쟁에 참가하는 경우에서 발생한다. 성공의 대부분은 자신이 원하는 경쟁에서 이루어진다. 우리는 대부분 잘못된 경쟁, 다시 말해서 우리가 원하는 경쟁이 아

닌 다른 사람들이 원하는 경쟁에 참가하기 때문에 대부분의 경쟁에서 승리하지 못하는 것이다.

• 목적에 대해 정말로 진지하게 생각하는 사람은 거의 없다. 우리는 몇 가지 중요한 일에 최고의 사고력과 노력을 집중시키기보다는 너무 많은 일에 균등한 노력을 하며 전력을 분산시킨다. 탁월한 업적을 남긴 사람들에게는 강한 결단력뿐 아니라 사물을 선별할 줄 아는 능력이 있다.

• 사람들은 대개 자신에게나 다른 사람에게나 별 가치 없는 일에 대부분의 시간을 소비한다. 80/20 사고방식을 가진 사람들은 이런 함정에 빠지지 않고, 큰 노력을 하지 않고도 중요한 목적을 훨씬 더 크게 성취할 수 있다.

• 인생에서 가장 중요한 결정 중 하나는 협력자를 선택하는 일이다. 협력자 없이는 거의 아무것도 달성할 수 없다. 대부분의 사람들은 자신을 도와줄 사람을 신중하게 선택하지 않는다. 오히려 선택 자체를 생각하지 않고 되는 대로 맡겨두는 사람조차 적지 않다. 어쨌거나 협력자는 생기게 마련이니까. 이런 짓은 인생을 그냥 흘러가는 대로 내버려두는 심각한 경우이다. 대부분의 사람들은 자신에게 맞지 않는 협력자를 만난다. 그래서 협력자는 많은 반면 이들을 적절하게 이용하지도 못한다. 80/20 사고방식을 지닌 사람들은 신중하게 소수의 협력자를 선택하고, 특정한 목적을 달성하기 위해 굳은 협조관계를 맺어놓는다.

• 아마 협력자를 선택할 때 극단적인 경우는 배우자를 잘못 선택하는 경우일 것이다. 대부분의 경우, 주변에 사람들은 많지만 진정으로 힘이 될 만한 친구는 드문 것이 현실이다.

• 제대로 쓰여진 돈은 더 나은 생활로 바꾸기 위한 기회의 근원이 될 수 있다. 재산을 늘리는 방법을 제대로 아는 사람은 거의 없는데, 80/20 사고방식을 익히면 재산을 점차로 늘려나갈 수 있는 길이 보이게 된다. 돈의 노예가 되지 않고 행복한 생활을 위해 돈을 사용할 줄 아는 한, 그런 능력은 전혀 해가 되지 않는다.

• 자신의 행복을 개발하는 데 충분한 시간을 두고 생각하는 사람은 거의 없다. 사람들은 돈과 승진처럼 간접적인 목표를 추구한다. 이런 목표는 달성하기 어려울 뿐만 아니라 일단 달성하고 나면 행복을 추구하는 데 생각만큼 도움이 되지 못한다는 것을 깨닫게 된다. 행복은 돈으로 살 수 있는 것이 아니며, 돈과 비슷하지도 않다. 쓰지 않은 돈은 저축하거나 투자를 하면 이자의 마술에 따라 자연스럽게 늘어난다. 그러나 오늘 아껴둔 행복이 내일의 행복으로 연장되지는 않는다. 행복은 근육이나 두뇌와 같아서 쓰지 않으면 위축되어버린다. 80/20 사고방식을 지닌 사람들은 무엇이 자신을 진정으로 행복하게 만드는지를 잘 알고 있다. 늘 의식적이고 즐겁게 행복을 추구하며, 오늘의 행복을 느끼면서 내일의 행복을 점점 더 크게 쌓아간다.

시간이 날개 속에서 잠자고 있다

성취와 행복에 관한 80/20 사고방식을 시작하기에 가장 좋은 영역은 바로 시간이다. 우리는 시간의 질과 역할을 제대로 이해하지 못하고 있다. 사람들은 대부분 시간의 중요성을 직관적으로 이해하

고 있다. 그렇기 때문에 바쁘게 생활하는 수십만 명의 비즈니스맨들은 시간관리에서 해법을 찾으려고 한다. 그러나 실제로는 대부분 사소한 것들에 매달려 우왕좌왕하느라 시간을 허비하는 것이 현실이다. 우리는 시간에 대한 모든 태도를 바꾸어야 한다. 우리에게 시간관리는 필요 없다. 진정 필요한 것은 바로 시간혁명이다.

시간혁명의 7단계

> 나는 늘 시간이라는 이름의 마차가 뒤에서 황급히 달려오는 소리
> 에 쫓긴다. 그리고 저기 바로 앞에는 영원이라는 이름의 광대한 사막
> 이 펼쳐져 있다.
>
>   – 앤드류 마벨[1)]

눈코 뜰 새 없이 바쁜 사람이든 아주 한가한 사람이든 누구에게
나 시간혁명이 필요하다. 우리에게 시간이 부족하거나 시간이 너무
많아서가 아니다. 문제는 우리가 시간을 관리하는 방법, 시간에 대
해 생각하는 방법에 있다. 그리고 바로 문제가 있는 그곳에 문제 해
결의 실마리도 숨어 있다.

80/20 법칙과 시간혁명

80/20 법칙을 시간활용에 적용하면 다음과 같은 가설이 성립한다:

- 개인이 이룩하는 가치있는 성취의 대부분(전문적, 지적, 예술적,
  문화적, 육체적 의미를 모두 포함해서)은 사용하는 시간의 극히 일부
  에 의해 달성된다. 성취하기까지 걸린 시간이 며칠, 몇 주, 몇 달,

몇 년 또는 평생이 걸렸건 상관없이 늘 성취와 그것을 달성하기 위해 투자한 시간 사이에는 심각한 불균형이 존재한다.

• 마찬가지로 행복의 대부분도 매우 한정된 시간 안에 발생한다. 만일 행복을 정확하게 측정할 수 있다면 행복의 대부분은 살아온 세월의 극히 일부분의 시기에 집중되어 있음을 알 수 있을 것이다.

우리는 80/20 법칙을 이용하여 위의 가설을 수량적으로 바꾸어 다음과 같이 재정리할 수 있다:

• 가치있는 성취의 80%는 투자한 시간의 20% 안에서 달성된다. 역으로 말하면, 투자한 시간의 80%는 성취의 20%에만 기여할 뿐이다.
• 행복의 80%는 인생의 20% 기간 안에 누릴 수 있으며, 인생의 나머지 80% 기간 동안은 행복의 20%밖에 누리지 못한다.

이것은 물론 가설이며 독자 스스로의 경험에 비추어서 검증해보아야 할 것이다. 나는 이 가설에 대한 검증을 이미 해보았고 대부분의 경우 적용할 수 있다는 점을 확인했다. 이 가설을 토대로 나는 다음과 같은 상식에 반하는 4가지 함축된 의미를 찾아냈다.

• 우리가 하는 일의 대부분은 가치가 낮다.
• 시간의 작은 일부가 나머지 시간보다 훨씬 더 가치있다.
• 만일 우리가 어떤 결단을 내리고자 한다면, 근본적인 발상의 전환을 해야 한다. 지엽적인 일에서 맴도는 한 시간관리를 아무리 효율적으로 해도 전혀 의미있는 변화를 기대할 수 없다.
• 만일 우리가 시간의 20%만 효율적으로 이용할 수 있다면 시

간은 전혀 부족하지 않다.

몇 분, 길어야 몇 시간 동안만 시간을 내서, 자신의 일상을 되돌아보고 80/20 법칙이 자신에게도 적용되는지 생각해보자. 정확히 몇 퍼센트인지는 중요하지 않으며, 실제로 어떤 경우에도 몇 퍼센트인지 정확하게 측정하기란 거의 불가능하다. 중요한 것은 성취나 행복과 투자한 시간 사이에 실제로 커다란 불균형이 존재하느냐 여부이다. 가장 생산적인 5분의 1의 시간이 가치있는 결과의 5분의 4를 만들어내는가? 가장 행복한 시간의 5분의 4가 삶의 5분의 1에 집중되어 있는가?

이 질문들은 중요한 것이기 때문에 적당히 넘어가서는 안 된다. 이 책을 잠시 덮어두고 산책을 나가는 것도 좋은 방법이 될 수 있을 것이다. 사용하는 시간과 결과 사이에 불균형이 있는지 여부에 대한 판단이 설 때까지 걸으면서 생각해보라.

'시간관리'로는 자유로워질 수 없다

만일 시간과 성과 사이에 불균형이 존재한다면, 시간혁명이 필요할 것이다. 그렇다고 좀더 계획적으로 생활해야 한다거나 시간계획을 여유 없이 빡빡하게 고쳐야 한다는 이야기는 아니다. 다만 시간을 활용하는 방법과 시간 그 자체에 대한 사고방식을 바꾸면 되는 것이다.

그러나 시간혁명을 시간관리와 혼동해서는 안 된다. 시간관리라는 개념은 덴마크에서 유래한 것으로, 업무에 바쁜 기업 경영자들이 시간을 더 효율적으로 활용할 수 있도록 계획을 세우는 데 도움을 주기 위한 연수방법으로써 시작되었다. 그리고 현재 전 세계적

으로 10억 달러 규모의 큰 산업이 되었다.

오늘날 시간관리 사업의 대표적인 상품은 예전의 교육연수가 아니라, '타임매니저(time manager)'라는 상품이다. 타임매니저라고 하면 거창한 것 같지만 실제로는 경영자용으로 만들어진 다이어리나 전자수첩을 일컫는 용어이다. 또한 시간관리는 종교를 전도하듯 강한 설득력을 수반하는 경우가 많다. 업계에서 가장 빠르게 성장하고 있는 프랭클린(Franklin)사가 모르몬교에 그 뿌리를 두고 있는 것도 그러한 맥락이다.[2]

시간관리를 일시적인 유행이라고만 하기는 어렵다. 왜냐하면 타임매니저 사용자들은 그 가치를 매우 높이 평가하고 있어 사용 후 일반적으로 15 ~ 25% 정도 생산성이 향상되었다고 말하고 있기 때문이다. 그러나 시간관리는 마치 작은 신발에 커다란 발을 억지로 끼워 맞추거나, 1리터의 물을 0.5리터의 용기에 담는 것을 목표로 하고 있다. 시간관리는 궁극적으로 업무의 속도를 높이는 것이 목표이며, 특히 적은 시간에 많은 일을 짜맞추도록 압력을 가하는 방식을 취하고 있다. 기본적으로 일상생활의 작은 부분들을 더 잘 계획하면 좀더 효율적으로 행동할 수 있을 것이라는 발상이다. 또한, 어떤 일이든 우선 순위를 명확히 정하도록 함으로써 아주 급하긴 하지만 별로 중요하지 않은 일은 나중에 하도록 가르치고 있다.

시간관리는 은연중에 우리가 좋은 시간활용과 나쁜 시간활용을 명확히 알고 있다는 점을 전제하고 있다. 그러나 80/20 법칙의 입장에서 보면 이 전제는 잘못된 것이다. 사람들이 어떤 것이 중요한지 알고 있다면 이미 그 일을 중점적으로 해나가고 있을 것이므로 특별한 시간관리는 필요하지 않은 셈이 되어버린다.

시간관리에서는 해야 할 일들을 그 우선 순위에 따라 A, B, C, D

로 분류하여 목록을 작성하라고 말한다. 그러나 이를 실제로 적용하는 사람들은 대부분 자기 활동 중 60～70%를 우선 순위 A나 B로 분류한다. 그리고 자신들에게 정말 시간이 부족하다고 안타까워한다. 이는 관심이 시간관리에 있기 때문이다. 그래서 결국 계획을 더 잘 세우고, 일을 더 오래 더 열심히 하게 되는데, 역시 대체로 더욱 큰 스트레스나 좌절감으로 이어지게 마련이다. 이렇게 시간관리에 중독이 되지만, 일하는 방식을 근본적으로 바꾸지는 못하며, 일정표에 빈 칸이 있다는 사실에서 느끼는 죄책감에서 벗어날 수 없다.

시간관리라는 명칭 자체가 이미 나름의 의도를 나타내고 있다. 즉 시간이란 더욱 효과적으로 쓸 수 있는 것이고, 가치있고 소중한 자원이며 따라서 우리는 거기에 맞춰서 행동해야 한다는 주장을 암시하고 있는 것이다. 그리고 시간을 절약해야 한다. 조금만 잘못하면 시간은 우리 곁에서 도망가버린다. 이런 주장을 하는 시간관리의 전도사들은 잃어버린 시간은 절대로 되찾을 수 없다고 한다.

오늘날 우리는 바쁜 시대에 살고 있다. 여가를 즐길 수 있는 것은 실직자들뿐이다. 이제 우리는 찰스 핸디(Charles Handy)[3]가 말한 미친 시대를 살고 있다. 기업 경영자들의 근로 시간은 주당 60시간이 우스울 정도로 점점 늘어나고 있으며, 정리해고라는 태풍의 몰아치고 있다.

현대 사회는, 돈은 있는데 그 돈을 쓸 시간이 없는 사람들과 시간은 있는데 쓸 돈이 없는 사람들의 그룹으로 나누어져 있다. 시간관리가 대중적인 인기를 누리는 이유는, 여가를 어떻게 써야 할지 잘 모른다는 점과 시간이 없어 업무를 만족스럽게 수행하지 못하고 있다는 점에 대해 사람들이 전례 없이 큰 부담감을 느끼고 있기 때문이다.

시간에 대한 사고 방식을 뒤집어라

80/20 법칙은 시간에 대한 전통적인 사고방식을 뒤집는다. 80/20식 시간분석이 함축하고 있는 것들은 상식에 반하는 것이다. 특히 기존의 시간에 대한 사고방식 때문에 고통받던 사람들에게는 놀랄 만한 자유를 선물해줄 것이다. 80/20 법칙에서 주장하는 것은 다음과 같다.

- 현재 우리는 비합리적으로 시간을 활용하고 있다. 따라서 단순히 방법론적인 발전만을 추구해서는 한계에 부딪칠 뿐이다. 이제 백지상태에서 새롭게 시작해서 시간에 대해 갖고 있던 모든 생각을 뒤집어야 한다.

- 시간이 부족하다는 것은 말이 안 된다. 오히려 우리는 넘치는 시간에 둘러싸여 살고 있다. 문제는 그 시간 중 제대로 활용하는 것은 단지 20%뿐이라는 데 있다. 그리고 대부분 유능한 사람들과 보통사람들을 가르는 차이는 아주 짧은 시간에서 나온다. 80/20 법칙에 따르면, 만일 중요한 20%의 활동에 쓰는 시간을 두 배로 늘릴 수만 있다면, 일주일에 이틀만 일하고도 지금보다는 60%의 성과를 더 올릴 수 있다. 이는 시간관리에 지배당하는 미친 듯한 세계와는 몇 광년이나 멀리 떨어져 있는 전혀 새로운 세상이다.

- 80/20 법칙은 시간을 적이 아니라 친구로 생각한다. 시간이 흘러갔다고 그 시간을 잃어버린 것은 아니다. 시간은 언제나 다시 돌아온다. 1주일에 7일이 있고 1년에 12개월이 있는 것은 이 때문이며, 계절이 다시 돌아오는 것도 그래서이다. 우리 자신이 긴장을 풀고 편안하게 생각하며 시간을 동반자로 생각할 때 통찰력이 생기고 가치있는 일이 일어난다. 적으로 삼아야 할 것은 우

리가 시간을 활용하는 방식이지 시간 그 자체가 아니다.

• 80/20 법칙에 따르면, 행동을 더 줄여야 한다. 행동은 생각을 내몰아버린다. 그 때문에 우리는 시간을 낭비하게 된다. 한 프로젝트에서 가장 생산적인 시간은 보통 마지막 20%이다. 거기에는 특별한 이유가 있는 것이 아니라 그 일을 마감시간 전에 완결지어야 한다는 간단한 이유 때문이다. 대부분의 프로젝트에서는 시간을 반으로 줄이기만 해도 생산성이 두 배가 된다. 다시 말하건대 시간이 부족하다는 것은 잘못된 말이다.

가장 완전한 20%의 시간으로 미래를 만들어라

우리가 걱정해야 할 일은 시간의 부족이 아니라, 대부분의 시간을 잘못된 방법으로 쓰고 있다는 점이다. 업무 속도를 높이거나 시간활용의 효율을 높이는 것은 도움이 되지 않을 것이다. 그러한 사고방식은 문제 해결책이 아니라 오히려 문제를 증폭시킨다.

80/20식 사고방식은 시간에 대한 관점을 좀더 '동양적인' 쪽으로 바꾸어준다. 이제껏 비즈니스 세계에서는 시간은 한번 흘러가면 되돌릴 수 없는 직선이란 생각이 지배해왔다. 그러나 80/20식 시간개념에서는 시간을 반복해서 순환하는 원으로 파악한다. 이 관점은 일찍이 시계를 발명한 사람들의 생각과 같다. 시간은 항상 우리에게 되돌아와서 실패로부터 배우고, 가치있는 관계를 깊게 하고, 제품을 개량하거나, 삶의 가치를 풍성하게 만들 기회를 선물한다. 우리는 현재로만 존재하는 것이 아니다. 우리는 과거로부터 왔으며, 과거의 기억이라는 귀중한 보물을 가지고 있다. 또한 미래는 과거와 마찬가지로 이미 현재에 내재하고 있다. 인생에 있어서 시간은 오른쪽에서 왼쪽으로 이동하는 그래프가 아니라 [도표 1]처럼 서로

[도표 1] 3가지 요소로 이루어진 시간

연결되어 있으면서 크기가 점점 커지는 일련의 삼각형으로 묘사하는 것이 더 타당하다.

　시간에 대한 사고방식을 이런 식으로 바꿔보면, 일생을 함께하는 요구, 즉 성격, 능력, 우정, 그리고 물질적 자산까지 우리가 가진 모든 것 중에 가장 귀중하고 가치있는 20%를 더 중시하게 된다. 또한 그 20%를 기르고, 발전시키고, 확장시키며, 심화시키는 것이 우리 자신의 능률, 가치, 그리고 행복을 증진하는 데 얼마나 중요한지를 확신하게 된다. 이것이 80/20 법칙이 가진 낙천주의의 토대다. 여기서 낙천주의란 미래는 현재보다 더 나아질 것이라고 믿는 것을 말한다. 우리는 더 나은 미래를 만들어가기 위해 과거와 현재로부터 최고의 20%를 취하여 그것을 더욱 확장할 수 있기 때문에 내일은 언제나 오늘보다 나아질 것이다. 이러한 관점에서 보면, 미래란 쏜살같이 시간이 흘러가며 우리에게 다가오는 우리가 전혀 예측할 수 없는 것은 아니다. 오히려 미래는 우리에게 더 나은 어떤 것을

창조하도록 기회를 주는 것이며, 과거와 현재를 토대로 이루어지는 차원이다. 80/20 사고방식은 그것이 가능하다는 점을 가르쳐준다. 이제는 우리를 둘러싸고 있는 구속을 벗어나, 가장 완전한 20%를 향하여 방향을 전환하기만 하면 된다.

시간혁명에의 초대

시간혁명을 위해서는 다음과 같은 7단계가 필요하다.

1단계: 노력과 보상은 비례하지 않는다는 발상의 전환을 하라

청교도의 근로윤리는 모든 사람들에게 뿌리깊이 자리잡고 있기 때문에 이를 버리기 위해서는 의식적으로 상당한 노력을 해야 한다. 문제는 우리가 힘들여 일하는 것을 즐긴다는 점, 혹은 적어도 그렇게 힘들여 일했다는 사실에서 생기는 선행을 했다는 뿌듯한 기분을 즐긴다는 사실이다. 이제부터는 힘든 일, 특히 다른 사람을 위해 하는 일은 우리가 원하는 바를 얻는 데 효율적인 방법이 아니라는 사실을 마음속에 철저히 심어야 한다. 힘든 노동은 낮은 수익을 낳는다. 현명한 통찰력을 발휘하여 스스로 원하는 것을 하면 높은 수익을 얻을 수 있다.

자신에게 생산적인 나태함의 표본이 될 만한 수호성인을 정하라. 나의 수호성인은 로널드 레이건(Ronald Reagan)과 워렌 버펫(Warren Buffett)이다. 레이건은 큰 노력도 없이 발전을 거듭하여, 2류 영화배우에서 공화당 우파의 지지를 한 몸에 받는 인물이 되었고, 캘리포니아 주지사가 되었으며, 아주 성공한 대통령이 되었다.

레이건이 이렇게 성공할 수 있었던 요인은 무엇이었을까? 우선 잘생긴 외모가 있고, 멋지고 매끄러운 목소리가 있으며, 그 목소리를 바탕으로 시의적절하게 구사하는 유머가 있었다. 특히 괴한에게 저격당해서 병원으로 실려가는 앰뷸런스 안에서 낸시 여사에게 '여보, 엎드리는 걸 깜박 잊어버렸어'라고 했다는 일화는 유명하다. 그리고 아주 빈틈없는 선거유세 담당자들이 있었고, 고풍스럽고 우아한 풍모가 있었으며, 미국이라는 나라와 세계에 대한 디즈니 만화적인 사고방식을 가지고 있었다. 레이건이 문제를 처리하는 능력은 빈약했고, 전통적인 현실을 파악하는 능력도 떨어졌으나, 미국 국민을 고무시키고 공산주의를 허물어뜨리는 데서는 탁월한 능력을 발휘했다. 처칠의 격언을 빗대어 말하면, 그렇게 적은 노력으로 그렇게 적은 사람이 그렇게 많은 성과를 이루어낸 인물은 없었다.

한편, 워렌 버펫은 한동안 미국 최고의 부자로 손꼽혔던 사람인데, 그의 성공은 힘든 노동이 아니라 투자 덕분이었다. 아주 적은 자본으로 시작하여, 주식시장의 평균 가격 상승률을 훨씬 상회하는 투자수익률을 해마다 기록하여 엄청난 재산가로 올라섰다. 전자계산기는 물론 계산자(sliderule, 수동으로 눈금을 읽어서 로그 값 등을 계산하던 자)도 발명되기 전에 주식투자를 시작했기 때문에, 요즘에 비하면 분석이라고 하기도 어려운 정도의 분석만 수행하고, 기본적으로는 시종일관 자신의 통찰력을 바탕으로 투자하여 탁월한 분석가들을 압도해왔다.

버펫의 커다란 성공은 작은 아이디어 하나에서 시작되었다. 즉 미국의 지방신문들은 각각의 지역에서 가장 완벽한 독점판매권을 가지고 있어서 모든 산업 중 경영기반이 가장 확실하다고 판단하여 지방신문에 투자했다. 이러한 단순한 발상으로 첫번째 성공을 거뒀

으며, 그로부터 벌어들인 돈의 대부분을 다시 자신이 잘 아는 산업인 매스미디어 산업체의 주식에 투자하여 큰돈을 벌었다.

게으르다고까지 할 수는 없어도 버펫은 자신의 정력을 매우 아꼈던 사람이다. 대체로 펀드매니저들은 여러 주식을 사고 또 자주 회전시키는 반면, 버펫은 제한된 업종의 제한된 양의 주식을 사서 오랫동안 가지고 있었다. 따라서 일단 주식을 사고 나면 한동안은 특별히 할 일이 거의 없다. 그는 투자 분산을 역설하는 포트폴리오 이론을 '노아의 방주식'이라고 부르며 비난을 퍼부었다. 즉 모든 종목을 두 개씩 사다 보면 결국 동물원을 만들 뿐이라는 것이다. 버펫의 투자 철학은 가능한 한 아무것도 하지 않는 것이라고 할 수 있다.

나는 너무 많은 일을 하고 싶어질 때마다 이 두 사람을 생각한다. 여러분도 개인적으로 아는 사람이나 대중적으로 널리 알려진 사람들 중에서 생산적인 나태함의 좋은 예가 되는 사람들을 자신의 정신적 지주로 삼고, 자주 떠올려보라.

2단계: 여유 시간에 대한 죄의식을 버려라

죄의식 때문에 과도하게 힘든 일을 할 수도 있다는 사실을 경계해야 한다. 뿐만 아니라 자신이 좋아하는 일을 하면서 죄의식을 느낄 수도 있다는 점 또한 아주 중요한 문제이다. 좋아하는 일을 하는 것은 전혀 나쁜 일이 아니다. 즐겁지 않은 일은 해봤자 아무런 가치도 없다.

하고 싶은 일을 하자. 좋아하는 일을 자신의 일로 만들고, 자신이 하는 일을 즐기자. 현재 부를 누리고 있는 거의 모든 사람들은 자신들이 즐기는 일을 하면서 부자라는 부가적 보너스를 받은 사람들이다. 불과 20%의 사람들이 전체 부의 80%를 누릴 뿐 아니라, 일을

하면서 얻는 즐거움의 80%까지 독점하고 있다. 똑같은 20%가 두 가지를 모두 다 누리고 있는 것이다.

저 심술궂은 구두쇠인 늙은 청교도 갈브레이스(John Kenneth Galbraith)는 노동의 세계에 존재하는 근본적인 불공평함에 주목했다. 중간계급들은 일한 것보다 더 큰 보상을 받을 뿐 아니라, 더 재미있는 직업을 차지하고 있으며 일을 즐기고 있다. 비서와 어시스턴트를 두고, 1등석으로 여행을 하며, 호화로운 호텔에서 잠을 자면서 더욱 즐겁고 흥미로운 인생을 누리고 있다. 현재 대기업의 간부들이 일상적으로 누리고 있는 부수적인 특권을 보통사람이 똑같이 누리려면 자기 재산의 상당 부분을 털어넣어야 할 것이다.

갈브레이스는 혁명적인 사고방식을 내놓았는데, 상대적으로 재미없는 일을 하는 사람은 더 재미있는 일을 하는 사람들보다 더 많은 보상을 받아야 한다는 것이었다. 이렇게 찬물을 끼얹을 수가 있는가! 그러한 관점이 자극적이기는 하지만, 결코 좋은 해결책이 나오지는 않는다. 그 많은 80/20 현상을 생각할 때, 만일 수면 아래 감춰진 부분을 살펴본다면 외견상의 불평등 뒤에 숨은 심오한 진리를 감지할 수 있을 것이다.

이러한 경우 논리는 아주 단순하다. 가장 큰 성취를 보이는 사람은 자신이 하는 일을 즐기기 때문이다. 뭔가 비범한 가치를 창조하려면 자신의 소질을 충분히 발휘해야만 한다. 예를 들어 어떤 분야에서든 위대한 예술가를 생각해보자. 그들이 창조해낸 작품의 양과 질은 놀랄 만한 것이다. 반 고흐(Van Gogh)는 평생 쉬지 않고 그림을 그렸다. 피카소(Pablo Picasso)는 앤디 워홀(Andy Warhol)이 태어나기 전부터 공방을 운영했다. 자신이 하는 일을 사랑했기 때문이다.

미켈란젤로의 성적인 동기에서 유발된, 경이롭고도 장엄한 작품을 보자. 내가 아는 다비드 상, 빈사의 노예, 메디치가 도서관의 설계와 건축, 시스틴 성당의 천장화, 성 베드로 성당의 피에타 등은 그의 작품의 극히 일부일 뿐이지만, 모두 한 사람의 작품이라고 보기엔 기적과 같은 작품이다. 미켈란젤로는 그것이 직업이기 때문이라든지 성미 급한 교황 율리우스 2세가 두려워서, 또는 그저 돈을 벌기 위해서 그러한 작품들을 만든 것은 아니었다. 스스로 창작활동과 젊고 아름다운 남자들을 사랑했기 때문에 한 것이었다.

동기가 다 똑같을 수는 없겠지만, 창조하는 일 자체를 사랑하지 않는다면 그 가치가 영원히 남을 만한 결과물을 만들어낼 수는 없다. 이는 순수하게 개인적인 일이나 사업적인 일에도 똑같이 적용된다.

나는 언제나 나태해지라고 권장하는 것이 아니다. 노동이란 인간의 본질적인 욕구를 만족시키기 위한 자연스런 행위이다. 실업자나 퇴직자, 그리고 벼락부자들은 순식간에 깨달을 것이다. 모든 사람들은 각자 고유의 자연스러운 균형과 리듬, 그리고 최적의 노동과 휴식의 비율이 있어서, 너무 나태해지거나 너무 부지런해지려고 할 때는 대부분 본능적으로 균형을 회복하려고 할 것이다. 80/20 사고 방식은 일을 하지 말고 놀자고 선동하는 것이 아니다. 다만 일을 할 때는 높은 가치를 가진 일, 놀 때는 큰 즐거움을 느낄 수 있는 놀이에 집중하라는 것이다. 그러나 내가 보기에 대부분 사람들은 잘못된 것에 너무 많은 노력을 쏟는 것이 아닌가 의심스럽다.

일하는 시간을 줄이고도 더 풍부한 창조성과 지식을 얻을 수 있다면 세상은 얼마나 즐거워지겠는가! 가장 게으른 20%의 사람들에게는 더 열심히 일하라고 해야 하고, 가장 열심히 일하는 20%에

게는 일을 줄이라고 하는 것이 바람직하다. 이렇게 중재가 이루어진다면 양쪽 모두 사회에 이익이 될 것이다. 중요한 것은 노동의 양이 아니라 질이다. 그리고 노동의 질은 스스로 방향을 어떻게 정하느냐에 따라 달라진다.

3단계: 타인이 지워준 의무에서 벗어나라

80%의 시간이 결과의 20%밖에 산출하지 못할 때, 그 80%의 시간은 다른 사람들의 요구에 따라 일하는 것이라고 생각하면 옳을 것이다.

타인을 위해 일한다는 발상, 또는 안정된 수입을 얻지만 자신의 뜻대로 할 수 없는 일을 하는 것은 비록 200년간 지속되어온 현상이지만 전체 노동의 역사에서 보면 아주 짧은 과도기에 불과하다.[4] 대기업에서 일하는 사람이라도 자기 스스로를 위해 독립된 사업을 운영하고 있다고 생각하는 편이 좋다.

가장 큰 성과를 올리는 20%의 사람은 예외 없이 자기 자신을 위해 일하고 있다.

똑같은 생각이 일 이외의 분야에서도 적용된다. 잘 통제할 수 없는 시간을 잘 활용하는 일은 거의 불가능하다. 사실, 시간을 잘 통제할 수 있더라도 잘 활용하는 것은 매우 어려운 일이다. 왜냐하면 죄의식, 관습, 그리고 타인으로부터 강요되는 일로부터 마음이 자유롭지 못하기 때문이다. 그러나 적어도 그러한 것들을 과대평가하지 않고 정확히 볼 수 있는 능력은 누구에게나 있다.

나의 조언을 완벽하게 받아들이는 것은 불가능하며 게다가 바람직하지도 않다. 누구든 타인에 대한 의무를 조금씩이라도 지니고 있으며, 그러한 의무가 자기 자신에게 좋게 작용할 수도 있다. 비록

기업가라 하더라도 마치 한 마리 늑대처럼 고립되어 존재할 수는 없다. 기업가에게는 파트너가 있고, 고용인들이 있으며, 제휴하는 기업들이 있고, 인맥도 있어야 사업이 성립한다. 이런 사람들에게 아무것도 주지 않는다면 그들로부터 얻을 수 있는 것 또한 아무것도 없다. 중요한 것은 자신의 파트너와 의무를 매우 주의깊게 선택해야 한다는 점이다.

4단계: 관습이나 상식의 틀을 깬 시간활용법을 생각하라

타인이 명령에 따르거나, 남의 기대에 맞는 일을 하거나, 참석하는 것이 당연시되는 회의에 참석하거나, 누구나 하고 있는 일을 똑같이 하거나, 혹은 사회적인 관습을 따르기 위해 가장 귀중한 20%의 시간을 사용해서는 안 된다. 오히려 그러한 일들이 꼭 필요한 것인지 자문해보아야 한다.

상식적인 행동이나 해법에 의존하는 한 자신의 시간 중 80%를 별로 중요하지 않은 일을 하는 데 쓰게 될 것이며, 따라서 80/20 법칙이란 지배자의 손아귀에서 벗어나지 못할 것이다.

자기가 속한 세계에서 쫓겨나지 않으면서 어느 선까지 규범에서 벗어난 행동을 취할 수 있는지 생각해보라. 늘 상식에 반하는 시간활용법, 관습에서 벗어나는 특이한 시간활용법을 찾아보면 좋은 훈련이 될 것이다. 규범에서 벗어난 시간활용법들이 전부 다 효율성을 높여주지는 않겠지만, 그 중 몇 가지, 아니면 적어도 한 가지는 효과가 있을 것이다. 시나리오를 몇 개 작성해보고 그 중에서 자신이 즐길 수 있고 가치가 높다고 생각하는 행동에 가장 많은 시간을 쓰는 안을 채택하자.

주변의 잘 아는 사람들 중 큰 성공을 거두었으면서 별난 사람은

누구인가? 그런 사람이 있다면 어떻게 자기 시간을 활용하고 있으며 어떻게 관습의 틀을 뒤집을 수 있었는지 관찰해보라. 아마 스스로 가장 따라하고 싶은 부분이 있을 것이다.

5단계: 80%의 성과를 내는 20%의 시간을 파악하라

자신이 이룬 성과나 결과의 5분의 4, 스스로 느끼는 행복의 5분의 4는 자기 시간의 약 5분의 1에서 나온다. 먼저 살아가는 목적이 일에서의 성취인지 아니면 행복인지 확실히 해야 한다. 나는 그 두 가지를 각각 나누어 생각해보기를 권한다.

우선 행복에 대해서, 자신의 '행복의 집합'들을 알아보자. 행복의 집합이란 자신이 어떤 일을 하면서 완전한 행복을 느꼈던 시간을 말한다. 아주 짧은 시간도 좋고, 몇 년이어도 좋다. 깨끗한 종이를 한 장 꺼내서, 맨 위에 '행복의 집합'이라고 적은 다음 기억나는 한 많이 적는다. 그리고 그 행복의 집합들 모두 혹은 그 중 일부분 사이의 공통점을 이끌어내도록 하자.

똑같은 과정을 '불행의 집합'에서도 반복한다. 대개는 불행의 집합 전체를 합쳐도 시간의 80%는 되지 않을 것이다. 왜냐하면 대부분의 사람들에게는 완전한 행복과 완전한 불행 사이에 적당한 행복이라는 모호한 부분이 크기 때문이다. 그러나 불행의 가장 중요한 요인들과 그 요인들 사이의 공통분모를 파악하는 것이 중요하다.

이러한 전체 과정을 이번에는 성취를 주제로 적용하여 반복한다. 우선 '성취의 집합'들을 파악하자. 이것은 자신이 일 주일, 한 달, 일 년, 혹은 평생 동안 투자한 시간에 비해 상대적으로 가장 높은 가치를 성취한 기간들을 말한다. 백지 한 장을 내놓고 '성취의 집합'이라고 제목을 단다. 그리고 될 수 있는 대로 많이 적는다. 가능

하다면 지금까지 살아온 모든 시간을 돌이켜 기억해본다.

이러한 '성취의 집합'들의 공통적인 특징을 파악해보자. 분석을 끝내기 전에, 105쪽에 있는 최상의 시간활용법 10가지를 읽어봐도 좋을 것이다. 이것은 많은 사람들로부터 수집한 보편적인 목록으로, 당신의 기억을 환기시켜주는 데 도움이 될 것이다.

'무성취의 집합'들도 따로 목록을 만들자. 이는 가장 성과가 미미하고 생산성이 낮았던 기간을 말한다. 104쪽에 있는 최악의 시간활용법 10가지가 정리에 도움이 될 것이다. 또한, 공통적으로 어떠한 경향을 갖고 있는지 살펴본다.

이렇게 목록을 만든 다음에는 이제 행동하는 일만 남는다.

6단계: 핵심적인 20%에 사용하는 시간을 늘려라

행복과 성취의 집합을 파악하고 나면 그러한 활동이나 비슷한 활동에 더 많은 시간을 투자하고 싶어질 것이다.

이런 개념을 설명할 때 나의 논리에 결점이 있다고 지적하는 사람들이 있다. '상위 20%의 일에 더 많은 시간을 투자해도 그로 인해 얻는 성과는 비례하지 않고 비율이 낮아질 것이다. 즉 상위 20%에 두 배의 시간을 투자한다고 원래 얻었던 80%의 성과도 두 배가 되는 것은 아니다. 어쩌면 그 효과는 40, 50, 60, 또는 잘해야 70%밖에 나타나지 않을 수도 있다.' 이것이 반론의 요지다.

나는 이런 비판에 대해 두 가지 말을 한다. 첫째, 현 시점에서 행복이나 효과를 정확하게 측정하기란 불가능하기 때문에 그런 비판은 당연히 제기될 수 있다. 하지만 무슨 상관이란 말인가? 그렇다고 해도 가장 원하는 것을 훨씬 많이 얻게 될 것이다.

둘째로 나는 그런 비판이 일반적으로 틀렸다고 말하고 싶다. 내

가 제안하는 것은 자신이 오늘 하는 일 중에서 80%를 산출하는 20%의 일을 매일 그대로 되풀이하라는 말이 아니다. 행복과 성취의 집합에서 공통적인 특성을 파악하는 것의 중요한 점은 현상의 뒤에 있는 본질을 찾아내고, 자신의 숨겨진 재능과 자질을 찾아내는 데 있다.

잠재적인 성취나 행복을 실현시키기 위해 자신이 해야 할 일을 찾아도, 시작만 해놓고 잘 진척시키지 못하거나 심지어 아예 시작조차 하지 못한 일들이 당연히 생길 것이다. 그렇더라도 전혀 하지 않는 것보다는 낫다. 우리는 인간의 능력이나 행복이 어디에 숨어있는지 알 수 없기 때문이다. 예를 들어보자. 딕 프란시스(Dick Francis)는 영국의 최고의 기수(騎手)였지만, 거의 40세가 되어서야 비로소 자신의 첫번째 경마 추리소설을 발표했다. 이제 작가로서 프란시스는 기수일 때와는 비교할 수 없을 정도로 큰 성공, 수입, 개인적인 만족을 누리고 있다. 리처드 아담스(Richard Adams)는 자신의 베스트셀러 『워터십 다운 Watership Down』을 쓰기 전까지는 꿈을 이루지 못한 중년의 중급 공무원에 지나지 않았다.

행복이나 성취의 집합에 관한 분석은 일반적으로 개인이 가장 잘하는 일과 자기에게 가장 적합한 일이 무엇인지 파악하는 데 통찰력을 발휘한다. 이런 통찰을 통해 새로운 자신을 발견하고, 전혀 새로운 분야에 진출하여 상상할 수도 없던 성공을 거두는 경우를 흔히 찾아볼 수 있다. 따라서 수확체감(收穫遞減)의 가능성도 있지만 동시에 수확체증(收穫遞增)의 가능성도 있다. 사실 우리는 한번쯤은 직업이나 생활방식을 바꾸는 것을 고려해보아야 한다.

20%의 시간밖에 투자하지 않는데도 행복이나 성취의 80%를 산출하는 활동을 모두 파악하고 나면, 그 다음은 그런 활동이나 비슷

한 활동에 투자하는 20%의 시간을 가능한 한 늘리는 것을 기본 목표로 삼아야 한다.

일반적으로 실행 가능한 단기 목표는 가치가 높은 활동에 투자하는 20%의 시간을 일 년 안에 40%로 높이겠다고 결심하는 것이다. 이런 하나의 행동만으로 우리의 '생산성'은 60～80%까지 향상될 것이다. 이제 우리는 20%의 생산적인 시간대 두 개와 가치있는 80%의 성과 두 개를 갖게 되는 셈이다. 따라서 가치가 낮은 활동에서 얻은 기존의 20%를 모두 잃는다 하더라도, 가치가 높은 활동에 시간의 일부를 재배정함으로써 전체 산출량은 100～160%까지 증가할 것이다.

가장 이상적인 것은 가치가 높은 활동에 투자하는 시간을 20%에서 100%로 올리는 것이다. 이것은 직업과 생활방식을 완전히 바꾸지 않는 한 불가능하다. 만약 100%에 도전하고 싶다면, 언제까지 어떻게 직업과 생활방식을 바꿀 것인지 확고한 계획을 세워야 한다.

7단계: 가치가 낮은 활동을 중단하라

가장 좋은 방법은 불과 20%의 성과밖에 내지 못하는 80%의 활동을 없애는 것이다. 가치가 높은 활동에 더 많은 시간을 할당하기 전에 가치가 낮은 활동을 없애버려야 한다. 많은 사람들이 가치가 높은 활동에 더 많은 시간을 투자하려고 노력하다 보면 자연스럽게 가치가 낮은 활동에 투자하는 시간이 줄어들 것이라고 생각하지만 이는 거꾸로된 사고방식이다. 가치가 낮은 활동을 없애는 것이 먼저라는 사실을 명심하자.

이런 나의 주장에 대한 첫번째 반론은 가치가 낮은 활동이라고는 해도 그렇게 간단하게 없앨 수 있는 것이 아니라는 주장이다. 또한

가치가 낮은 활동들은 대부분 가족, 사회 또는 기업에 없어서는 안 될 일들이라는 것을 이유로 든다. 만약 독자들도 그렇게 생각하고 있다면 스스로 다시 생각해보아야 한다.

일반적으로 어떤 환경에서나 일하는 방식을 바꿀 여지는 뜻밖에 넓다. 시간활용법에서 상식을 벗어나 자유롭고 돌출적으로 생각하는 것이 중요하다. 다수의 의견을 따르지 말라.

새로운 전략을 시도해보고 어떤 일이 일어나는지 관찰해보자. 자신이 바꾸고 싶어하는 활동은 별로 가치가 없는 일이기 때문에, 그런 일을 안 한다 하더라도 다른 사람들은 전혀 눈치 채지 못할 것이다. 설사 그들이 알아차린다고 해도, 자기 입장에서 봤을 때 많은 노력이 필요하다고 생각한다면 새삼스럽게 그런 일을 강요할 만큼 크게 신경 쓰지는 않을 것이다.

그러나 가치가 낮은 활동을 없애기 위해서는 업무를 바꾸거나, 직장을 그만두거나, 잘 맞지 않는 친구들과의 관계를 끊거나, 생활 방식을 바꾸거나, 심지어는 환경을 근본적으로 바꾸어야 할지도 모른다. 그러나 자신이 원하는 변화를 이루려면 결단이 필요하다. 그렇지 못하면 당신의 잠재능력은 영원히 잠들어 있을 것이다.

시간활용의 4가지 성공 사례

상식을 깬 정치가

우선 첫번째 사례로 영국 빅토리아 왕조 시대에 뛰어난 자유당원으로서 4번이나 총리로 선출된바 있는 윌리엄 글래드스톤(William Eward Gladstone)을 들 수 있다. 이 사람은 여러 방면에서 상식을

뛰어넘었다. 예를 들어 매춘부들을 구제하기 위한 시도가 크게 실패하고 여러 번 비판을 받기도 했지만, 우리가 여기서 주목해야 할 부분은 글래드스톤만의 독특한 시간활용법이다.[5]

글래드스톤은 유능한 정치가였지만 정치적인 의무에 얽매이지는 않았다. 오히려 수많은 방법으로 자신이 원하는 것을 원하는 만큼 하며 많은 시간을 보냈다. 그는 여행을 좋아해서 영국뿐만 아니라 해외 여행도 자주 했다. 총리 재임 시절에도 개인적인 용무로 프랑스, 이탈리아, 독일을 자주 방문했다.

글래드스톤은 연극을 사랑했고, 육체적인 관계 없이 여성들과의 스캔들로 여러 차례 세간에 오르내렸으며, 2만 권의 책을 독파한 독서광이었다. 또한 영국 하원에서 유례 없이 긴 연설을 하고(긴 연설에도 불구하고 조는 의원은 없었다), 근대의 선거전술을 확립하였으며, 진정으로 선거를 즐겼다. 그는 이 모든 일을 매우 즐겁고 정력적으로 수행했다. 몸이 별로 안 좋을 때면 침대에서 적어도 하루 동안 휴식을 취하며 독서도 하고 사색을 즐기기도 했다. 이러한 독특한 시간활용법 덕분에 글래드스톤은 정치가로서 필요한 지혜와 활력이 끊임없이 샘솟는 생활을 할 수 있었다.

그 후의 역대 영국 총리 중에서는 로이드 조지(Lloyd George), 처칠(Churchill), 대처(Thatcher) 세 사람만이 글래드스톤에 견줄 정도로 독특한 시간활용법을 사용했는데, 모두 아주 큰 성과를 거두었다.

매우 특별한 세 명의 경영 컨설턴트

관습에 얽매이지 않는 시간활용 사례는 안정된 경영컨설팅업계에서도 사례를 찾아볼 수 있다. 컨설턴트들은 오랜 근무 시간과 눈코뜰 새 없이 바쁜 업무로 악명 높다. 여기 등장하는 세 사람은 모두

나와 가깝게 지내는 사람들로서 모든 상식을 뒤집었으며, 모두 큰 성공을 거둔 사람들이다.

먼저, 프레드(3명 모두 가명)라고 하는 친구는 컨설턴트로서 수천만 달러를 번 사람이다. 그는 경영대학원을 나오지 않았으면서도 아주 크고 능력 있는 컨설팅 회사를 차렸다. 그 회사에서는 프레드를 제외한 거의 모든 사람들이 주당 70시간 이상 일한다. 그러나 프레드는 단지 가끔씩만 회사에 나갔으며 한 달에 한 번씩 세계 각 지역의 파트너들이 의무적으로 참가하는 파트너 회의에도 얼굴만 비칠 뿐이다. 그는 테니스를 치거나 사색을 하는 데 많은 시간을 할애했다. 프레드는 냉정하게 회사를 이끌어갔지만 결코 언성을 높이는 법이 없었으며, 5명의 핵심 부하 직원과 협력하여 모든 일을 처리해나갔다.

두 번째로, 랜디라는 친구는 프레드의 5인 참모 중 한 사람이었다. 회사 설립자를 제외하면, 랜디는 사실상 일 중독자들로 가득 찬 이 회사에서 유일하게 예외적인 사람이었다. 이 친구는 아주 멀리 떨어진 나라의 지사장이었는데, 그 지사는 맹렬하게 일하는 스태프들 덕분에 나날이 성장하고 있었다. 그러나 랜디가 지사에 나가는 날은 많지 않았다. 랜디가 시간을 어떻게 보내는지, 하루에 몇 시간을 일하는지 아무도 몰랐다. 사실 그는 매우 한가롭게 지냈다. 대부분 주요 고객과의 미팅에만 참가하려 하고 그 밖의 모든 일은 후배 파트너에게 일임했다. 필요하면 회사에 나갈 수 없는 이유를 아주 기상 천외하게 만들어냈다.

회사 대표이긴 하지만 회사 경영에는 전혀 관여하지 않았다. 자신의 모든 정력은 가장 중요한 고객들과 이익을 늘릴 수 있는 방법을 연구한 다음, 이를 수행하기 위해 최소한의 개인적인 노력을 들

여서 시스템을 적재적소에 배치하는 데 바쳤다. 랜디는 결코 우선순위를 3개 이상 선택하지 않았으며 단 하나의 우선 순위를 택할 때도 많았다. 그 밖의 다른 일은 이사회에 일임했다. 랜디는 결코 일에서 스트레스를 받지 않으면서도 뛰어난 성과를 기록한 사람이었다.

마지막으로 시간을 독특하게 활용했던 사람은 나의 친구이자 파트너인 짐이라는 사람이다. 몇 명의 다른 동료들과 함께 작은 사무실을 공동으로 사용하던 시절의 짐에 대한 기억이 아직도 생생하다. 그 사무실은 비좁고 매우 혼잡스러웠다. 사람들은 저마다 전화 통화를 하기도 하고, 서둘러 프리젠테이션 준비를 하느라 분주했으며, 반대편에 있는 사람에게 고함을 치기도 했다.

그러나 이 친구는 주변의 소란스러움에도 전혀 흔들리지 않고 깊은 생각에 잠긴 채 달력을 응시하며 자신이 해야 할 일을 생각하고 있었다. 때때로 생각났다는 듯이 몇몇 부하직원들을 불러 조용한 방으로 데려가서는 사람들이 어떤 일을 하면 좋은지 설명해주었다. 그것도 한 번도 아니고 두 번 세 번씩 너무나도 상세하게 조목조목 설명해주었다. 그리고 부하직원들에게 스스로 해야 할 일을 자기에게 다시 한 번 복창하게 했다. 짐은 느리고 열성적이지도 않으며, 귀도 잘 안 들렸지만, 리더로서는 탁월한 능력을 발휘했다. 가치가 높은 일을 선별하여, 적임자를 파악한 다음 그 일이 확실히 실행되도록 하는 데 자신의 근무시간을 모두 투자했다.

최악의 시간활용법 10가지

일의 성취를 위한 것이든 개인적 행복을 위한 것이든 가치가 낮은 활동을 포기한다면, 가치가 높은 활동에만 시간을 투자하게 될 것이다. 나는 앞에서 가치가 낮은 활동을 파악해보라고 권유한바 있다. 혹시 빠뜨린 것이 있는지 확인하는 의미에서 [도표 2]에서 가장 공통적인 10가지 활동을 나열하고 있다.

가치 없는 활동을 없앨 때는 단호해져야 한다. 어떤 상황에서도 모든 사람에게 자신의 시간을 똑같이 내주지 말아야 한다. 무엇보다도 '다른 사람이 부탁하니까', 또는 '내가 그 전화를 받았으니까' 하는 식의 일하는 습관은 즉시 버려야 한다. 낸시 레이건의 충고대로 싫으면 그냥 '노(No)'라고 말하라. 그렇지 않으면 조지 브라운(George Brown)경처럼 '노'라고 말하는 대신에 '완전히 무시'하는 것도 한 가지 방법이다.

1	타인으로부터 부탁받은 일을 한다.
2	항상 같은 일을 같은 방법으로 한다.
3	특별히 소질이 없는 일을 한다.
4	재미없는 일을 한다.
5	항상 방해받는 일을 한다.
6	타인은 거의 관심을 보이지 않는 일을 한다.
7	원래 예상한 시간보다 2배나 더 걸린 일을 계속한다.
8	신뢰할 수 없는 사람, 능력이 떨어지는 사람과 일한다.
9	사이클을 예상할 수 있는 일을 한다.
10	전화를 받았기 때문에 일을 한다.

[도표 2] 최악의 시간활용법 10가지

최상의 시간활용법 10가지

[도표 3]은 시간활용법의 베스트 10을 나타내고 있다.

새로운 시간활용법에 대해 생각할 때는 다음 두 가지 질문을 스스로에게 해보자.

- 그것은 상식에서 벗어나 있는가?
- 시간의 효용을 몇 배 늘릴 수 있는가?

이 두 가지 질문에 대한 답이 모두 '예스(Yes)'가 아니라면 좋은 시간활용법이 아니다.

1	인생 목표에 맞는 일을 한다.
2	항상 하고 싶었던 일을 한다.
3	80%의 성과를 만들어내는 20%의 일을 한다.
4	최소의 시간으로 최대의 성과를 거둘 수 있는 혁신적인 방법을 생각한다.
5	다른 사람이 '넌 할 수 없어'라고 말한 일을 한다.
6	다른 분야에서 누군가가 큰 성공을 거둔 일을 한다.
7	자기만의 창의성을 살리는 일을 한다.
8	다른 사람에게 맡기면서, 나는 비교적 즐겁게 할 수 있는 일을 한다.
9	상식을 벗어난 시간활용법을 익힌 유능한 사람과 함께 일한다.
10	지금이 아니면 평생 할 수 없는 절호의 기회라고 생각하는 일을 한다.

[도표 3] 최상의 시간활용법 10가지

시간혁명은 정말 가능한가

시간혁명에 관련한 내 조언은 대부분 너무 혁신적이고 자신의 환경에 비추어볼 때 너무 이상적이어서 실행하기 어렵다고 느끼는 사람도 적지 않을 것이다. 지금까지 내가 받은 비판과 반론 중 중요한 것은 다음과 같은 내용이다.

- 자기의 시간을 활용하는 방법을 마음대로 바꿀 수 없다. 상사가 허락하지도 않을 것이다.
- 조언을 따르려면 직업을 바꾸어야 하는데 그런 위험한 일을 시도할 형편이 안 된다.
- 그런 조언은 경제적 여유가 있는 사람에게나 어울린다. 나에게는 그럴 여유가 없다.
- 조언을 따르려면 배우자와 이혼해야 한다.
- 나는 효율을 25% 정도만 올리기를 원하지 250%씩이나 높이기를 바라는 것은 아니다. 그리고 효율을 250%나 향상시킨다는 것은 과장된 것 아닌가.
- 말처럼 그렇게 쉬운 일이라면, 누구나 다 그렇게 할 것이다.

만일 이런 말에 공감하는 사람이라면, 시간혁명을 일으키는 것은 불가능할 것이다.

'혁명가가 되고 싶지 않다면 시간혁명을 시작하지 말라'고 말하고 싶다.

이렇게 말하면 다음과 같이 생각하는 사람도 있을 것이다. 나는 혁명가가 아니며, 그렇게 급진적인 것은 싫다. 그러니 내게 이래라

저래라 간섭하지 말아라. 나는 지금도 행복하며, 전혀 답답함을 느끼지 않는다.' 물론 그럴 수도 있다. 하지만 혁명은 역시 혁명이다. 혁명은 불편하고 고통스러우며 위험하다. 혁명을 시작하기 전에 그 앞길에는 많은 위험이 따르며, 마치 해도(海圖) 한 장 없이 망망대해를 항해하는 것과 같을 수도 있다는 점을 확실히 인식해야 한다.

시간혁명을 원하는 사람들은 [도표 1]에서 제시한 것처럼 과거, 현재 그리고 미래를 함께 연결시켜 사고해야 한다. 시간을 어떻게 사용할 것인가 하는 문제의 밑바탕에는 훨씬 더 근본적인 문제가 숨어 있다. 그것은 바로 '무엇을 위해 살 것인가', 그것을 위해 현재 무엇을 버릴 것인가 하는 문제이다.

제5장

라이프스타일 혁신을 위한 조언

하찮은 일 때문에 가장 중요한 일이 희생되어서는 절대로 안 된다.
　　　　　　　　　　　　　　　　　　　　　　　　　- 괴테

　　스스로 인생에서 정말로 무엇을 기대하는지 생각해보라. '후회 없는 인생'을 향해 한번 도전할 만한 가치가 있는 것은 아닌가? 하고 싶은 일, 인간관계, 자신을 행복하고 충만하게 해줄 사회적·정신적·미학적 자극, 원하는 생활수준을 유지하는 데 필요한 돈, 자신이 성공하기 위해서 혹은 다른 사람들을 도와주는 데 필요한 여러 가지 조건 등, 무엇이든 원하는 것은 전부 다 손에 넣을 수 있다. 항상 원하는 것 모두를 성취하겠다는 목표를 가져야 한다. 원하지 않는다면 결코 성취할 수 없다. 이를 위해서는 우선 자신이 무엇을 원하는지 그것부터 알아야 한다.

　　대부분의 사람들이 자신이 원하는 바를 성취하지 못하고, 결과적으로 한쪽으로 치우친 인생을 살고 만다. 직업은 만족스럽지만 인간관계가 부족하다든지, 혹은 그 반대일 수도 있다. 또 성공을 하거나 돈을 벌기 위해 온갖 노력을 다하지만, 목표를 달성한 후에는 그 승리가 공허한 것이라는 사실을 깨닫게 될지도 모른다.

80/20 법칙은 이러한 유감스런 상황을 냉정하게 진단해준다. 기울이는 노력의 20%가 결과의 80%를 가져온다. 즉 투자한 시간의 20%는 가치 높은 80%의 결과를 낳지만, 나머지 80%의 시간은 거의 무가치한 일에 허비된다. 시간의 20%가 행복의 80%를 주는 반면에 나머지 80%의 시간은 행복에 거의 아무런 기여도 하지 못한다.

그렇다고 80/20 법칙을 하늘처럼 떠받들란 얘기는 아니다. 이 법칙은 인생에서 얼마나 낭비가 많으며 불만족스런 상황이 많은지를 진단해주는 도구이다. 따라서 80/20 법칙을 받아들여 활용하는 궁극적인 목적은 80 대 20의 불균형과 낭비가 있는 상황, 즉 80/20 법칙 자체를 깨뜨리는 데 있다. 그처럼 완벽한 것은 아니라도 최소한 현재보다는 더 행복하고 효율적인 생활을 할 수 있도록 한 단계 높이는 것을 목표로 삼아야 한다. 만일 이 법칙의 의미를 이해할 수 있다면, 우리는 지금보다 적게 일하면서도 더 많이 벌고, 더 많이 즐기고, 더 많이 성취할 수 있다.

이를 위해서는, 우선 자신이 진정으로 무엇을 원하고 있는지 총체적으로 점검해보는 데서 시작해야 한다. 이 장의 주제가 바로 그런 출발을 도와주는 것이다. 이어서 제6장에서는 인간관계, 제7장에서는 직업과 성공, 제8장에서는 돈에 대해 구체적인 사항을 하나씩 차례대로 살펴볼 것이다. 그리고 제9장에서 궁극적인 목표인 행복에 대한 이야기를 하게 될 것이다.

라이프스타일을 다시 생각하자

스스로 현재 생활이 즐겁다고 생각하는가? 물론 누구에게나 조금
은 즐거운 부분이 있겠지만, 부분적인 것만이 아니라 적어도 생활
의 80% 정도가 즐거운가 아닌가를 판단의 기준으로 삼아 생각해보
라. 그리고 지금의 생활이 즐거운 사람이든 그렇지 않은 사람이든,
자신에게 더 잘 맞는 라이프스타일로 바꿀 여지는 있는가도 생각해
보자:

- 자신과 잘 맞는 사람들과 생활하고 있는가?
- 살고 있는 장소는 자신에게 알맞은가?
- 노동 시간은 적당한가? 노동과 휴식의 균형을 잃고 있지는 않
은가? 가정이나 사회의 요청에 부응하는 생활을 하고 있는가?
- 타인에게 규제당하고 있다고 느끼는가?
- 하고 싶은 일을 하고 생각하고 싶은 것을 생각할 수 있는가?
- 자신의 주변 환경이나 어울리는 사람들을 생각할 때는 거의
언제나 마음이 편안하고 기분이 좋은가?
- 현재의 라이프스타일에서 자신의 창조성과 잠재력이 잘 발휘
되는가?
- 돈은 충분한가? 그리고 자신의 직업은 돈을 걱정하지 않아도
될 만큼 안정적인가?
- 현재의 라이프스타일에서 자신이 돕고 싶은 사람들에게 도움
을 주기 위해 필요한 것을 쉽게 할 수 있는가?
- 친한 친구들을 자주 만나는가?
- 너무 많지도 적지도 않은 생활비는 어느 정도인가?

- 자신의 현재 라이프스타일은 배우자나 가족에게도 잘 맞는가?
- 현재 자신이 원하는 모든 것을 다 가지고 있는가? 모자람이 없는 인생이라고 말할 수 있는가?

직업을 다시 생각하자

일이란 인생에서 중요한 부분이지만 지나쳐서도 안 되며 모자라서도 안 된다. 모든 사람들에게는 그것이 금전적 보상이 있는 것이든 아니든 일이 필요하다. 그러나 대부분의 경우 아무리 자기 일을 즐긴다고 할지라도 일이 인생의 전부가 될 수는 없다. 그리고 어느 정도의 시간을 일해야 적당한지 하는 문제도 단지 사회적 관습에 따라 판단해서는 안 된다. 80/20 법칙에 따라 자신이 일을 너무 많이 하는지 혹은 적게 하는지 측정해보자. 여기서 기본이 되는 것은 중재의 개념이라 할 수 있다. 만일 평균적으로 보아서 일을 할 때보다 안 할 때가 더 행복하다면, 일을 줄이거나 직업을 바꿔야 한다. 반대로, 평균적으로 보아 일을 안 할 때보다 할 때 더 행복하다면, 일을 늘리든지 일을 하지 않을 때의 생활을 바꾸도록 한다. 일을 할 때와 안 할 때, 일하는 시간의 80%와 일하지 않는 시간의 80%가 똑같은 정도로 행복한 것이 가장 이상적인 상태이다.

왜 자신의 직업을 싫어하는가

많은 사람들이 자신의 직업을 그다지 좋아하지 않는다. 그것이 진짜 자기 일이라고 생각하지 않지만, 생계 때문에 어쩔 수 없이 현재의 일을 계속 해야만 한다고 생각하는 사람들도 많다. 또한 정말

일하기 싫다고 할 정도까지는 아니더라도 자신의 직업에 대해 양면적인 관점을 가지고 있는 사람들도 있다. 즉 때때로 어느 부분에서는 자기가 하는 일을 즐기지만, 한편에서는 일을 하고 싶지 않을 때가 있거나 또는 하고 싶지 않은 일을 해야 할 때도 있는 것이 보통일 것이다. 다른 경우나 다른 부분에서는 확실히 그렇지 않을 수도 있다. 아마 현재 직업과 같은 수준의 월급을 받을 수만 있다면 다른 일을 하고 싶다고 생각하는 사람이 의외로 많을 것이다.

직업도 인생의 일부이다

자신과 배우자가 추구하는 직업은 생활 전체의 질이라는 넓은 관점에서 보아야 한다. 순수입이 자신의 라이프스타일을 유지할 수 있을 정도인가 하는 점은 물론이고, 사는 곳, 친구와 함께 보내는 시간, 실제 일에서 얻는 만족 등 여러 가지 부분을 생각해야 한다.

선택의 여지는 생각보다 많다. 현재 직업에 만족할 수도 있다. 그러나 생각의 범위를 넓혀서 다른 직업 또는 지금과는 다른 라이프스타일이 더 낫지는 않을까 생각해보자. 자신의 현재, 그리고 미래의 라이프스타일에 대해 여러 가지 다른 길을 선택한다고 가정해보자.

우선 일 외에 즐기는 것들과 업무가 반드시 대립하는 것은 아니라는 전제에서 출발한다. '일'이란 여러 가지 있을 수 있다. 특히 현재 레저산업이 경제의 큰 몫을 구성하고 있다는 점에서 더욱 그렇다. 자신의 취미인 분야에서 일할 수도 있고, 심지어 취미를 직업으로 바꿀 수도 있다. 좋아한다는 것, 즉 열의야말로 성공의 가장 확실한 초석이란 점을 명심하자. 대부분의 경우 타인에 의해 규정된 직업에 열의를 갖는 것보다 자신이 열의를 가지고 있는 일을 직업으로 바꾸는 것이 훨씬 더 성공확률을 높여준다.

어떤 일을 하든, 스스로 도달하기 위해 노력하고 있는 최상의 것을 확실히 파악하고 전체적인 인생의 맥락에서 바라보자. 사실 이 부분은 행동에 옮기기가 말처럼 쉽지 않다. 왜냐하면 낡은 습관은 쉽사리 없어지지 않으며 라이프스타일의 중요성은 관습적인 직업의식에 밀려 무시당하기 쉽기 때문이다.

한 가지 예를 들어보자. 나는 1983년에 동료 두 사람과 경영컨설팅 회사를 차렸다. 전에 다니던 회사 사장이 요구하던 장시간의 근무와 잦은 출장이 생활에 얼마나 안 좋은 영향을 미쳤었는지 알고 있었기 때문에, 우리는 새 회사에서 '완전한 라이프스타일 추구'를 기본 방침으로 정하고 삶의 질에도 금전적인 수입과 똑같은 무게를 두기로 하였다. 그러나 막상 일이 쏟아져 들어오기 시작하자, 우리는 자기도 모르게 전처럼 일주일에 80시간을 일하고 말았으며, 심지어 직원들에게도 그렇게 하기를 요구하였다. 견디다 못한 직원 한 사람이 '회사 일이 내 삶을 황폐하게 만들었다'고 문제를 제기했을 때도 처음에는 그게 무슨 뜻인지 이해할 수 없을 정도였다. 수입을 올리려다 보니, 완전한 라이프스타일 추구라는 처음의 목적이 어이없이 실종되어버린 것이다.

진정으로 원하는 직업은 무엇인가

그렇다고 내가 치열한 경쟁사회에서 탈출하라고 주장하는 것은 아니다. 반드시 그럴 필요는 없다. 원래 경쟁사회에서 가장 행복을 느끼는 사람도 있다.

자신이 무엇을 좋아하는지 확실히 파악하고 그것을 일에 포함시키도록 노력해야 한다. 그러나 그 '일' 자체는 전체적 균형을 이루는 한 요소일 뿐이다. 그 일을 하는 환경은 어떠한지, 직업적인 성

공이 자신에게 어느 정도 중요한지 하는 문제도 신중히 고려해야 한다. 이러한 부분도 직업적인 행복을 결정하는 데 마찬가지로 중요한 요소이기 때문이다.

다음의 두 가지 축을 놓고, 자신이 어디에 위치하고 있는지 우선 파악한다.

- 일에서의 성취와 성공을 강하게 원하고 있는가?
- 회사 조직에서 일할 때 가장 행복한가? 아니면 자영업이나 개인적으로 독립해서 자유업에 종사할 때 더 행복한가? 혹은 다른 사람을 고용해서 회사를 경영하는 쪽이 가장 행복한가?

[도표 4]에 결과가 나와 있다. 자신이 가장 비슷하게 속한 그룹은 어디인가?

1번 그룹은 야망은 크지만 다른 사람들이 틀을 구성해서 제공하는 환경에서 일하는 것을 선호한다. 20세기의 전형적인 '회사인간'이 이러한 범주에 속한다. 대기업들의 고용 인원이 전에 비해 줄어들고 또한 중소기업에 시장점유율을 잠식당하는(전자의 경향은 계속될 것이나 후자의 경향은 그렇지 않을 수도 있다) 현 시점에서, 이러한 유형의 사람에 대한 수요는 줄어들고 있다. 그래도 회사에 속해 일하는 것을 원한다면, 이 냉정한 시대의 조류를 직시하고 아무리 시대에 뒤떨어진 일이라고 해도 자신의 뜻으로 뚫고 나가겠다는 각오를 해야 한다. 이제는 대기업도 더 이상 안정된 직장을 제공해주지는 못하게 되었지만, 그래도 대기업의 조직과 지위가 주는 이점은 여전히 남아 있다.

2번 그룹에 속한 사람들은 전형적인 전문가들로서, 동료들로부터

높다

1 회사인간	2 전문가	3 기업가

성취욕 정도

4 공무원/교사	5 프리랜서	6 교사, 서비스업

낮다

| 회사조직에서
일하는 것을 선호 | 단독으로 일하는
자영업 선호 | 타인을 고용하여
회사를 경영하는
것을 선호 |

[도표 4] 바람직한 직업과 라이프스타일을 진단해보자

인정받기를 원하며 자기 분야에서 일인자가 되기를 원하는 사람들이다. 독립적인 생활을 원하며, 대학처럼 자유분방한 조직이 아니라면 조직생활에 잘 맞지 않는다. 이러한 사람들은 가능한 한 빨리 자영업을 시작해야 한다. 일단 시작한 다음에는 조직을 키우면 경제적 이익이 늘어날 것이라는 점이 눈에 보이더라도 다른 사람들을 고용하고 싶은 유혹을 이겨내야 한다. 2번 그룹은 자영업이나 자유업에 알맞은데, 이런 유형의 사람들은 가능한 한 타인에게 직업상으로 의존하는 것을 피하려는 경향이 있다.

3번 그룹의 사람들은 성취 욕구와 야망이 높은 동시에 고용되는 것을 싫어한다. 2번 그룹과 다른 점은 자영업이나 자유업의 고독한 생활을 싫어한다는 것이다. 이 유형은 일반 통념에 얽매이기를 싫어하고 자신의 힘으로 무언가를 이루어내고 싶어한다. 즉 자기 주

위에 잘 짜여진 구조나 기구를 건설하고 싶어하는 미래의 기업가들이다.

미국에서 가장 부자로 꼽히는 빌 게이츠는 개인용 컴퓨터 소프트웨어에 매달려 대학을 중퇴했지만 자영업자이나 자유직업인은 아니다. 그는 자신을 위해 일해줄 많은 직원을 고용해야 하기 때문이다. 빌 게이츠와 같은 창업자의 꿈을 가진 사람은 많을 것이다. 그러나 권한 위임이 유행하면서 기업 조직 안에서도 얼마든지 자기 사업처럼 일할 수 있게 되어 굳이 회사를 직접 창업하는 것은 약간 시대에 뒤떨어진 것처럼 보이기도 한다.

만약 다른 사람들과 함께 일하기를 원하기는 하지만 고용되는 입장에 서고 싶지는 않다면, 3번 그룹에 속한 사람이다. 이를 인식하고 그에 따라 대책을 세워 행동에 옮기는 것이 좋다. 일 자체는 좋아하지만 직장생활에 불만이 많은 사람들 중 대부분이 3번 그룹에 속해 있는데, 대부분 1번 그룹이나 2번 그룹의 사람이 경영하는 기업에서 일하고 있는 경우이다. 이런 사람들은 그 불만의 원인이 직업 자체가 아니라 조직에 있다는 것을 인식하지 못한다.

4번 그룹에 속한 사람들은 직업적인 성공에 대한 욕구는 높지 않지만 타인과 일하는 것을 즐기는 유형이다. 이런 사람들은 통상적인 회사업무든 자원봉사 역할이든 여러 사람이 함께 즐겁게 할 수 있는 어느 한쪽에서 장시간 일을 하도록 해야 한다.

5번 그룹에 속한 사람들은 야심은 없지만 자신의 일에서 자율권에 대한 욕구가 강하다. 이런 유형의 사람들은 자기 회사를 설립하는 것보다 프리랜서로서 다른 회사의 특정 프로젝트에 참가해 일하는 것이 가장 좋다.

6번 그룹의 사람들은 직업적 성공이나 성취에 대한 욕구는 낮지

만 타인들을 조직하고 발전시키는 과정을 즐기는 사람들이다. 교사, 사회사업가, 자선사업가로 활동하는 사람들이 대부분 6번 그룹에 속한 사람들로서, 그러한 역할에 잘 맞는다. 이런 유형의 사람들에게는 과정 자체가 전부이며, 결과에 대해서는 그리 중요하게 생각하지 않는다.

많은 사람들이 자신에게 '맞는' 그룹에 자연스럽게 이끌리지만, 자기 직업에 대한 거부감이 있는 경우에는 대체로 자기 유형에 맞지 않는 그룹에서 일하고 있기 때문이다.

돈에 대해 다시 생각하자

참으로 부정할 수 없는 것이, 사람들이 대부분 돈에 대해서는 이상한 시각을 가지고 있다. 돈에 대해 실제보다 더 중요하게 여기며, 또한 돈을 버는 일을 실제보다 더 어렵게 생각한다. 사람들이 대부분 현재 가진 것보다 더 많은 돈을 갖고 싶어하기 때문에, 우선 두 번째 문제부터 이야기하도록 하자.

80/20 법칙에 따른다면 돈이란 손에 넣기 어려운 것이 아니며, 일단 조금이라도 여유 돈이 있다면 늘리는 것도 어렵지 않다.

우선, 어떻게 돈을 벌 것인가? 가장 좋은 대답은 자신이 즐기는 일을 하는 것이다. 흔히 이 방법은 놀라울 정도로 효과가 있다.

그 이유를 논리적으로 설명해보면 이렇다. 만일 자기가 뭔가 즐기는 일이 있다면, 그 일을 잘 할 것이다. 보통, 사람들은 좋아하지 않는 일보다 좋아하는 일을 더 잘 하게 마련이다. 늘 적용되는 것은 아니지만, 사실 그런 예외는 매우 드물다. 그리고 만일 어떤 일을

능숙하게 잘 한다면, 타인을 만족시킬 어떤 것을 창조할 수 있다. 타인들을 만족시키면 대체로 그에 대해 좋은 보상을 받을 것이다. 또 대개의 경우 사람들은 좋아하는 일을 하고 있는 것이 아니므로 좋아하는 일을 하는 경우 생산성이 보다 높을 것이고, 따라서 그 분야의 평균 소득보다 더 많이 벌 수 있을 것이다.

그러나 이 논리가 절대적인 것은 아니다. 공급이 수요를 훨씬 초과하는 직업도 있기 때문이다. 예를 들어 배우 같은 직업이 그렇다. 이러한 상황에서는 어떻게 할 것인가?

일단 포기하지 말아야 한다. 대신에 수요와 공급이 거의 균형을 이루면서도 자신이 선호하는 직업과 필요조건이 비슷한 직업을 찾아야 한다. 곧바로 나타나지는 않을지라도 이러한 인접 직종은 대개 존재한다. 사고의 범위를 넓히는 것이 중요하다. 예를 들어 정치가가 되는 데 필요한 조건은 배우의 조건과 매우 비슷하다. 로널드 레이건, 존 F 케네디, 윈스턴 처칠, 헤롤드 맥밀란, 마거릿 대처 같은 가장 유능한 정치가들은 배우를 했어도 성공했을 것이고, 또 실제로 그런 경우도 있었다. 찰리 채플린은 히틀러와 꼭 닮았는데 이것이 우연의 일치만은 아니었다. 유감스럽게도 히틀러는 20세기의 가장 위대하고도 카리스마적인 배우의 한 사람이었다. 이쯤 되면 아주 명백하게 보일 것이다. 그러나 배우를 지망하는 사람들 중에서 정치가가 되려고 진지하게 생각하는 사람은 거의 없다. 경쟁은 덜하고 수익은 월등한데도 말이다.

가장 즐기는 분야의 고용시장은 빈약하고 전망이 좋은 인접 직종도 찾을 수 없다면 어떻게 할 것인가? 그렇다면 두 번째로 선호하는 직업을 찾아서 자기가 즐길 수 있고 보상도 좋은 직업을 찾을 때까지 그 과정을 되풀이해야 한다.

자신이 정말로 돈을 중요하게 생각하고 또 하는 일에 조금이라도 자신이 있다면 가능한 한 빨리 자영업을 시작하는 것을 목표로 삼아야 할 것이다. 그런 다음에는 직원을 고용하기 시작하는 것을 목표를 잡아야 한다.

나는 80/20 법칙에 따른 중재효과를 근거로 이러한 결론에 도달하였다. 즉 어떠한 조직이나 직종에서, 80%의 가치는 20%의 직업인으로부터 나온다. 업무 능력이 평균 이상인 노동자들은 평균 이하인 노동자들보다 더 많은 보상을 받는 경향이 있지만, 업무 수행의 차이를 제대로 반영한 수준에는 절대 미치지 못한다. 결과적으로 가장 뛰어난 사람들은 항상 노력보다 적은 보상을 받으며, 반대로 능력이 제일 떨어지는 사람들은 노력보다 늘 많은 보상을 받게 된다. 평균 이상의 노동자는 이러한 함정에서 빠져나올 수 없다. 사장이나 상사는 훌륭하다고 평가하겠지만, 결코 타인과 비교하여 자신의 가치를 진정으로 인정받고 신뢰받지는 못할 것이다. 여기서 빠져나갈 유일한 길은 자기 회사를 차리고, 원한다면 평균 이상의 다른 노동자들을 직원으로 고용하는 것이다. 그러나 자영업을 하거나 사장이 되는 것이 불편하다면 그러지 않는 것이 좋다. ([도표 4] 참조)

돈을 늘리는 일은 생각보다 쉽다

또 하나 짚고 넘어갈 것은, 일단 금전적 여유가 조금 있다면 그 돈을 쉽게 늘릴 수 있다는 사실이다. 저축하고 투자하면 된다. 이것이 자본주의다. 돈을 늘리기 위해서는 사업에 종사할 필요가 없다. 80/20 법칙을 지침삼아 단순히 증권시장에 투자할 수 있다. 제8장에서 더 상세히 이야기할 것이다.

돈은 과대평가되고 있다

돈은 많으면 좋은 것이지만, 거기에 지나치게 매달려서는 안 된다. 돈은 자신이 원하는 라이프스타일대로 사는 데 도움이 될 수는 있지만, 동시에 조심하지 않으면 그 부정적 측면에 지배당한다. 손에 닿는 것을 모두 금으로 만들 능력을 얻은 마이다스 왕이 가족까지도 금으로 만들어버렸다는 것과 비슷한 우화들이 허구만은 아니다. 돈으로 행복을 살 수 있다는 말은 자신에게 정말로 알맞은 일을 하는 데 돈이 필요하여 그것에 이용할 때만 해당된다. 돈 때문에 오히려 고생을 하는 경우도 얼마든지 있다.

돈을 많이 가질수록 부에서 발생하는 가치는 더 적어진다는 점을 명심하자. 경제학자들의 말에 따르면, 돈의 한계 효용은 급격하게 떨어진다고 한다. 일단 더 높은 생활수준에 적응하고 나면, 그 생활에서 새로 생기는 행복은 아주 적어지거나 아예 없어지는 것이다. 그리고 만일 더 높은 생활수준을 유지하는 데 드는 여분의 비용 때문에 걱정을 하게 되거나 불만족스러운 방법으로 돈을 벌어야 한다는 스트레스가 쌓인다면, 심지어 더 불행해질 수도 있다.

또한 부가 쌓일수록 관리에도 더 많은 신경이 쓰인다. 돈을 관리하는 일은 짜증스럽지만, 그렇다고 그 관리를 남에게 맡기는 것은 더욱 골치 아프다.

돈의 효력을 떨어뜨리는 데는 세무 당국도 한 몫을 차지한다. 돈을 많이 벌수록 불균형적으로 많은 세금을 낸다. 또한 돈을 많이 벌수록 일도 많이 하며, 일을 많이 할수록 돈을 많이 소비한다. 이를테면 직장에서 가까운 대도시 지역에 살려면 생활비가 많이 들고, 그렇지 않으면 통근하는 데 돈과 시간을 써야 할 것이다. 업무를 덜어주는 기계를 사는 데 돈이 들고, 가사노동을 안 하면 그만큼 돈이

더 든다. 게다가 레저 활동에 들어가는 비용은 언제나 비싸다. 당연히 돈을 많이 쓸수록 일을 더 많이 해야 한다. 원래 라이프스타일이란 자신의 행복을 위해 존재하는 것임에도 불구하고, 결국 비용이 많이 드는 라이프스타일에 지배당하고 마는 것이다. 오히려 더 단순하고 비용이 덜 드는 라이프스타일에서 훨씬 더 훌륭한 가치와 행복을 얻을 수 있을지도 모른다.

성취감에 대해 다시 생각하자

최고의 성취를 원하는 사람들도 있고, 그냥 적당한 수준에 만족하고 살아가려는 사람들도 있다. 동기부여에 관한 책을 쓰는 저자들이 저마다 빠지는 함정이 있는데, 바로 모든 사람에게 인생의 방향과 목표가 있어야 한다고 주장하는 점이다. 그런 다음 독자들 스스로 자신은 그렇지 못하다고 생각하도록 만들고, 자기 방향이나 목표가 무엇인지 결정하기 위한 고민에 빠뜨린다. 그러고는 결국, 자기들이 생각하는 쪽으로 독자들을 유도하고 할 일을 정해준다.

따라서 만일 특별히 성취하고 싶은 일이 없고, 남들이 뭐라고 하든지 상관없이 지금의 인생으로 충분히 행복하다면, 그는 분명 행운아이다.

그러나 만일 나처럼 혼신을 다해 무언가를 성취하지 않으면 죄의식을 느끼고 불안하며 더 많은 것을 성취하고 싶다면, 80/20 법칙이 도움이 될 것이다.

일의 성취는 쉽게 이루어야 한다. '99%의 노력과 1%의 재능'으로 이루는 성취는 고통스러울 뿐이다. 자신이 설정한 가치를 기준

으로 지금까지 성취한 일의 80%가 정말로 노력의 20%에서 나온 것인지 생각해보자. 만약 정말로 그렇거나 그런 경우가 대부분이었다면, 그 상위 20%의 노력에 대해 진지하게 생각해보자. 그와 같은 노력으로 성공을 몇 번이나 반복할 수 있는가? 나아가 더 향상시킬 수 있는 길은 없는가? 지금보다 더 큰 성공을 거둘 수 있는 길은 없는가? 과거의 성공 두 가지를 조합하면 만족도 두 배가 될 수 있을까?

- 과거에 이룬 성취 중 실제로 가장 긍정적인 반응을 얻었고 가장 훌륭하다고 평가받은 경우들에 대해 생각해보자. 타인한테서 받은 칭찬의 80%와 연결되어 있는 20%의 업무나 놀이는 무엇인가? 그것으로부터 어느 정도 큰 만족을 얻었는가?

- 과거에 어떠한 방법이 가장 효과가 좋았는가? 어떤 동료들과 함께 일하고 어떤 사람들에게 평가받을 때 가장 효과가 좋았는가? 다시 80/20 법칙을 생각하자. 자신이 들인 시간 혹은 노력에 대해 평균 수준의 만족을 얻은 경우는 일단 제외한다. 큰 노력 없이도 아주 쉽게 놀랄 만한 성취를 이룬 경우를 생각해야 한다. 자신의 일에 국한할 필요는 없다. 학창시절도 좋고, 여행중이나 친구들로부터 들었던 얘기도 상관없다.

- 미래를 생각할 때, 자신이 최고라는 자부심을 느낄 수 있는 것은 무엇일까? 동시에 다른 사람들은 자신처럼 쉽게 해내지 못할 만한 일로는 어떤 것이 있는가? 만약에 100명이 똑같이 특정의 일을 하려고 한다면, 그들 중 80명이 일을 끝내는 데 들이는 시간의 20% 동안 자신은 어느 정도의 일을 할 수 있을 것인가? 어떻게 하면 상위 20명 안에 들 수 있을까? 좀더 엄격하게 말해서, 시

간의 20%만 들여서 80%의 사람들보다 더 잘할 수 있는 방법은 무엇인가? 이러한 질문들은 처음에는 수수께끼같이 보이겠지만, 해답은 분명 존재한다. 사람의 능력이란 믿을 수 없을 정도로 다양하기 때문이다. 100명이 모이면 각 분야의 전문가 100명이 있다고 생각해도 틀리지 않을 것이다.

• 만약 어떤 일을 할 때의 즐거움과 탁월함을 측정할 수 있다고 가정하면, 자신이 95%의 동료들보다 더 즐기는 일은 무엇인가? 100명 중 95명보다 더 탁월하게 할 수 있는 일은 무엇인가? 어떠한 성취가 이 두 가지 조건을 모두 다 만족시킬 것인가?

쉽게 찾을 수 있는 일에 초점을 맞추는 것이 중요하다. 대부분의 처세 책 저자들이 잘못 생각하는 점은, 어려운 일에 도전하라고 역설한다. 이는 옛날 할머니 할아버지들이 어린아이에게 쓴 간유(肝油)를 억지로 먹였던 것과 같은 이유이다. 이제는 캡슐이 발명되어 쓴 맛을 참아가며 먹지 않아도 쉽게 먹을 수 있는데도 여전히 처세 전문가들은 쓴 약을 고통스럽게 먹으라고 하는 격이다. 사람들이 자주 인용하는 유명 인사들의 말 중에서 '성공은 실패와 멀리 떨어져 있다'는 와트슨(T. J. Watson)의 말이 있다. 그러나 내가 보기에, 보통 실패와 실패 사이야말로 멀리 떨어져 있으며, 성공은 실패의 아주 가까운 곳에 있다. 무엇인가 크게 성공했다면, 성공한 일의 숫자가 적다는 것은 전혀 문제가 되지 않는다.

80/20 법칙은 명확하다. 자신이 타인보다도 놀랄 만큼 뛰어나고 스스로 가장 즐겁게 할 수 있는 것에 전력을 기울이면 성공과 행복은 당연히 따라온다. 이것이 80/20 법칙의 가르침이다.

좋은 친구 만들기

인간관계는 우리의 존재는 물론 인생의 목표를 정의하는 데 도움을 준다. 그리고 우리는 성공의 대부분이 중요한 인간관계에서 비롯되었음을 알 수 있다.

– 도널드 클리프튼, 폴라 넬슨[1]

인간관계가 없는 사람은 의식이 없거나 죽은 사람뿐일 것이다. '인생에서 가장 중요한 것은 우정'이라는 말은 평범하지만 영원한 진리다. 또한 직업적인 인간관계가 성공에서 가장 중요한 역할을 한다는 것 역시 맞는 말이다. 이 장에서는 사적인 인간관계와 직업적인 인간관계에 관해 생각해볼 것이다. 먼저 사적인 인간관계, 즉 친구, 연인, 사랑하는 가족과의 관계부터 얘기해보자.

도대체 사적인 인간관계가 80/20 법칙과 무슨 관련이 있는 걸까? 물론 큰 관련이 있다. 일반적으로 질과 양 사이에는 교환관계가 있어, 높은 질을 추구하려면 양을 줄여야 하고, 양을 늘리려고 생각하면 질이 떨어진다. 또한 우리는 변함없이 가장 중요한 것에 충분한 관심을 기울이지 못하고 덜 중요한 여러 가지 관계에 의해 늘 방해받고 있다.

80/20 법칙에 따르면 다음과 같은 세 개의 자극적인 가설이 전개된다.

- 전체 인간관계의 가치 중 80%는 20%의 인간관계에서 나온다.
- 전체 인간관계의 가치 중 80%는 인생에서 처음 형성되는 20%의 친밀한 인간관계에서 비롯된다.
- 80%의 가치를 만들어내는 20%의 인간관계에 우리는 80%에도 훨씬 못 미치는 관심밖에 못 기울인다.

중요한 20명의 리스트를 만들어보자

이제 자신과 가장 중요한 인간관계를 맺고 있는 친구와 사랑하는 사람들의 이름을 적어보자. 가장 중요한 사람부터 중요하지 않은 사람순으로 적는다. 여기서 '중요한'이란 말은 사적인 인간관계의 깊이와 친밀감을 뜻한다. 다시 말해 그들과의 관계가 인생에 어느 정도의 영향을 미치는지, 그리고 '나는 누구인가', '나는 어떤 사람이 되고자 하는가'라는 자의식과 인생의 목표의식을 생각할 때 얼마나 도움을 받는지 그 정도를 의미하는 것이다. 다음 부분을 읽기 전에 지금 당장 리스트를 만들어보자.

그러면 당신 연인이나 배우자는 리스트의 어디쯤에 위치하는가? 부모나 자식보다 위에 있는가 아니면 그보다 아래에 있는가? 이때만큼은 솔직해져야 한다(이 장을 다 읽고 나서 그 리스트를 없애버려야 할지도 모르지만).

다음으로, 중요도 측면에서 각각의 인간관계에 대해 총 100점을 나누어 점수를 배정하자. 예를 들어 리스트에서 제일 위에 있는 사람과 아래 19명과의 중요도가 똑같다면, 그 사람에게 50점을 배정한다. 점수 배정이 끝날 때까지 합계가 100이 되도록 여러 번 맞춰

야 할 것이다.

나는 각자의 리스트가 어떤 모습을 하고 있을지 모른다. 하지만 80/20 법칙에 따르면 일반적으로 다음과 같은 두 가지 특징을 보일 것이다. 총 20명 중에서 20%에 해당하는 1번부터 4번까지의 인간관계가 점수의 대부분을 차지할 것이다. 아마 80점 부근의 점수가 훨씬 많을 것이다. 그리고 각 순위와 그 다음 순위 사이에는 일정한 관계가 나타날 것이다. 예를 들어 2순위의 중요도는 1순위의 3분의 2 또는 2분의 1 정도일 것이다. 3순위도 이와 유사하게 2순위의 3분의 2 또는 2분의 1만큼 중요할 것이다. 나머지도 마찬가지이다. 흥미롭게도 1순위의 중요도가 2순위의 두 배이고, 계속해서 이런 비율로 나간다면 6순위는 1순위 중요도의 약 3%에 불과하다는 사실을 알게 될 것이다.

다음으로 서로 얘기를 한다거나 일을 같이 하는 등 활동적으로 함께 보내는 시간의 비율을 각 사람별로 적어보자. 그러나 예를 들어 텔레비전이나 영화를 보는 행위처럼 함께 한다는 의미가 별로 없는 활동은 제외한다. 20명과 보낸 시간의 합계를 100점으로 하여 각각에 대해 점수를 배정한다. 일반적으로 '인간관계의 가치' 중 80%를 차지하는 사람들과 보내는 시간이 전체 시간의 80%에 훨씬 못 미친다는 점을 알게 될 것이다.

무엇을 해야 할지는 분명하다. 양보다는 질을 중시해야 한다. 가장 중요한 인간관계를 강화하고 심화시키는 데 자신의 시간과 정력을 쏟아야 한다.

그러나 인생에서 순차적으로 형성되는 일련의 인간관계에 관해 한 가지 더 말해둘 것이 있다. 바로 친밀한 인간관계를 맺을 수 있는 우리의 능력은 제한되어 있다는 사실이다. 시간적인 측면에서도

질과 양 사이에는 상호 교환관계가 있다는 점에 주의해야 한다.

마을 이론의 교훈

인류학자들은 사람들이 사적으로 맺을 수 있는 인간관계 중에서 즐겁고 중요한 인간관계는 수적으로 제한되어 있다고 강조한다.[2] 분명 어느 사회에서나 볼 수 있는 공통적인 양상이 있다. 사람들에게는 어릴 때 사귄 중요한 친구가 두 명, 어른이 되어서 사귄 중요한 친구가 두 명, 그리고 정말로 믿을 수 있는 의사도 각각 두 명씩 있다는 점이다. 일반적으로 좋아하는 사람 두 명이 다른 사람을 모두 합친 것보다 더 중요하다. 흔히 우리는 단 한번 사랑에 빠지며 자기 가족 중 한 명을 다른 사람들보다 유난히 더 사랑한다. 사적으로 맺어진 중요한 인간관계의 수는 장소, 철학, 문화를 불문하고 모든 사람의 경우 매우 비슷하다.

이런 관찰에서 생긴 이론이 인류학자들이 주장하는 '마을 이론 (Village Theory)'이다. 아프리카 마을에서는 이런 모든 인간관계가 몇백 미터 안에서 일어나며 대개 짧은 기간 안에 형성된다. 우리들의 경우, 이런 인간관계는 세계 각지에서 평생에 걸쳐 일어날지도 모른다. 그럼에도 불구하고 사람들은 누구나 각자의 머리속에 하나의 마을을 가지고 있다. 그리고 일단 정원이 채워지면, 그 이상 마을 사람을 늘릴 수 없게 된다. 이것이 마을 이론이다.

인류학자들에 따르면, 만일 우리가 너무 어린 시기에 너무 많은 경험을 하고 너무 많은 사람과 인간관계를 맺는다면, 앞으로 친밀한 인간관계를 맺을 수 있는 능력을 어릴 때 다 소모시키게 된다고 한다. 이 주장은 영업사원이나 윤락여성 또는 수없이 거처를 옮기는 사람들처럼 직업이나 환경 때문에 수많은 인간관계를 맺어야만

하는 사람들에게서 자주 나타나는 매우 얇은 인간관계를 설명해주는 근거일 수도 있다.

발라드(J. G. Ballard)는 범죄자들과 교제한 경험이 있는 젊은 여성들을 대상으로 캘리포니아에서 실시한 사회복귀 프로젝트의 한 사례를 인용하고 있다. 실험 대상은 20세 또는 21세의 젊은 여성들이었고, 프로그램의 목적은 이 여성들에게 새로운 사회 배경, 기본적으로 중산층 출신의 자원봉사자들을 소개시켜주는 것이었다. 자발적으로 프로그램에 지원한 중산층 사람들은 그 여성들의 친구가 되어주었고 자기 집에 초대하기도 했다.

이 여성들은 대부분 아주 어린 나이에 결혼을 했으며, 대부분 13세나 14세 때 첫 아이를 출산했다. 어떤 여성들은 20세가 됐을 때 이미 3번이나 결혼한 경험이 있었다. 이들은 대부분 수많은 남자들과 사귀었고, 때론 그 당시 총에 맞아 죽거나 감옥에 수감된 남자들과 성관계를 갖거나 아이들을 낳은 경우도 있었다. 이 여성들은 인간관계, 모성애, 이별, 사별과 같은 모든 일을 겪었으며, 이미 10대에 보통사람들이 일생을 통해 겪을 수 있는 온갖 경험을 했다.

결국 프로젝트는 완전히 실패로 끝났다. 이 여성들은 새로운 인간관계를 깊이 있게 형성할 수 없었다. 인간관계를 맺을 수 있는 능력이 이미 다 소진되었으며, 그들의 머릿속 마을에는 새로운 인간관계가 들어갈 여지가 없었다.

이런 슬픈 이야기는 좋은 교훈을 준다. 즉 소수의 인간관계가 행복의 대부분을 좌우한다는 점을 알 수 있다. 머릿속 마을의 빈자리를 채울 때는 최대한 신중하게 생각해보자. 그리고 너무 일찍 정원을 다 채워버리지 말자.

직업적인 인맥의 구축방법

이제 일과 관련된 인간관계에 관해 생각해보자. 여기서도 물론 소수의 가까운 협조자가 중요하다는 점은 말할 것도 없다. 개인적으로 뛰어난 업적을 이룬 사람의 그늘에는 언제나 협조자가 있다. 사람은 혼자서는 성공할 수 없다. 반드시 다른 사람들의 도움을 받아야 한다. 여기서 중요한 것은 목적에 맞춰 최상의 인간관계와 협조관계를 선택하는 것이다.

우리는 협조자를 절실히 필요로 한다. 협조자들을 대할 때는 자기 자신처럼 소중하게, 또는 어른을 대하듯 정중하게 대해야 한다. 모든 친구와 협조자가 똑같이 중요하다고 가정하지 말자. 인생에서 중요한 협조관계를 개발하는 데 전력을 기울여야 한다. 이런 방법이 뻔한 얘기처럼 들린다면, 자신의 인생에서 진정으로 중요한 친구가 몇 명이나 되는지 자문해보자.

역사 속에 살아 있는 모든 영적 지도자들에게는 많은 협조자가 있었다. 만일 그 사람들이 협조자를 필요로 했다면 우리에게도 필요한 것이다. 한 가지 예를 들어보자. 예수 그리스도는 대중의 관심을 끌어내기 위해 세례 요한의 도움을 받았다. 그 다음에는 12제자와 다른 전도자들의 도움을 차례로 받았는데, 전도자들 중에서도 특히 역사상 보기 드문 마케팅의 천재라고 할 수 있는 사도 바울의 도움을 받았다.[3]

가장 중요한 것은 어떤 협조관계를 선택해서 어떻게 강화시켜나가느냐 하는 점이다. 협조자가 없다면 우리의 존재는 아무것도 아니다. 우리는 협조자들과 함께할 때만이 삶을 바꿀 수 있다. 그 사람들과 함께 주변 사람들의 삶을 바꿀 수도 있으며, 때로는 정도의

차이야 있겠지만 역사의 흐름까지도 바꿀 수 있다.

좋은 협조자를 얻은 자가 역사를 움직인다

'부르주아적 칼 마르크스'라고 불린 파레토는 역사란 근본적으로 지배 엘리트가 바뀌어온 과정이라고 주장했다.[4] 그에 따르면 야망이 높은 사람이나 가문의 목표는 오로지 엘리트로 출세하거나 또는 다른 엘리트를 몰아내고 그 자리를 대신 차지하는 것이었다. 그렇지 않고 이미 엘리트 그룹에 속해 있다면 자신의 지위를 흔들리지 않게 유지하는 것이 유일한 목표였다.

만일 파레토나 마르크스의 계급을 중시하는 한 역사관을 다른 측면에서 생각해본다면, 엘리트나 엘리트 지망자 그룹 안에서 형성되는 협조관계가 진보를 이끌어가는 힘이라고 결론 내릴 수 있을 것이다. 따라서 계급에 속하지 않은 개인은 의미가 없으며, 같은 계급 내의 사람들, 혹은 다른 계급에 속한 사람들과 협조관계를 맺은 개인은 아주 중요한 존재가 된다.

타인과 협력관계를 구축한 개인의 중요성은 역사의 전환기에 잘 나타난다. 레닌(Lennin)이 중요한 역할을 하지 않았던들 1917년에 러시아 혁명이 일어났겠는가? 아마 꿈도 못 꾸었을 것이다. 72년 동안 세계 역사의 흐름을 바꾸어버린 사건은 분명 일어나지 않았을 것이다. 보리스 옐친(Boris Yeltsin)의 침착함과 용기가 없었다면 1917년의 혁명을 뒤엎어버린 1989년의 러시아 혁명이 성공했겠는가? 만일 옐친이 러시아 대통령 관저 밖에 있는 탱크에 올라가지 않았다면, 보수파의 쿠데타는 성공했을 것이다.

우리는 개인의 중요성을 입증하기 위해, 만일 과거의 사건이 이랬다면 현재 어떻게 되었을까 하는 역사적 가정의 게임을 수없이

되풀이할 수 있다. 히틀러가 없었다면 유태인 대학살도, 제2차 세계 대전도 일어나지 않았을 것이다. 루즈벨트와 처칠이 없었다면, 히틀러는 아마 50년 뒤에 구성된 EU(유럽연합)보다 훨씬 빠르고 더욱 철저하게 유럽을 완전히 통합했을 것이다(물론 많은 피를 흘렸겠지만). 이런 식으로 얼마든지 가정해볼 수 있다. 그러나 우리가 흔히 놓치기 쉬운 중요한 사실은 이런 사람들 중 어느 누구도 인간관계와 타인의 협조가 없었다면 역사의 흐름을 바꾸어놓지 못했을 것이라는 점이다.

성공한 일에는 언제나 몇 명 안 되는 주요 협조자가 있었다.[5] 이들 협조자들이 없었다면 성공하지 못했을 것이며, 그 사람들의 도움으로 성공한 개인이 커다란 영향을 받았던 것이다. 이런 양상은 정부, 이데올로기적 운동, 비즈니스, 의학, 과학, 자선사업, 스포츠 등 모든 분야에서 똑같이 전개된다. 역사는 맹목적인 폭력이나 비인간적인 힘으로는 움직이지 않는다. 역사는 미리 짜여진 경제적, 사회적인 방식에 따라 일부 계층이나 엘리트들이 조종하며 만들어내는 것이 아니다. 역사란 소수의 친밀한 협조자들과 효율적인 협조관계를 형성하는 헌신적인 개개인들이 결정하고 바꾸어나가는 것이다.

소수의 믿을만한 협조자가 필요하다

인생에서 성공을 거둔 사람이라면 협조자의 결정적인 중요성을 인정할 것이다. 몰락의 길로 향해 나아가는 맹목적인 이기주의자가 아니라면 말이다. 우리는 여기서 80/20 법칙의 영향력을 발견할 수 있을 것이다. 다름아닌 믿을 만한 협조자의 수는 극히 일부라는 점이다.

일반적으로 지원의 80%는 20%도 안 되는 협조자로부터 나온다고 주장해도 과언은 아니다. 어떤 일이든 성취한 사람의 경우, 협조자 리스트를 만들어보면 매우 긴 리스트가 될 것이다. 그러나 수없이 많은 관련자들 중에서 협조자들의 가치는 상당히 왜곡되어 있다. 보통 6명의 주요 협조자들이 나머지 사람들보다 훨씬 더 중요하다.

협조자가 많을 필요는 없다. 정확한 협조자와 올바른 인간관계가 중요하다. 우리에게 필요한 사람들은 이해관계를 공유할 수 있고 필요할 때 필요한 장소에서 도움을 줄 수 있는 협조자이다. 무엇보다도 협조자들은 당신을 신뢰해야 하고 당신 역시 그 사람들을 신뢰할 수 있어야만 한다.

중요한 협조자라고 생각하는 사람들 중에서 사업상 인간관계를 맺고 있는 20명의 리스트를 만들어보자. 그리고 자신의 주소록에 적혀 있는 사람의 수와 허물없이 친하게 지낼 수 있는 사람들의 숫자를 비교해보자. 협조관계를 통해 얻는 가치의 80%는 20%의 인간관계에서 얻어질 것이다. 만일 그렇지 않다면 협조관계가 모두 질적으로 낮거나 혹은 일부의 협조관계가 수준 미달일 가능성이 높다.

든든한 동맹관계를 구축하는 방법

만일 자신의 일에 만족한다면, 지금까지 자신이 가장 많은 도움을 받았던 사람들의 이름을 나열해보자. 처음부터 마지막 사람까지 순위를 매긴 다음 상위 10명에게 100점을 배정한다.

일반적으로 과거에 자신에게 가장 많은 도움을 주었던 사람들이

역시 앞으로도 가장 많은 도움을 줄 수 있는 사람들이 될 가능성이 높다. 그러나 리스트 아래 부분에 위치한 친한 친구가 훨씬 더 중요한 잠재적 협조자가 되는 경우도 가끔은 있다. 아마 새롭고 매우 영향력 있는 지위를 얻었거나, 혹은 투자를 하거나 크게 인정을 받아서 큰 성공을 거두었기 때문인지도 모른다. 위의 과정을 한 번 더 되풀이한다. 이번에는 앞으로 자신을 도울 수 있는 능력을 기준으로 하여, 협조자의 순위를 1위에서 10위까지 매기고 100점을 다시 배정한다.

누군가 당신을 도와주었다면 그 사람이 당신을 중요하게 생각하기 때문이다. 가장 이상적인 인간관계는 5가지 속성을 토대로 형성된다. 같이 있을 때 느끼는 상호 만족, 존경심, 경험의 공유, 상호 협조관계, 신뢰가 그것이다. 성공적인 사업적 관계에서는 이러한 특성이 실타래처럼 서로 얽혀 있어서 하나씩 풀어내기가 불가능하지만, 편의상 이런 특성을 분리해서 생각해볼 수는 있다.

상호 만족

5가지 속성 중에서 첫번째 속성이 가장 명확하다. 만일 우리가 사무실, 식당, 사교 모임에서나 전화상으로 그 사람과 얘기하는 것을 좋아하지 않는다면 우리는 확고한 인간관계를 쌓지 못한 것이다. 또한 나는 즐거워도 상대방이 그렇게 생각하지 않는 경우 역시 마찬가지다.

그 다음으로는 관계는 맺고 있지만 기본적으로는 직업상으로만 만나는 사람들에 대해 잠시 생각해보자. 그 사람들 중에서 자신이 정말 좋아하는 사람은 몇 명이나 되는가? 아주 많은 사람들이 자신이 별로 좋아하지 않는 사람들과 많은 시간을 보낸다. 이런 일은

절대적으로 시간낭비이다. 또한 불쾌하고 지루한 일이며 비용이 많이 들 때도 종종 있다. 이런 일 때문에 우리는 더 나은 일을 못하게 되며, 그나마 그런 사람과 만난다고 해봤자 아무런 효과도 없을 것이다. 이런 일은 이제 그만두자! 자신이 좋아하는 사람들과 더 많은 시간을 보내자. 특히 자신에게 도움을 줄 수 있는 유익한 사람이라면 그 사람들과 더 많은 시간을 보내자.

존경심

같이 있을 때는 아주 즐겁지만 직업적으로 별다른 존경심이 안 생기는 사람들이 있는 반면, 그 반대로 직업적으로는 존경하지만 만나면 별로 즐겁지 않은 사람들도 있다. 나의 경우, 어떤 사람들의 직업적인 능력에 존경심이 생기지 않는다면, 그런 사람들의 경력을 절대 키워주지 않을 것이다.

만약 어떤 사람에게 도움을 받고 싶다면 그 사람에게 자신의 실력을 인식시켜야 한다. 그러나 우리는 자기의 재능을 감추고 겸손하게 처신하는 일이 너무나도 많다. 나의 친한 친구인 폴은 나의 경력을 상당히 키워줄 수 있는 위치에 있었다. 그 친구가 한번은 우리 두 사람 모두 사외 이사로 재직했던 한 이사회에서 나의 직업적인 능력이 뛰어나다는 사실을 기꺼이 믿는다고 말한 적이 있었다. 하지만 그 친구는 나의 능력을 확인할 기회가 없었기 때문에 그렇게 말할 만한 근거가 전혀 없었다. 나는 능력을 증명해 보일 수 있는 주변 상황을 찾아내기로 결심한 다음 바로 실행했다. 그 이후 나의 교제 리스트에서 폴의 순위는 매우 높아졌다.

경험의 공유

앞서 소개한 마을 이론처럼, 중요한 직업상의 경험은 기회가 제한되어 있다. 경험을 공유하면, 특히 힘겨운 노력이나 고통이 따를 경우에는 매우 긴밀한 유대관계를 맺을 수 있다. 나와 가장 중요한 인간관계를 맺고 있는 친구 한 명은 대학을 졸업한 직후 같은 회사에 나란히 입사했었다. 확신하건대, 우리 두 사람이 정유공장에서의 일을 그토록 싫어하지 않았다면 그런 친밀한 관계를 키워나가지 못했을 것이다.

여기서 말하고 싶은 점은 만일 자신이 어려운 일에 종사하고 있다면 자신이 좋아하고 존경하는 한 명의 협조자를 만들라는 것이다. 견고하고 효과적인 협조관계를 만들어야 한다. 만일 그렇게 하지 않으면, 우리는 커다란 기회를 놓치고 있는 셈이다.

비록 지금 당장은 일이 순조롭다고 해도 자기와 많은 경험을 공유하고 있는 사람을 한 명 찾아서 주요 협조자로 만들자.

상호 협조관계

동맹을 유지하기 위해서는 반복해서 변함없이, 오랜 시간 동안 상대방을 위해 많은 일을 해야 한다.

상호 협조관계에서는 인간관계가 한쪽으로만 치우쳐서는 안 된다. 마찬가지로, 상호 협조관계는 자연스럽게 이루어져야 하며 너무 세밀하게 계산되어서는 안 된다. 중요한 것은 높은 윤리 기준에 어긋남이 없이 상대방을 돕기 위해 자신이 할 수 있는 일은 무엇이든지 다 하는 것이다. 여기에는 시간과 생각이 필요하다. 상대방이 부탁할 때까지 기다려서는 안 된다.

사업상의 인간관계를 검토할 때 진정한 상호 협조관계가 얼마나

드물었는지를 확인하고 나는 매우 놀랐다. 비록 우정, 존경심, 경험의 공유, 신뢰와 같은 요소를 두루 갖추고 있다 해도, 우리는 협조자가 말하기 전에 알아서 미리 돕는 것을 무척이나 소홀히 한다. 다시 한 번 말하지만 인간관계를 한층 강화하고 미래의 원군을 확보하려면 그런 태도를 바꾸어야 한다.

비틀스는 '결국 우리가 택하는 사랑은 우리가 만드는 사랑과 똑같다'고 말했다. 마찬가지로 결국 우리가 받는 직업적인 도움은 우리가 베푸는 도움과 똑같다.

신뢰

신뢰는 인간관계를 확고히 다져준다. 신뢰가 부족하면 인간관계가 급속도로 허물어진다. 신뢰를 위해서는 매사에 정직해야 한다. 만일 마음속에 있는 말을 하지 않는다면, 그것이 상대방에게 상처를 주지 않으려는 배려에서 하는 행동이라도, 신뢰가 손상될 수 있다.

만일 누군가를 완전히 믿지 않는다면, 협조관계를 강화하려고 노력하지 말라. 그렇게 해서도 안 되며 그렇게 되지도 않을 것이다.

그러나 그 사람을 완전히 신뢰한다면, 그로 인해 사업상의 인간관계가 훨씬 더 빠르고 효과적으로 발전할 것이다. 또한 많은 시간과 비용을 절약할 수 있을 것이다. 변덕스럽고 소심하거나 약삭빠른 사람이 됨으로써 신뢰를 상실하지 말자.

사회 초년생을 위한 조언

내 경험으로 볼 때 효과적인 방법은 아주 우수한 사업상의 협조 관계를 다음과 같은 비율로 6~7명 정도 개발하는 것이다.

- 우러러볼 수 있는 후견인 1~2명
- 동료로서 관계를 맺을 수 있는 2~3명
- 후배 중 자신이 돌봐주는 사람 1~2명

스승과의 관계

자신을 도와줄 수 있는 후견인을 한 명이나 두 명 정도 신중하게 선택하자. 그 사람들이 우리를 선택하는 것이 아니라 우리가 선택해야 한다. 훨씬 더 훌륭한 후견인을 다른 사람에게 빼앗길 수도 있기 때문이다. 우리가 선택하는 후견인은 다음의 두 가지 특징을 가져야 한다.

- 상호 만족, 존경심, 경험의 공유, 상호 협조관계, 신뢰의 '5가지 요인'을 바탕으로 한 인간관계를 개발할 수 있어야 한다.
- 후견인은 가능한 한 선배이거나 자기보다 훨씬 더 훌륭해야 한다. 손아랫사람인 경우는 확실히 최고의 자리에 오를 수 있는 사람이어야 한다. 최고의 후견인은 매우 유능하고 야망이 큰 사람이다.

후견인은 아무래도 더 많은 것을 가르쳐주는 사람이기 때문에, 상호 협조관계여야 한다고 말한다면 이상하게 들릴 것이다. 그러나 후견인에게도 보상을 주어야 한다. 그렇지 않으면 흥미를 잃을 것

이다. 제자는 신선한 아이디어, 정신적인 자극, 열의, 근면성, 첨단 기술 지식 등 새로운 가치를 스승에게 제공해야 한다. 현명한 후견인은 새로운 시대 동향, 그리고 정상에서는 잘 보이지 않는 잠재적인 기회나 위협을 제때 파악하기 위해 젊은 협조자들을 이용하는 일이 많다.

동료와의 관계

대등한 관계를 맺는 동료라면 선택의 기준이 애매한 경우가 많다. 잠재적인 협조자는 많이 있지만 채워야 할 자리는 두 개나 세 개밖에 안 된다는 점을 명심하자. 따라서 매우 신중하게 선택해야 한다. '5가지 요인'을 가지고 있거나 가질 가능성이 있는 잠재적인 협조자들을 모두 나열해보자. 자신이 볼 때 가장 성공적이라고 생각되는 사람을 두 명이나 세 명 고른다. 그런 다음 그 사람들을 협조자로 만들기 위해 열심히 노력한다.

후배와의 관계

이런 종류의 인간관계를 소홀히 해서는 안 된다. 만일 당신이 선택한 한두 명의 후배가 부하직원이 된다면 아주 오랜 시간 동안 많은 것을 그들로부터 얻을 수 있을 것이다.

인맥을 넓힌다

누군가와 확고한 유대관계를 맺으면 신뢰의 범위가 점점 확대되어 네트워크가 형성된다. 이 네트워크는 매우 강력해질 수 있다. 적어도 외부에서 보기에는 매우 강력해 보인다. 또한 인간관계의 네트워크는 무엇보다도 즐겁다.

하지만 자신이 '내부 사정이나 시류에 민감한 사람과 친하다'는 생각에 잘난 체하며 도취되지 말자. 그렇게 된다면 금방 들러리가 되어버릴 것이다. 진실하고 소중한 인간관계는 모두 상호 협조 속에서 이루어진다는 사실을 잊어서는 안 된다. 만약 당신이 갑과 을 모두와 친밀한 협조관계를 가지고 있고, 갑과 을 두 사람도 서로 좋은 관계를 맺고 있다면, 더할 나위 없이 훌륭한 관계가 될 것이다. 사슬의 강도는 사슬의 가장 약한 고리의 강도에 의해 결정된다는 레닌의 말을 여기에도 적용할 수 있다. 그러나 갑과 을의 인간관계가 아무리 튼튼하다 해도, 자신에게 정말 중요한 인간관계는 자신과 갑과의 관계, 그리고 자신과 을과의 관계라는 점을 잊지 말아야 한다.

나쁜 인간관계가 좋은 관계를 몰아낸다

사적인 인간관계뿐만 아니라 직업적인 인간관계의 경우에도 아는 사람의 수는 많지만 깊이가 없는 것보다는, 적지만 깊이가 있는 인간관계가 더 좋다. 인간관계는 천차만별이다. 많은 시간을 함께 보냈는데 그 결과가 만족스럽지 않을 때, 심각한 결함이 있는 관계일 때는 가능한 한 빠른 시일 안에 끝내야 한다. 안 좋은 인간관계는 좋은 관계를 몰아내버린다. 인간관계가 들어갈 자리는 수적으로 제한되어 있다. 따라서 이 자리를 너무 빨리 써버리거나 질 낮은 인간관계로 채워버려서는 안 된다.

신중하게 선택하자. 그런 다음 전력을 다해 키워나가자.

꿈을 성취하는 10가지 방법

회사에는 정확히 네 가지 유형의 직원이 있다. 첫번째는 게으르고 멍청한 사람인데, 이들은 별 해를 끼치지 않으니 그냥 놔둬도 좋다. 둘째로는 근면하면서 영리한 사람이다. 이들은 세세한 곳까지 신경을 쓰는 유능한 간부 직원이 될 수 있다. 세 번째는 근면하지만 멍청한 사람이다. 이런 사람은 엉뚱한 일을 만들어내 다른 사람에게까지 피해를 끼치므로 즉시 해고해야 한다. 마지막으로는 영리하면서 게으른 사람인데, 이런 직원은 회사의 최고 위치에 아주 적합한 사람이다.

―폰 멘스타인 장군

이 장은 야망을 가진 사람을 위해 마련되었다. 이 치열한 경쟁사회에서 승자가 되고 싶다면 이 장에서 굉장히 많은 도움을 얻을 수 있을 것이다.

이번 장은 어떻게 하면 직장에서 성공할 수 있는가에 관한 80/20의 교훈을 다루고 있는데, 멘스타인의 모델을 기본으로 하고 있다. 만일 그가 경영컨설턴트였다면, [도표 5]의 모델을 이용해 큰 돈을 벌었을 것이다.

이 모델은 다른 직원을 어떻게 관리할 것인가에 관한 것이지만 자기 자신에 대해서도 적용해보자. 사람들은 대부분 일을 할 때 능력과 근면은 빼놓을 수 없는 덕목이라고 생각한다. 그러나 멘스타인의 도표에서는 근면성이 전혀 평가를 받지 못한다. 그렇다면 멘스타인의 모델은 흥미는 있지만 별로 쓸모 없는 것이란 말인가?

그러나 내 생각은 약간 다르다. 근면하게 일하는 사람도 게으름

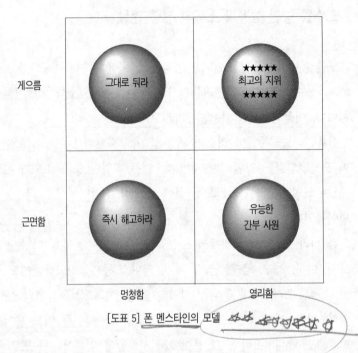

	멍청함	영리함
게으름	그대로 둬라	★★★★★ 최고의 지위 ★★★★★
근면함	즉시 해고하라	유능한 간부 사원

[도표 5] 폰 멘스타인의 모델

을 배워야 하고, 누구나 멍청하다고 생각하는 사람도 어느 분야에 선가 자신이 큰 능력을 발휘할 잠재력을 가지고 있다. 최고가 되는 길은 바로 영리하면서 게으른 사람을 우선 흉내내고, 자신을 그 상태로 만들어서 계속 유지시켜나가는 것이다. 정확하게 일을 선택하고, 가장 높은 가치를 더해주는 활동만 하면 일을 적게 하면서 더 많은 돈을 벌 수 있다.

그러나 그 전에 사람들의 노력과 수입의 관계에 80/20 법칙이 어떻게 적용되는가를 아는 것이 좋겠다. 사실 수입은 불공평하고 불균형하다. 이에 관해 불평을 늘어놓을 수도 있지만, 멘스타인의 모델을 이용하면 현명한 해결책을 찾을 수 있다.

소수를 향한 성공과 소득의 집중 현상

오늘날 소득분포만큼 80/20 법칙을 잘 증명해주는 예도 없다. 실제로 소수의 엘리트 전문가들만이 엄청나게 많은 소득을 벌어들이는데다, 이들의 수입은 계속 증가하고 있다.

인류 역사를 통틀어 최고의 재능을 가진 사람이 벌어들이는 수입이 오늘날만큼 높았던 적은 없었다. 전문 직업인 중 극소수가 사람들로부터의 인정과 명예를 한 몸에 받으며 수입면에서도 대부분을 벌어들인다.

한 나라 또는 전 세계에서 사람들이 종사하는 분야를 하나 골라보자. 야구, 농구, 축구, 골프, 럭비, 테니스 등의 스포츠 분야도 좋고, 건축, 조각, 회화 등의 시각예술 분야, 여러 장르의 음악 분야, 영화, 연극, 자서전, 토크 쇼 진행, 뉴스 진행, 정치 등 어느 분야를 선택해도 좋다. 그런데 그 분야에서 사람들의 입에서 자동으로 튀어나올 만큼 잘 알려진 전문인은 극소수이다.

각 나라에 이런 사람이 얼마나 되는가를 따져보면 그 수는 놀랄만큼 적을 것이고, 그 분야에서 비교적 활발한 활동을 하고 있는 사람들의 5%에도 못 미칠 것이다. 이름난 전문가의 수는 적지만 이들이 그 직업에서 차지하는 비중은 엄청나다. 모든 사람들이 이들을 원하고, 이 사람들의 활동은 항상 뉴스 거리가 된다. 이들은 순식간에 이름을 날리면서 상품의 브랜드와 맞먹는 가치를 갖게 된다.

명성과 함께 경제적인 이익도 소수의 사람들에게 집중된다. 20% 이하의 소설책이 전체 소설 판매량의 80%이상을 이룬다. 대중가요 CD나 콘서트, 영화, 경제 서적들도 마찬가지다. 영화배우, TV 탤런트, 운동선수에게도 똑같은 현상이 나타난다. 프로 골프 선수 중

20% 이하의 선수들이 골프 대회 상금의 80%를 휩쓸어가며, 이는 테니스 선수도 마찬가지다. 경마 경기에서도 기수, 조련사, 말 소유주 전체 숫자의 20% 이하가 80% 이상의 승리를 거둔다.

최고와 나머지는 하늘과 땅 차이다

우리는 상품화의 세계에 살고 있다. 유명인들은 엄청난 보상을 요구할 수 있지만, 그보다 알려지지 않은 사람들은 훨씬 적은 보상만을 받는다.

(단위: 백만 달러)

이름	직업	1994년 수입
스티븐 스필버그	영화 감독	165
조셉 저메일	법정 변호사	90
오프라 윈프리	TV 프로 진행자	72
마이클 조던	농구 선수	30
데이빗 카퍼필드	마술사	29
실버스타 스텔론	영화배우/감독	24
앤드류 로이드웨버	작곡가	24
마이클 잭슨	가수	22
스티븐 킹	작가	21
샤킬 오닐	농구 선수	17
잭 니클라우스	골프 선수	15
게르하르트 베르거	카레이서	14
안드레 아가시	테니스 선수	22
로베르토 바조	축구 선수	5
앨런 그루브만	회사 고문 변호사	5

자료: 포브스(Forbes)지

[도표 6] 최고 직업인들의 수입

예를 들어, 대처 수상의 자서전은 200만 부 이상 팔렸고, 카세트 테이프와 비디오 테이프도 대량 판매되었다. 그 결과 540만 달러를 벌었다. 그러나 대처 이전에 장관이었던 니콜라스 리들리(Nicholas Ridley)의 자서전은 겨우 5,000부밖에 안 팔렸다. 이는 대처 수상 자서전의 0.25%에 해당하는 수치이다. 대처 수상 내각 멤버 중 여러 사람이 자서전을 썼고, 그 중 몇 사람은 어느 정도 성공을 거두었다. 대처 수상은 내각의 인원수로 볼 때 2%에 불과했고, 이 중 자서전을 출판한 사람들의 수로 따지면 5%에 지나지 않지만, 자서전 매출액에서는 전체의 95%를 차지했다.

최고의 위치에 있는 유명인들과 그보다 조금 못하거나 소수의 사람들에게만 인정받는 사람들 사이의 간격은 매우 크다. 가장 유명한 야구, 농구, 축구 선수들은 수백만 달러를 벌어들이지만, 최고가 아닌 사람들은 그저 걱정 없이 살 수 있는 정도의 수입만 올릴 뿐이다.

왜 승자가 모든 것을 갖게 되었는가

슈퍼스타들의 수입을 전체 인구의 수입과 비교하면 그 불균형의 정도는 더 심해지는데, 이는 80/20 법칙의 확실한 예가 된다. 대개는 80/20 관계를 넘어서 90 대 10, 95 대 5의 관계를 나타낸다. 많은 사람들이[1] 슈퍼스타에게 돌아가는 엄청난 수입을 경제적 또는 사회적으로 설명해보고자 했다.

그 중 가장 그럴듯한 설명은 두 가지 상황으로 인해 슈퍼스타의 수입이 증가하게 되었다는 주장이다. 그 하나는 여러 사람이 동시에 슈퍼스타의 활동을 즐길 수 있게 되었다는 것인데, 이는 현대의 매스컴 덕분에 가능해졌다. 마이클 잭슨, 스티븐 스필버그, 스티븐

144

킹, 루치아노 파바로티, 안드레 아가시가 더 많은 고객을 확보하게 되었으며, 이들의 늘어난 고객에게 자신을 '보급'하는 데 드는 추가 비용은 거의 제로에 가깝다는 말이다. 방송, CD 제작, 책 출간에 좀더 많은 경비를 쓰게 된다 해도 이는 전체 경비의 아주 적은 부분에 불과하다. 슈퍼스타에게 돌아가는 몫을 늘려도, 슈퍼스타의 작품이나 예술적인 동작을 복제하는 데 추가되는 원가는 거의 무시할 수 있는 수준이다. 슈퍼스타에게 몇백만 달러, 혹은 몇천만 달러를 준다고 해도 고객 한 명당 늘어나는 경비는 불과 수 센트 혹은 1센트 이하의 푼돈에 지나지 않는 것이다. 이는 그들보다 훨씬 적은 수입을 벌기 위해 보통사람이 쓰는 비용에 비해서도 훨씬 적다는 말이다.

슈퍼스타의 수입을 증가시키는 두 번째 요인은 슈퍼스타보다 재능이 떨어지는 보통사람이 슈퍼스타를 대신할 수 없다는 점이다. 어느 분야에서 건 최고의 자리에 있다는 것은 매우 중요하다. 어떤 가정부가 다른 가정부들보다 일하는 속도가 배나 느리다면 이 가정부는 다른 가정부들이 받는 임금의 절반만 받게 될 것이다. 그러나 누가 마이클 잭슨이나 파바로티가 가진 재능의 절반을 가진 사람을 원하겠는가? 이런 이유로 슈퍼스타가 아닌 사람들은 슈퍼스타보다 훨씬 열등한 경제 상황에 처하게 되는 것이다. 최고가 아닌 사람은 찾는 사람이 적고, 결국 훨씬 더 적은 수입에 머물게 된다.

승자가 모든 것을 갖는 현상은 현대의 특징이다

매우 흥미있는 사실은 슈퍼스타와 나머지 사람 사이의 극심한 불균형이 항상 존재해왔던 것이 아니라는 점이다. 예를 들어 1940년대나 50년대 최고의 농구 선수나 축구 선수는 그리 많은 돈을 벌지 못했

다. 또한 저명한 정치가들이 가난하게 살다 인생을 마감하는 경우도 있었다. 즉 과거로 갈수록 승자가 모든 것을 갖는다는 이론은 적용되지 않는다.

셰익스피어는 그가 살았던 시대에 최고의 재능을 인정받은 사람이었고, 레오나르도 다 빈치도 마찬가지였다. 오늘날의 기준으로 본다면 그들은 자신의 재능, 창의력, 명성을 이용해 그 시대에서 손꼽히는 부자가 되었어야 마땅한데, 실제로 그들의 수입은 오늘날로 따지면 평범한 재능을 가진 수많은 사람들과 비슷한 수준이었다.

시간이 흐를수록 재능의 차이에 따른 경제적 보상의 불균형 현상은 더 뚜렷하게 나타났다. 오늘날 수입은 개인의 가치나 시장성과 밀접한 관련을 가지고 있다. 또한 수입 면에서는 확실히 80/20 관계가 더욱 명백하게 드러난다. 현대 사회는 한 세기 전, 심지어는 불과 한 세대 전에 비해서도 훨씬 더 능력주의 사회가 되었다. 이 현상은 미국이나 유럽은 물론 전 세계로 확산되어가는 대세로 자리 잡았다.

만일 1940년대나 50년대에 바비 무어 같은 축구 선수가 엄청난 수입을 벌어들였다면 영국 사회는 분노했을 것이다. 그 당시로서는 이런 현상이 부당한 일이었다. 또한 1960년대에 비틀즈가 백만장자라는 사실이 밝혀졌다면 사람들은 경악했을 것이다. 그러나 오늘날 마이클 조던이나 마이클 잭슨이 세계적 갑부라는 것은 놀랄 만한 사실이 아니다. 오늘날은 지위보다 시장가치가 더 높이 평가받는 시대이다.

앞에서 언급했듯 방송이나 대중매체, CD나 CD 롬과 같은 제품의 기술 혁신은 이런 현상을 부추긴 새로운 원인이 되었다. 슈퍼스타는 이로 인해 수입을 극대화시킬 수 있었다. 이런 매체를 이용하

기 위한 비용 자체는 막대한 것이지만, 고객 한 사람당 드는 비용을
생각하면 아주 사소한 것이다.

성취도는 항상 80/20 법칙을 따른다

이제 돈보다는 좀더 영속적이고 가치있는 업적에 관해 살펴보자.
어느 시대, 어느 직업에서건 업적과 명성은 소수의 사람에게 집중
되어왔다. 셰익스피어나 레오나르도 다 빈치는 계급의 벽이나 대중
매체의 미발달로 인해 억만장자가 되지는 못했다. 그러나 이들은
부자는 아니었지만 업적과 명예는 인정받았다. 어느 시대에나 소수
의 천재들이 커다란 영향력을 가지고 있었던 것이다.

모든 직업에 나타나는 80/20 법칙

매스컴에 등장하는 슈퍼스타들이 최고의 존경과 격찬을 받고 있
다는 것은 사실이지만 80/20 법칙이 엔터테인먼트나 스포츠 분야
에서만 나타나는 것은 아니다. 어느 직업에서나 최고의 전문가가
가장 큰 이익을 얻는다. [도표 6]에서 두 번째로 수입이 높은 조셉
저메일의 이름을 아는 사람의 수는 안드레 아가시라는 이름을 아는
사람의 수보다 훨씬 적을 것이다. 저메일은 법정 변호사이므로 TV
토크쇼나 흥행 영화에 출연하지 않는다. 그러나 그는 1994년 아가
시가 벌어들인 수입의 4배를 벌었다.

고소득자 명단에서 좀더 아래쪽으로 내려가보면 회사 고문 변호
사, 외과 의사, 회사 중역, 증권업자, 회계사 등 그 직업에서 최고의
자리를 차지하고 있는 사람들의 이름이 나타난다. 이들 분야에서도
승자가 모든 것을 갖는다는 법칙은 확실히 적용된다. 각 분야에서
일인자, 또는 최고의 전문기업은 그보다 못한 사람이나 회사에 비

해 엄청나게 큰 보상을 요구할 수 있다. 만일 최고의 회사를 인수하기 위한 경쟁이 붙었다면, 둘 이상의 입찰자가 이 회사를 인수하기 위해 평균적인 금액보다 훨씬 높은 금액을 제시하며 경쟁을 벌일 것이다. 이와 반대로 최고가 아닌 회사는 상대적으로 더 낮은 가격을 제시받게 된다. 결국 최고의 소수만이 천문학적인 액수의 이익을 얻게 되는 것이다.

재능을 인정받는 사람과 그렇지 못한 사람 사이에는 항상 80 대 20의 불균형이 존재해왔다. 기술이 발전하면서 그 수치관계는 90 대 10, 95 대 5에 가까워지면서 불균형이 더욱 심화되는 양상을 보이게 되었다.

야망을 실현하는 80/20 법칙 10계명

80/20 법칙이 지배하는 세상에서 성공하려면 어떻게 해야 하는가? 슈퍼스타가 아닌 사람들이 성공하기가 이렇게 힘들다면, 차라리 경쟁을 포기하고 싶다는 생각이 들지도 모르겠다. 그러나 포기하기에는 아직 이르다. 세계적인 갑부가 되고 싶은 사람이나, 그 정도까지는 바라지 않지만 80/20 법칙이 지배하는 직업 세계에서 성공하려는 사람에게 도움이 되는 10가지 주요 지침이 있다([도표 7] 참조).

이 지침은 야망이 큰 사람에게 더 효과가 있긴 하지만 적당한 수준의 야망을 갖고 있거나 직업적 성공을 바라는 사람들에게도 도움이 될 것이다. 이 책에서 자세히 설명하고 있는 것처럼, 자신의 직업 활동에 80/20식 사고를 항상 활용해보라. 멘스타인의 모델을 항

1	아주 좁은 분야로 전문화해서 핵심 능력을 개발하라.
2	스스로 좋아하면서 탁월한 능력을 발휘하여 일인자가 될 수 있는 분야를 선택하라.
3	지식이 곧 힘이라는 사실을 명심하라.
4	시장과 핵심 고객이 누구인지를 알아내 공략하라.
5	20%의 노력으로 80%의 성과가 나타나는 분야를 알아내라.
6	그 분야의 일인자에게 배워라.
7	전문 분야에서 자기 사업을 하라.
8	가치를 창조할 수 있는 직원을 가능한 한 많이 고용하라.
9	핵심 역량을 제외한 나머지는 모두 아웃소싱하라.
10	자본의 지렛대 효과를 활용하라.

[도표 7] 성공을 위한 10가지 주요 지침

상 기억하고 자신이 현재 일하고 있는 분야를 생각해보고 자신이 어떤 분야로 가면 가장 능력을 인정받고, 게으르게 지내면서도 가장 많은 보상을 받을 수 있는지 생각해보라.

1. 아주 좁은 분야로 전문화해서 핵심 능력을 개발하라

전문화는 모든 생물체에 적용되는 가장 위대하고 보편적인 진리이다. 이는 바로 생물체가 특수한 성질을 개발해 새로운 생태학적 종으로 진화해온 방법이다. 전문화되지 않은 소규모 사업은 얼마 안 가 무너진다. 전문화하지 않은 개인도 품삯을 받는 노예 같은 삶을 살 수밖에 없다.

생태계에 얼마나 많은 종이 존재하는지는 확실치 않지만, 그 수가 엄청날 것이라는 건 확실하다. 이와 마찬가지로, 비즈니스 세계의 분야는 보통사람들이 생각하는 것보다 훨씬 많다. 그렇기 때문에 소규모 기업들이 거대한 시장에서 여러 경쟁사와 힘들게 경쟁할

필요 없이, 자기만의 시장에서 단독으로 선두의 위치를 지킬 수 있는 것이다.[2]

개인도 여러 가지를 피상적으로 알기보다는 몇 가지 또는 한 가지 분야만 뛰어나게 잘 아는 것이 좋다. 전문화는 80/20 법칙의 본질이다. 즉 투입량의 20%에서 80%의 산출량이 만들어진다는 80/20 법칙이 나타나는 이유는 생산성이 높은 5분의 1이 나머지 5분의 4보다 훨씬 전문화되어 있다는 것을 의미한다.

80/20 법칙의 현상을 보면 비생산적인 5분의 4의 자원을 좀더 전문화할 필요를 느끼게 된다. 만일 비생산적인 80%의 자원도 적합한 분야로 전문화시킨다면 생산성 높은 20%로 바뀔 수 있다. 이는 80/20 법칙의 또 다른 측면이다. 즉 비생산적인 80%에 해당했던 것이 다른 분야에서는 생산적인 20%가 되는 것이다.

이 과정은 19세기 독일의 철학자인 헤겔(G. W. F. Hegel)이 말하는 '변증법'[3]과 같은 것으로, 이 과정의 끊임없는 전개가 발전의 원동력이 될 수 있다. 전문화가 진행될수록 생활수준은 더 높아진다. 인간 사회나 자연계 모두 끊임없는 전문화의 과정을 통해 진보해왔다.

전자공학 분야에서 전문화가 진전되어 컴퓨터가 나타났고, 한 걸음 더 전문화로 나아간 결과 나타난 것이 개인용 컴퓨터이다. 거기서 한층 더 전문화되어 누구나 사용할 수 있는 소프트웨어가 탄생되었고, 소프트웨어 이후 더 전문화된 결과 CD 롬이 탄생되었다. 식품생산에 혁명을 일으킬 것으로 기대되는 생명공학도 전문화의 과정을 심화시키며 진보하고 있다.

직업 세계에서도 이런 과정이 나타나는데, 여기서는 무엇보다 지식이 핵심이다. 가장 두드러진 현상의 하나는 기술자의 지위와 영

향력이 높아지고 있는 현상이다. 예전에는 기술직 하면 블루칼라라고 부르며 상대적으로 낮게 보는 경향이 있었지만, 지금은 그들 중에서 최첨단 기술을 구사하는 전문가들이 가장 각광받는 직업으로 떠올랐다.[4] 현재는 기술자들을 고용해 조직하고 관리하는 것으로 지위를 유지하는 관리직보다는 이러한 전문기술자들이 권한도 크고 연봉도 훨씬 많이 받는다.[5]

가장 기초적인 전문화의 지표는 자격증이다. 대부분의 사회에서 발행하는 자격증의 80%를 전체 경제활동 인구의 20%가 소유하고 있다. 선진 사회에서 계층을 구분하는 가장 중요한 기준은 토지나 부의 소유가 아니라, 정보의 소유 여부이다. 그리고 80%의 정보는 20%의 사람들이 소유하고 있다.

미국의 경제학자이자 정치가인 로버트 라이히(Robert Reich)는 미국의 노동력을 네 그룹으로 나눴다. 그 중 최고의 그룹은 숫자, 아이디어, 문제, 언어를 다루는 사람들로서 '추상 분석가(symbolic analyst)'라고 불렀다. 이 그룹에는 금융 분석가, 컨설턴트, 변호사, 의사, 언론인 등 지적 능력과 지식을 무기로 영향력과 힘을 갖게 되는 사람들이 포함된다. 라이히는 이 그룹을 '행운의 5분의 1'이라고 불렀는데, 이는 전체 부와 정보의 80%를 이들이 소유하고 있기 때문이었다.

최근에 지적 능력을 높이기 위한 교육을 받은 사람이라면 누구나, 지식의 세분화가 엄청나게 진행되고 있음을 알게 되었을 것이다. 이 현상은 어떤 면에서는 걱정스러운 면도 있다. 왜냐하면 모든 지식이 제각각 다른 방향으로 분산되어 발전해나가면 전체적인 지식을 통합해서 설명해줄 수 있는 사람이 단 한 사람도 없을 수 있기 때문이다. 그 점을 차치하면, 이 지식의 세분화 현상은 전문화가 왜

필요하고 중요한지를 말해주는 증거이기도 하다.

승자가 모든 것을 갖는 현상을 고려하면, 전문화는 개인들에게 매우 희망적인 현상이다. 알버트 아인슈타인이나 빌 게이츠처럼 될 수는 없을지 몰라도 각자의 개성을 살려 전문화시킬 수 있는 분야는 수도 없이 많다. 그 중에서는 빌 게이츠처럼 스스로 분야를 개척해낼 수 있는 사람도 나올 것이다.

전문화시킬 분야를 찾아라. 오랜 시간이 걸릴 수도 있지만, 이것만이 엄청난 수입을 올릴 수 있는 유일한 방법이다.

2 스스로 좋아하면서 탁월한 능력을 발휘할 수 있는 분야를 선택하라

전문화를 위해서는 매우 세심한 주의가 필요하다. 전문화의 분야가 좁을수록 더욱 신중한 판단이 필요하다.

먼저 스스로 흥미있고 즐거운 분야로 전문화해라. 스스로 좋아해서 열정을 가지고 있는 분야가 아니라면 뛰어난 사람이 될 수 없다. 이 요구는 그리 어려운 것이 아니다. 삶에 아무런 꿈도 없는 사람이 아니라면 누구나 좋아하는 것이 있게 마련이다. 어떤 취미, 열정, 재능도 오늘날에는 비즈니스가 될 수 있다. 이러한 예는 여러 분야에서 나타난다. 최고의 위치까지 오른 사람들은 대부분 자신이 하는 일에 대단한 열정을 가지고 있다. 열정은 개인적인 성공의 길을 열어주고 나아가 다른 사람들까지 감염시켜 더 큰 효과를 불러온다. 그러나 스스로 열정이 없는 분야에서는 좋아하는 척은 할 수 있을지 몰라도, 결코 성공할 수도 없고 다른 사람을 감동시킬 수도 없다.

성공하고 싶지만, 현재 하고 있는 일에 열정이 없다면 그 직업을 포기하라. 그러나 직장을 그만두기 전에 자신에게 맞는 직업을 선택해야 한다. 자신이 좋아하는 것을 나열해보자. 그리고 그 중에서

어느 것이 직업이 될 수 있는가를 살펴보고 그 중 가장 열정을 가지고 있는 것을 선택하자.

3. 지식이 곧 힘이라는 사실을 명심하라

좋아하는 것을 직업으로 삼기 위해 필요한 것이 바로 지식이다. 남들보다 그 분야에 관해 더 많은 것을 알아야만 한다. 그러고 나서 그것을 상품화시킬 방법을 결정하고, 판매 시장과 핵심 고객을 확보해야 한다.

남들보다 조금 더 아는 정도로는 안 된다. 최소한 일부에서라도 어느 누구보다 가장 많이 알고 있어야 한다. 자신의 분야에서 누구보다 많이 그리고 잘 알고 있다고 확신할 때까지 전문지식을 습득하기 위한 노력을 멈춰서는 안 된다. 그러고 나서 자신이 알고 있는 바를 실행에 옮겨보고, 깊이 재검토하며 더 심화시켜라. 다른 사람보다 더 많이 알고 있지 않으면서 최고가 되기를 기대해서는 안 된다.

상품화시키는 과정은 매우 창의적인 활동이다. 우선 어떻게 상품화할 것인지를 결정해야 한다. 비슷한 분야에서 지식을 상품화한 다른 사람의 예를 따르는 것도 좋은 방법이다. 그러나 그것이 불가능하다면 다음 지침을 따르자.

4. 시장과 핵심 고객이 누구인지를 알아내 그들을 공략하라

자신이 소유한 지식에 대해 기꺼이 돈을 지불하는 사람들이 곧 시장이다. 그 중 핵심 고객은 가장 많은 이익을 가져다주는 사람들이다.

시장은 곧 활동 무대다. 자신이 보유한 지식을 이곳에서 어떻게 팔 수 있는지를 판단해야 한다. 회사에 취직할 것인가, 아니면 자기 사업을 할 것인가? 한 회사에서 일할 것인가, 프리랜서로서 개인적

으로 일할 것인가? 자신의 서비스를 개인을 대상으로 판매할 것인가, 기업을 대상으로 판매할 것인가? 지식 그 자체를 있는 그대로 판매할 것인가, 지식을 특수 상황에 맞게 가동하여 판매할 것인가, 아니면 지식을 이용해 상품을 만들어낼 것인가? 이미 판매되고 있는 제품의 가치를 높여주는 부품을 생산할 것인가, 완제품을 만들어 판매할 것인가?

당신의 활동을 높이 평가하는 특정 개인이나 회사가 고객 또는 핵심 고객이 될 것이고, 이들을 통해 높은 이익을 얻게 될 것이다. 기업에 취직을 하건 창업을 하건, 또는 중소기업이든 대기업이든 성공의 관건은 현재 확보하고 있는 핵심 고객에 있다.

핵심 고객을 소홀히 하고 무시했기 때문에 최고의 지위를 잃는 경우도 많다. 테니스 스타 존 맥켄로(John McEnroe)는 관중과 프로 테니스 연맹이 자신의 고객임을 잊었고, 대처 수상도 하원의 보수당 의원들이 자신의 최고 고객이라는 사실을 잊었다. 리처드 닉슨(Richard Nixon)은 자신의 핵심 고객이 고결함과 성실성을 추구하는 보통의 국민이라는 사실을 잊었기 때문에 최고의 위치를 빼앗긴 실례이다.

고객들에게 최선을 다 하는 것도 중요하지만, 더 중요한 것은 자신에게 적합한 고객에게 최선을 다하는 것이다. 적합한 고객이란 비교적 적은 노력으로 최대의 만족을 제공해줄 수 있는 고객을 말한다.

5. 20%의 노력으로 80%의 성과가 나타나는 분야를 알아내라

적은 노력으로 큰 성과를 얻지 못한다면 그 사업은 별로 즐겁지 않을 것이다. 사업을 꾸려가기 위해 일주일에 60~70시간씩 일해야

하거나, 스스로 항상 뒤처져 있다고 생각하거나, 일을 밀리지 않고 제때 처리하기 위해서는 늘 고군분투해야 한다면, 현재 잘못된 직업에 종사하고 있거나, 일을 처리하는 방법이 완전히 잘못되어 있는 것이다. 즉 80/20 법칙과 멘스타인의 모델을 제대로 활용하지 못하고 있는 것이다.

80/20 사고방식을 늘 떠올려 사고의 기준으로 삼아라. 어떤 활동 분야에서건 80%의 사람들은 겨우 20%의 성과를 올리고, 20%의 사람들이 80%의 성과를 올린다. 그렇다면 이 다수는 무엇을 잘못하고 있는 것이며, 소수는 무엇을 잘 하고 있는 것인가? 소수가 하는 일을 나도 할 수 있는가? 그들이 하는 일을 본받고 나아가 더 발전시킨 형태로 활용할 수 있는가? 더 효과적이고 효율적인 방법을 개발할 수 있는가?

자신과 고객의 니즈 사이에 일치하는 점이 있는가? 자신에게 적합한 회사에 다니고 있는가? 적합한 부서에서 일하고 있는가? 자신에게 맞는 직업을 가지고 있는가? 비교적 적은 노력으로 고객을 감동시킬 수 있는가? 지금 하고 있는 일이 재미있고, 그 일에 열정을 가지고 있는가? 그렇지 않다면 당장 '그렇다'고 대답할 수 있는 분야로 직업을 바꿀 수 있는 계획을 세워라.

지금하고 있는 일과 고객에게는 만족하고 있지만 성공을 거두지 못하고 있다면, 시간을 잘못 활용하고 있는 것이다. 20%의 시간을 들여 80%의 성과를 거두는 시간은 언제인가? 그 일에 더 집중하라. 80%의 시간을 들이고도 미미한 성과밖에 못 얻는 일은 무엇인가? 그 일은 더 줄여라. 해결책은 이처럼 간단하다. 그러나 이 해결책을 따르려면 지금까지의 습관이나 일상을 모두 바꿔야 할 것이다.

어떤 시장, 고객, 회사, 전문 분야에서나 더 능률적이고 효과적으

로 일을 할 수 있는 방법은 반드시 존재한다. 그런 방법을 찾아야 일의 능률이나 효과가 비약적으로 커진다. 직업이나 산업활동에 나타나는 80/20 법칙의 내면을 들여다보자.

나의 직업인 경영컨설팅 분야에서는 능률적이고 효과적인 것의 판단기준이 아주 분명하다. 맡기는 일의 규모가 큰 고객일수록 좋다. 임금이 낮은 여러 명의 젊은 직원들이 큰 규모의 일을 맡는 경우일수록 이익이 크다. 고객과 개인적으로 긴밀한 관계를 맺는 것이 좋고, 특히 최고경영진과 긴밀한 관계를 맺는 것은 회사의 이익에 매우 중요하다. 대기업의 최고경영자와 긴밀하게 오랜 관계를 유지하면서, 예산 액수가 큰 프로젝트를 여러 명의 젊은 컨설턴트에게 맡긴다면, 회사는 최고의 이익을 얻게 된다.

자신이 종사하는 직업에서 80/20 법칙은 어떻게 나타나고 있는가? 기업이 어느 분야에서 가장 큰 이익을 얻는가? 어떤 동료가 일을 즐겁고 편하게 하면서도 높은 실적을 나타내는가? 그들은 어떤 특별한 행동을 하는가? 생각하고 또 생각해보자. 대답은 어디엔가 있을 것이다. 따라서 우리는 해답을 반드시 찾아내야 한다. 회사 경영자나 동료들에게 묻거나 책에서 답을 찾으려 하지 말라. 그런 식으로 얻은 답은 누구나 알고 있는 일반적 지혜에 불과하다. 답은 동종업계의 이단자나 전문 분야의 이단자, 별난 사람들 속에 있다.

6. 그 분야의 일인자에게 배워라

확언하건대, 어느 분야에서든 일인자는 20%의 노력으로 80%의 결과를 얻는 방법을 아는 사람이다. 이 사람들이 게으르다거나 노력하지 않는다는 것은 아니다. 이들은 대개 아주 열심히 일한다. 그러나 이들은 경쟁자들보다 더 적은 시간을 들이고도 몇 배 더 가치

있는 결과를 만들어낸다. 또한 이들은 질과 양 모두에서 경쟁자들을 압도한다.

이 사람들은 특별한 방법으로 일을 한다. 그들은 남들과 다르게 생각하고 다르게 느끼는 특이한 사람들이다. 어느 분야건 최고의 위치를 차지한 사람은 다른 사람들과 다르게 생각하고 행동한다. 그들은 자신들이 무엇이 다른지 의식하지 못할 수도 있다. 이처럼 일인자들이 성공 비결을 설명해주지 못하면, 관찰에 의해 추론해낼 수 있다.

옛날 사람들은 관찰을 통해 배웠다. 제자는 스승의 발치에 앉아서 가르침을 배웠고, 견습생은 장인으로부터 기술을 배웠다. 학생들은 교수의 연구를 돕는 과정에서 배웠고, 예술가 지망생들은 뛰어난 예술가들과 함께 시간을 보내면서 배웠다.

일인자와 함께 일할 방법을 어떻게든 찾아내라. 그리고 그들이 일하는 방법에 어떤 특징이 있는지 알아내라. 그들은 사물을 다르게 보고, 시간을 다르게 활용하며, 사람들과도 다르게 상호작용할 것이다. 그 사람들이 하는 것을 당신이 할 수 없거나 상식에 반하는 삶의 방식을 채택할 수 없다면, 절대 최고의 위치에 오를 수 없다.

때로는 최고의 한 개인과 함께 일하는 게 능사가 아닐 수도 있다. 최고의 기업이 가진 집단적 특성에서 중요한 노하우를 얻을 수도 있다. 중요한 점은 이 회사가 다른 회사와 어떤 차이점이 있는가이다. 먼저 평범한 회사에서 일한 후에 일류 회사에서 일을 해본다. 나는 쉘사에서 근무하며 수많은 서류 작업을 했다. 그 이후 컨설팅 회사에 입사해 고객과 일 대 일로 면담하며 자신이 원하는 답을 이끌어내는 법을 배웠다. 이를 통해 20%의 노력으로 80%의 결과를 얻어내는 80/20 관계를 실행할 수 있게 되었다. 모든 분야의 일인

자는 이 80/20 관계를 실행할 줄 아는 사람이다.

그 사람들을 관찰하고, 배우고, 실행하라.

7. 전문 분야에서 자기 사업을 하라

우선 다른 분야보다 5배 높은 가치를 얻는 일에 시간을 집중적으로 활용하라. 두 번째로, 자기가 만들어낸 가치를 모두 자신의 것으로 만들어라. 자기가 성취한 것을 모두 획득할 수 있는 위치에 있는 것이 이상적이며, 일찍 그 위치에 도달하는 것을 목표로 삼아야 한다.

마르크스는 잉여가치에 대해 '노동자가 모든 가치를 생산해내며, 초과 생산된 잉여가치는 그 노동자를 고용한 자본가가 취득한다'는 이론을 펼쳤는데, 이를 좀더 적나라하게 얘기하면 노동자들로부터 착취해낸 잉여가치가 곧 이익이라는 것이다.

이 이론은 말도 안 되는 것이고, 오히려 이를 거꾸로 하면 사실일 수 있다. 즉 평균 정도의 생산성을 보이는 일반 근로자는 자신이 회사에 기여하는 것보다 더 많은 것을 회사에서 얻을 수 있다. 보통 회사는 관리자가 너무 많고 그들 대부분이 회사에 더해주는 가치는 오히려 부정적이다. 그러나 80/20 법칙을 활용할 줄 아는 사람은 다른 평균 직원보다 몇 배는 더 능률적이다. 그러나 이런 직원들이 동료가 받는 임금의 몇 배를 받는 것은 아니다. 그러므로 80/20 법칙을 활용할 줄 아는 사람은 자기 사업을 해야 더 많은 수입을 올릴 수 있다.

자기 사업을 할 경우 성과에 따라서 돈을 번다. 80/20 활용자에겐 이것이 더 유리하다. 그러나 아직 많은 것을 배우는 단계라면 자기 사업에 뛰어들어서는 안 된다. 아직 기업이나 전문 회사에서 많

은 것을 배우고 있는 사람이라면, 그 배움의 가치는 그 사람이 기여하는 정도와 받는 임금 사이의 차이를 보상하고도 남는다. 보통 전문 직종에서는 이 기간이 1~3년가량 걸린다. 경력이 있는 전문가가 이전 회사보다 더 높은 가치를 지닌 회사에 입사한 경우, 회사로부터 배우는 기간은 길어야 일 년 정도이다.

이 기간이 지나면 자기 사업을 하라. 이때 직업의 안정성에 관해 지나치게 걱정할 필요는 없다. 전문 기술을 가지고 있고, 80/20 법칙을 활용할 줄 안다면 안정성은 보장될 것이다. 사실 회사라고 해서 언제나 안정성을 보장받는 것도 아니다.

8. 가치를 창조할 수 있는 직원을 가능한 한 많이 고용하라

성공의 첫번째 단계는 시간을 잘 활용하는 것이고, 두 번째 단계는 자기가 만들어낸 가치를 모두 자기 것으로 만드는 것이다. 세 번째 단계는 바로 다른 사람의 힘을 이용하는 것이다.

세상에는 고용할 수 있는 사람이 무수히 많다. 그러나 자신이 받는 임금보다 더 많은 가치를 회사에 더해주는 사람은 극히 소수다.

다른 사람의 힘을 잘 활용하는 것이 성공의 요인이 된다. 어느 정도까지는 동업자의 도움을 받을 수 있지만, 직원을 고용함으로써 더 직접적이고 분명한 효과를 얻을 수 있다. 좀더 단순하게 숫자로 그 예를 든다면 고용으로 얻는 엄청난 효과를 납득할 수 있을 것이다. 80/20 법칙을 활용해서 그 분야의 보통 직장인보다 5배 더 능률적인 사람이 있다고 하자. 그리고 그 사람은 개인 사업을 하므로 일한 대가를 고스란히 받는다고 하자. 이 경우 그 사람은 평균의 500%에 해당하는 수입을 얻는다. 그러므로 이 사람은 직장에서의 표준 임금과 비교해 400%만큼의 추가 수입을 얻게 된다.

그리고 이 사람이 열 명의 전문가를 고용해서 표준보다 3배 더 능률적으로 교육을 시켰다고 하자. 이 직원들은 고용주만큼 유능하진 않지만, 그들이 받는 임금보다 훨씬 더 많은 가치를 회사에 더해 준다. 이 직원들의 사기를 북돋우기 위해 평균적 임금보다 50%를 더 준다고 치자. 각 직원은 300만큼의 가치를 생산해내고 150만큼의 임금을 받아간다. 그러므로 고용주는 각 직원에게서 150만큼의 이익, 또는 잉여수입을 얻게 된다. 열 명을 고용했다면 1,500의 잉여수입이 생기고 이를 고용주가 생산해낸 400과 더해보자. 결국 그의 전체 잉여수입은 1,900이 되므로 직원을 고용하기 이전보다 5배나 많은 이익을 얻게 된다.

물론 직원을 열 명만 고용해야 할 이유는 없다. 그러나 문제는 잉여가치를 생산해낼 수 있는 직원을 찾아내는 능력과 고객을 확보할 능력이 있는가 하는 점이다. 전자의 문제를 해결한다면, 후자는 걱정할 필요가 없다. 왜냐하면 잉여가치를 생산해내는 전문인이라면 그들의 서비스를 판매할 시장을 쉽게 확보할 수 있기 때문이다.

확실히 받는 임금에 비해 더 많은 가치를 생산해내는 직원만을 고용하는 것은 쉬운 일이 아니다. 그러나 반드시 최고의 직원만을 고용할 필요는 없다. 잉여가치를 생산해내는 직원을 가능한 한 많이 고용하는 것이 회사의 이익을 극대화시키는 길이다. 직원 중 일부는 표준보다 5배나 능률적일 수 있는 반면, 어떤 직원은 2배 정도만 더 능률적일 수 있다. 이런 회사에서도 능률 면에서 80/20 또는 70/30의 분포가 나타나게 마련이다. 최대의 이익이 나타날 때에도 능률의 분포는 어느 정도 불균형하게 나타난다. 그러므로 단 한 가지 점만 주의하면 된다. 바로 모든 직원 중 가장 효율성이 떨어지는 직원도 여전히 그가 받는 임금에 비해 더 많은 가치를 생산해내야

한다는 점이다.

9. 핵심 역량을 제외한 나머지는 모두 아웃소싱하라

80/20 법칙에 따르면 우리는 모든 것을 선별적으로 취해야 한다. 즉 자신이 가장 잘하는 5분의 1의 활동에 집중해야 최대의 효과를 얻을 수 있다. 이 법칙은 개인뿐 아니라 기업에도 적용된다.

가장 성공적인 전문 회사나 기업은 주력 분야를 제외한 나머지 분야는 아웃소싱을 한다. 그 회사의 핵심 기술이 마케팅일 경우에는 제품 제조는 하지 않는다. 회사가 리서치와 개발 분야에 강점을 가지고 있다면, 제품 생산이 아닌 마케팅과 판매는 다른 회사를 활용한다. 만일 회사가 표준화된 상품의 대량생산에 강점이 있다면, 이 회사는 특수한 제품이나 고급 시장을 위한 제품을 생산해내지 않는다. 반대로 높은 이익을 남기는 특수 제품을 만드는 핵심 기술을 보유하고 있다면, 가격경쟁이 치열한 범용제품 시장에는 참여하진 않는다.

성공을 위한 네 번째 단계는 가능한 한 외부 자원을 많이 활용하라는 것이다. 경쟁사보다 몇 배 높은 이익을 얻는 분야에만 노력을 집중해서 회사를 최대한 단순하게 운영해야 한다.

10. 자본의 지렛대 효과를 활용하라

지금까지는 노동력의 활용법에 관해 알아봤는데, 자본을 적절히 활용하는 것도 중요하다.

자본활용이란 더 많은 잉여가치를 생산해내기 위해 돈을 쓰는 것이다. 쉽게 말해 어느 기계가 사람보다 더 능률적이라면, 기계를

구입해서 사람을 대체하는 것이다. 오늘날 자본활용과 관련된 가장 흥미로운 예는 '롤아웃(roll out)'이다. 이는 어느 특정 지역이나 조건에서 효과가 입증된 아이디어나 상품을 다른 지역이나 조건으로 확산시키기 위해 자본을 활용하는 것이다. 실제로 탁월한 노하우나 상품은 이미 개발된 것이므로 확산을 위한 적은 자본만 투자해도 큰 이익을 얻을 수 있다. 소프트웨어의 배급, 맥도날드 같은 패스트 푸드 체인점의 확산, 콜라 공급의 세계화 등이 좋은 예이다. 롤아웃이란 둥그렇게 말아놓은 카펫을 쫙 펼쳐나가는 이미지를 상징하는 것으로 사업확대에서 점차 중요한 개념으로 자리잡아가고 있다.

승자가 모든 것을 갖는 사회의 성공법칙

수입의 분배에서 80/20 법칙이 뚜렷하게 나타난다. 즉 승자가 모든 것을 갖는 것이다. 그러므로 성공하고자 하는 야망이 있다면 그 분야에서 최고가 되어야 한다.

좁은 분야를 선택해서 전문화시켜라. 자신에게 맞는 분야를 정해야 한다. 하고 있는 일을 스스로 즐기지 못하면 그 분야에서 탁월한 능력을 발휘할 수 없다.

성공하려면 그 분야에 관해 잘 알아야 한다. 또한 최소의 자원으로 최고의 만족을 고객에게 전달하는 방법을 알아야만 성공할 수 있다. 20%의 노력이 80%의 결실을 만들어내는 분야를 알아내자.

처음 직업에 뛰어들었을 때 배울 수 있는 모든 것을 배우도록 하자. 그 분야의 일인자와 함께 일하거나 최고의 회사에서 근무해야만 성공 비결을 배울 수 있다.

직업에서 성공하려면 다음 4가지 조건을 갖춰야 한다. 첫째, 시간을 잘 활용하라. 둘째, 자기 사업을 해서 자신이 만들어낸 가치를 모두 챙겨라. 셋째, 회사에 순수 가치를 더해주는 직원을 가능한 한 많이 고용하라. 넷째, 자기 회사가 다른 회사보다 몇 배 높은 이익을 얻는 핵심 분야를 제외한 나머지는 외부에서 조달하라.

위의 모든 사항을 충분히 체득했다면, 자신의 회사를 설립해도 좋다. 이 단계에서는 부를 증가시키기 위해 자본을 효율적으로 활용한다.

돈을 버는 투자 10계명

누구든지 있는 사람은 더 받아 넉넉해지고 없는 사람은 있는 것마
저 빼앗길 것이다.

– 마태복음 25장

이 장은 현재 가지고 있는 돈을 더 늘리고 싶어하는 사람들을 위
해 쓰여졌다. 만일 미래가 과거와 조금이라도 같다면 돈을 늘리는 것
은 매우 쉬운 일이다. 적당한 곳에 투자해놓고 지켜보면 될 것이다.

돈의 80/20 법칙

파레토는 소득과 부의 분포를 연구하던 중에 우리가 지금 80/20
법칙으로 알고 있는 것을 우연히 발견한 것이 아니다. 이 학자는 돈
에는 예측 가능한 매우 불균형적인 분포가 존재한다는 사실을 발견
했다. 돈은 공평하게 분배되는 것을 싫어하는 속성이 있는 듯하다.

• 누진과세에 의해 재분배하지 않는 한 소득의 분포는 편중되는
경향을 보이며, 더욱이 소수의 사람에게 집중되는 경향을 보인다.

- 누진과세를 적용하더라도 재산은 소득보다 더 불균형하게 분포한다. 소득을 평등하게 만드는 것보다 재산을 평등하게 하는 것이 훨씬 힘들다.

- 이는 재산의 대부분이 소득보다는 투자에서 나오기 때문에, 그리고 근로소득보다는 투자소득이 더 불균형하기 때문이다.

- 투자는 복리(複利)라는 메커니즘 때문에 눈덩이처럼 늘어난다. 예를 들어 주식 시세가 매년 평균 12.5%씩 오른다고 하면, 1953년에 투자한 100만 원은 1999년 현재 2억 2,740만 원으로 가치가 늘어나 있을 것이다. 일반적으로 인플레이션의 영향을 뺀 실제 투자소득은 인플레이션이 심한 경우가 아니면 매우 유리하다.

- 투자의 복리 수익은 격차가 매우 크다. 어떤 투자는 다른 투자에 비해 훨씬 높은 수익률을 기록한다. 이는 부가 왜 그렇게 불균형적으로 배분되는지 설명하는 데 도움을 준다. 연간 투자수익률을 각각 5, 10, 20, 40%의 복리로 계산하면 초기 투자 100만 원이 10년 후에는 각각 1,629만 원, 2,593만 원, 6,191만 원, 2억 8,925만 원이 되는 것이다. 연간 수익률이 5%와 40%로 8배의 차이가 날 경우 10년 후 소득의 차이는 18배로 벌어지는 것이다. 이런 결과는 시간이 길어질수록 더욱 차이가 벌어지게 된다.

돈을 버는 10가지 투자규칙

- 투자소득으로 부자가 되거나 부를 늘리는 것이 근로소득으로 늘리는 것보다 가능성이 높다. 이는 일찍부터 투자할 돈을 모을

수록 이익이라는 것을 의미한다. 투자자금을 모으는 일은 일을 열심히 하고 소비를 줄이는 것을 뜻한다. 당분간 총소득보다 소비가 적어야 한다.

이 법칙에서 예외는 유산을 받거나, 부자와 결혼하거나, 복권에 당첨되거나, 도박, 범죄 등을 통해 돈을 얻는 것밖에 없다. 첫번째 예외는 예측 불가능이고 세 번째 예외는 너무 그 가능성이 희박하기 때문에 아예 생각하지 않는 편이 좋으며 네 번째는 별로 추천해주고 싶지 않는 사항이다. 그나마 두 번째만이 의식적으로 계획해서 실행할 수 있는 일이지만, 이 경우에도 그 결과는 장담할 수 없다.

• 투자의 복리효과 때문에 젊었을 때부터 투자하거나 오래 살거나 아니면 두 가지 방법을 함께 사용할 수 있다면 부자가 될 수 있다. 일찍 시작하는 것이 가장 통제 가능한 전략이다.

• 될 수 있는 대로 빨리 과거에 성공한 규칙들을 바탕으로 지속적이고 장기적인 투자전략을 개발해야 한다.

그렇다면 투자자금의 20%만으로 투자수입의 80%를 얻는 방법은 무엇인가? 그 해답은 [도표 8]에 정리해놓은 '코치의 투자 10계명'을 따르는 것이다.

1. 자신의 성격에 맞는 투자전략을 정하라

개인투자에서 성공하는 비결은 이미 성공 가능성이 증명된 방법 중에서 자신의 성격과 능력에 맞는 것을 하나 선택하는 것이다. 대부분의 개인투자자는 효과적이긴 하지만 각자 자신에게 맞지 않는

방법을 사용하기 때문에 실패한다. 투자자는 10개 정도의 성공전략 중에서 자신의 성격과 지식에 알맞는 전략을 골라야 할 것이다.

예를 들어보자.

• 만일 수치에 밝고 분석적이라면 투자의 분석적 방법에 매진해야 할 것이다. 내가 가장 권할 만한 방법은 여러 가지 데이터를 수집해서 싼 주가로 방치되어 있는 종목을 찾아내거나 커다란 가격 상승이 기대되는 종목을 스스로 찾아내는 것이다.

• 만일 사물을 보는 눈이 비관적이기보다 낙관적이라면 위에서 이야기한 지나친 분석적 접근방법은 피하라. 낙관주의자는 수익률이 낮아도 민감하게 인식하지 못하는 서투른 투자가가 되기 쉽다. 현재 투자수익이 주가지수를 상회하는지 확인하라. 만일 그렇지 않으면 바로 주식을 판 다음 직접투자보다는, 그 판매대금을 지수 연계 펀드(index-tracking fund)에 투자하라.

낙관주의자가 때로는 투자에 성공하는 경우가 있는데 그 이유

---

1 자신의 성격에 맞는 투자전략을 정하라.
2 자기 목표를 정해 투자를 집중하라.
3 주식을 중심으로 투자하라.
4 장기투자하라.
5 주가가 바닥일 때 최대로 투자하라.
6 시장평균을 앞설 수 없다면 시장평균을 따라가라.
7 자신의 전문지식을 살릴 수 있는 분야에 투자하라.
8 신흥시장에 주목하라.
9 손절매는 신속하게 하라.
10 이익을 재투자하라.

[도표 8] 코치의 투자 10계명

는 잠재력이 큰 2~3가지 주식에 집중적으로 투자하기 때문이다. 하지만 그 정도로 낙관주의적이거나 선견지명이 있는 경우가 아니라면 흥분을 가라앉히고 사려고 마음먹은 주식이 왜 그렇게 매력적이라고 판단했는지 침착하게 기록해보자. 매입하기에 앞서 냉정하게 생각해보는 것이 중요하다. 그리고 돈을 잃고 있는 주식은 아무리 개인적으로 맘에 든다고 해도 당장 팔아야 한다.

- 만일 특별하게 분석적이지도 않고 탁월한 낙관주의자도 아니며 선견지명도 없고 늘 현실적인 사고를 하는 사람이라면 자신이 잘 아는 분야에 한정하여 투자하거나 주가지수를 항상 상회하는 성공적인 투자가들을 따라 투자하는 것이 좋다.

2 자기 목표를 정해 투자를 집중하라

목표를 정하라는 것은 투자결정을 스스로 하라는 뜻이다. 자문을 해주는 사람이나 펀드매니저에게 의지하는 것은 위험하다. 그들이 위험한 이유는 수익의 많은 부분을 수수료로 떼어가는 데에도 있지만, 더 중요한 점은 많은 수익을 가져다 줄 불균형적인 포트폴리오를 추천하거나 실행하지 않을 것이라는 데에 있다. 그들은 '주식, 채권, 단기금융상품, 부동산, 금, 미술품 등과 같이 광범위한 분야에 걸쳐 폭넓은 투자'를 하면 위험부담을 줄여 안전한 투자를 할 수 있다고 하지만 이는 목적에 맞지 않다. 만일 미래에 기존의 생활방식을 바꿀 수 있을 만큼 부자가 되고 싶다면 평균이 넘는 수입을 얻어야 한다. 이를 위해서는 불균형적인 포트폴리오를 유지해야 그 가능성을 높일 수 있다. 즉 투자 종목의 숫자를 줄이고 고수익을 얻을 수 있는 곳에 투자를 집중해야 한다. 주식, 채권, 금 등 여러 분야에, 그리고 주식 등 한 분야에서도 여러 종목으로 투자를 분산하는

것은 별 의미가 없다.

3. 주식을 중심으로 투자하라

19세기 중국산 비단 병풍이나 장난감 병정처럼 일반인들이 잘 모르는 특정 분야에 아주 탁월한 지식을 가지고 있지 않은 이상 가장 좋은 투자 분야는 주식시장이다.

길게 보면 주식투자는 은행예금이나 국채 또는 회사채와 같은 금리상품에 투자하는 것보다 훨씬 큰 수입을 올렸다. 예를 들어 1950년에 영국의 주택금융조합에 100파운드를 예금했다면 1992년에 813파운드의 수입을 올렸겠지만 주식에 투자했다면 주가지수 상승률로 보아 그 17배가 넘는 1만 4,198파운드의 수입을 올렸을 것이다.[2] 미국과 다른 대부분의 대형 주식시장의 경우에도 비슷한 계산 결과가 나올 것이다.

주식시장에 대한 지식이 별로 없는 미국의 개인투자가 앤 샤이버(Anne Scheiber)는 제2차 세계대전 직후 우량주식에 5천 달러를 투자한 후 그대로 방치해두었다. 그런데 1995년이 되자 그 5천 달러는 44만 배가 넘는 2천만 달러로 불어났다.

다행스럽게도 주식시장은 비전문가가 접근하기에 상대적으로 손쉬운 투자 분야이다.

4. 장기투자하라

주식의 단기매매를 반복하거나 포트폴리오를 자주 변경하지 않도록 한다. 큰 폭으로 가격이 하락하는 종목을 제외하면 일단 산 주식을 몇 년은 그냥 가지고 있도록 한다. 주식의 단기매매를 반복하는 것은 증권회사만 돈을 벌게 해주는 일일 뿐만 아니라 시간도 많이

걸린다. 가능하다면 10년, 아니 20, 30년 계획을 잡아라. 만일 단기간의 매매차익만을 노리고 주식을 사는 것은 투자가 아니라 투기에 가깝다. 만일 가격이 오른 주식을 바로 팔아서 그 돈을 쓰고 싶다는 생각이 들면, 당신은 투자를 하는 것이 아니라 단지 초기의 현금을 쓰는 시기만 늦추는 것과 다를 바 없는 결과가 된다.

물론 아무리 재산이 많아도 무덤까지 가지고 갈 수 있는 것은 아니므로 재산을 쓰고 싶을 때가 올 것이다. 문제는 그 활용방법이다. 부를 가장 잘 활용하는 방법은 자신이 스스로 원하는 직업이나 활동을 할 수 있고, 생각대로 시간을 사용할 수 있도록 라이프스타일을 만드는 데 모아놓은 돈을 쓰는 것이다. 그렇게 자신이 만족하는 새로운 라이프스타일을 만들 수 있을 때가 투자기간이 종료되는 시점이 된다. 하지만 그렇게 할 수 있는 자금이 모일 때까지는 투자를 계속해야 한다.

5. 주가가 바닥일 때 최대로 투자하라

길게 보면 주식은 대개 가격이 올라가지만, 일직선으로 올라가기만 하는 것이 아니라 굴곡을 보이며 복잡한 과정을 거쳐서 상승한다. 경기순환도 무시할 수 없지만, 그것 이상으로 심리의 변화가 큰 영향을 미친다. 놀라운 사실이지만 주가는 합리적인 이유만으로 오르거나 내리는 것이 아니다. 케인즈가 애니멀 스피리트(animal spirit)라고 부른 것, 그리고 기대와 공포가 주가를 움직이는 데 큰 영향을 준다. 파레토도 이런 현상을 관찰해서 다음과 같이 말하고 있다.

윤리, 종교, 정치에는 감정의 기복이 있고, 그것은 경기순환 곡선과 매우 흡사하다.

상승추세일 때에는 특정 기업의 이익이 증가할 것이라는 주장이 거의 무조건적으로 수용되지만, 하락추세일 때는 이러한 주장이 발붙일 곳이 없어진다. 하락추세에 있을 때 특정 주식을 사지 않는 사람은 자신이 이성적으로 행동하고 있다고 생각하지만, 자기도 모르게 매일 듣는 경제뉴스에서 수없이 작은 영향을 받은 결과라는 사실을 모르고 있다. 나중에 상승추세로 돌아섰을 때는, 그 특정 주식 또는 비슷한 수준으로 가격이 오를 확률이 높은 주식을 매수하면서 자신은 이성에 따라 행동하고 있다고 생각할 것이며, 자신의 그러한 태도 변화가 주위의 분위기에 의해 생성된 감정에 따른 것이라는 사실은 모를 것이다.

일반적으로 상승시장에서 주식을 사고 하락시장에서 판다는 사실은 증권거래소에서 익히 알려진 사실이다. 주식시장에 더 많은 경험을 가지고 있는 전문가들은 이런 사실을 잘 알기 때문에 대다수의 사람들과는 반대로 투자를 한다. 그리고 이럴 때 큰 수익을 얻게 된다. 주가가 계속 상승할 때는 이런 호황이 계속될 것이라는 지극히 평범한 주장에도 대부분의 사람이 매료된다. 그래서 주가가 무제한으로 올라갈 수 없다는 사실을 얘기해주어도 아무도 귀담아 들으려 하지 않는다.[3]

이 철학으로부터 가치투자라는 것이 탄생했다. 이 투자법은 간단히 말해 주식시장 전체, 혹은 특정 주식 가격이 하락해 있을 때 사고 상승하면 팔라는 것이다. 역사상 가장 성공적인 투자가 중 한 사람이자 가치투자의 지침서를 쓴 벤자민 그레이엄(Benjamin Graham)의 철칙은 그 정당성이 여러 차례의 성공을 통해 증명되었다.[4]

가치투자를 하는 데는 여러 가지 지침이 있다. 이를 단순화시키면 가치의 80%는 투자대상의 20%에서 나온다는 철칙이다. 절대로 손해 보지 않을 철칙 3가지만 소개하면 다음과 같다.

• 모든 사람들이 주가가 오를 수밖에 없다고 판단하고 너도나도 살 때에는 매수하지 말아라. 그 대신 모든 사람들이 장세를 비관적으로 볼 때는 주식을 매수하라.

• 주식이 고평가되어 있는지, 저평가되어 있는지 판단하는 가장 좋은 기준은 주가수익률(PER)이다. 주가수익률은 세금을 공제한 후의 이익을 주식 가격으로 나눈 것으로 주가가 한 주당 이익의 몇 배인지를 알려준다. 예를 들어 주식이 5,500원이고 한 주당 이익이 550원이라면 그 주식의 주가수익률은 10이다. 만일 주가가 낙관론을 타고 11,000원까지 올랐는데 한 주당 이익은 여전히 550원이라면 주가수익률은 20이다.

• 일반적으로 주식시장 전체의 주가수익률이 17을 넘으면 위험 신호가 들어왔다고 생각하라. 시장이 이렇게 상승세면 거액의 투자를 하지 말라. 주가수익률이 12 미만이면 매수하라는 신호다. 10 미만이면 무조건 매수하라는 신호다. 주식 브로커나 경제신문이 현재 주식시장의 평균 주가수익률이 얼마인지 매일 알려준다. 누가 주가수익률이 뭐냐고 묻는다면 이렇게 대답하라. '아니 그 유명한 주가수익률도 몰라?' [5]

6. 시장평균을 앞설 수 없다면 시장평균을 따라가라

위에서 소개한 몇 가지 철칙을 따르고, 자기 성격과 능력에 맞는 접근방법을 개발하면 주식시장의 평균을 넘는 수익을 올릴 수 있는 투자방법을 개발할 수 있다. 그러나 스스로 투자결정을 했다가 주가지수보다 못한 결과를 낳을 가능성도 적지 않다.

시장평균치를 넘어서기 어렵거나 혹은 남이 안 하는 독자적 방법을 실험해보고 싶지 않을 경우에는 시장평균을 따라가는 것이 현명한 방법이다.

인덱스 투자라고 불리는 이 방법은 주가지수를 구성하는 주요종

목으로 포트폴리오를 구성하여 보유 주식의 가격 변동을 시장의 흐름과 연동시키는 것이다. 그 중에서 주요 주가지수 구성에서 탈락하는 주식만 팔고 새로 지수 구성 종목으로 편입되는 종목이 있을 경우에만 그 새로운 주식을 구매하는 방법이다.

그러한 포트폴리오 구성을 스스로 할 수도 있지만 보다 손쉬운 방법도 있다. 주가지수를 구성하는 종목을 모두 살 수 있을 만큼 자금이 풍부한 사람은 드물기 때문에 그 중에서 선택을 해야 하는데 보통사람에게는 매우 어려운 일이다. 그래서 투자펀드라는 편리한 것이 있는 것이다. 지수 연동형 펀드 상품을 구매하면 약간의 수수료만 받고 투자전문가가 당신의 인덱스투자를 대신해준다. 펀드에도 여러 종류가 있기 때문에 잘 골라야 하지만, 일반적으로 대형주, 우량주로 구성된 지수에 연동된 것을 선택하면 가장 위험부담이 적다.

인덱스투자는 위험부담이 별로 없을 뿐만 아니라 장기적으로도 높은 수익을 낼 수 있다. 만일 이 방법을 쓰기로 결심한다면 이 여섯 번째 계명까지만 읽으면 된다. 스스로 종목을 골라 투자한다면 즐거움도 커지고 수익도 높아질 수 있지만 그만큼 위험부담도 커진다.

다음 네 개의 계명은 높은 위험을 감수할 각오로 투자할 때 꼭 지켜야 할 지침이다. 그러나 자기 나름의 투자법으로 시도했다가 시장평균을 상회하지 못한다면 언제라도 인덱스투자로 돌아가야 한다는 점을 명심하라.

7. 자신의 전문지식을 살릴 수 있는 분야에 투자하라

80/20 철학의 요점은 넓고 얕게 알기보다는 좁고 깊게 알라는 것이다. 이 점은 투자에도 그대로 적용된다. 어떤 주식을 살 것인지 결정할 때 상대적으로 자신이 잘 알고 있는 분야에서 선택하는 것

이 좋다.

어떤 분야에만 전문적으로 투자하면 가능성이 거의 무한하다는 이점이 있다. 자신이 일하고 있는 업종의 주식을 전문으로 해도 좋고, 취미나 자신이 살고 있는 지역 등 관심있는 분야는 어떤 것이든 택할 수 있다. 예를 들어 쇼핑을 좋아한다면 소매업체들의 주식을 전문으로 하겠다고 결정할 수도 있다. 그리고 가까운 지역에 새로운 점포가 들어섰는데 고객들로 성황을 이루고 있다면 그 체인점을 운영하는 회사의 주식을 사도 좋을 것이다.

처음에는 전문가가 아니라도 자신이 흥미를 느끼는 분야를 전문적으로 파고들다 보면 신문을 보아도 그 분야의 뉴스를 먼저 보는 등 자연스럽게 지식도 축적되어 전문가의 경지에 이를 수 있을 것이다.

8. 신흥시장에 주목하라

신흥시장은 선진국보다 빠른 속도로 경제가 성장하고 있고 주식시장이 아직 발전 단계에 있는 나라들의 주식시장을 말한다. 여기에는 일본을 제외한 아시아 국가, 아프리카, 인도, 남미, 구공산권인 중동부 유럽, 그리고 포르투갈, 그리스와 터키 등의 유럽 주변국가가 포함된다.

기본 이론은 매우 간단하다. 주식시장의 성과는 경제 전체의 성장과 매우 깊은 관련이 있다. 따라서 현재 그리고 미래의 국민총생산 성장속도가 가장 빠른 나라들, 즉 신흥시장에 투자하라는 것이다.

신흥시장이 좋은 투자 대상인 또 다른 이유는 미래에 민영화될 기업의 대부분이 이들 나라에 위치하고 있다는 점이다. 1990년경 공산주의가 몰락하자 많은 개발도상국들이 더 적극적으로 자유시

장 체제를 도입하게 되었다. 따라서 초기의 불가피한 사회 혼란만 무사히 통과한다면 투자가들에게 더 높은 수익을 가져다 주게 될 것이다.

하지만 신흥시장에 투자하는 것은 자기 나라에 투자하는 것보다 훨씬 위험부담이 크다. 기업들의 역사가 짧고 덜 안정적이며 정치적 혼란이나 1차 생산물의 가격붕괴, 그리고 화폐가치의 하락 등으로 주식시장이 붕괴할 수도 있기 때문이다. 그리고 주식시장이 붕괴할 때 자금을 회수하기 위해 매도 주문을 내도 거래 자체가 성립하지 않는 사태가 일어날 수도 있다. 또 선진국에 비해 수수료와 같은 투자비용이 훨씬 높을 뿐 아니라 작전세력에 의해 사기당할 위험도 높다.

신흥시장에 투자하려면 세 가지 방침을 따라야 한다. 첫번째는 신흥시장에는 총 포트폴리오의 작은 부분, 즉 20% 이내에서 투자하는 것이다. 두 번째는 시장이 전체적으로 하락되어 있고 투자하려는 나라의 평균 주가수익률이 12 이하일 때에만 투자하는 것이다. 세 번째는 장기투자를 하고 주가수익률이 상대적으로 높아질 때에만 매도해서 자금을 회수해오라는 것이다.

하지만 이러한 단점에도 불구하고 신흥시장은 긴 안목으로 보았을 때 선진국에 비해 훨씬 높은 수익을 기대할 수 있을 것이다. 자금의 일부를 신흥시장에 투자해놓는 일은 흥미도 높여주고 유쾌한 결과를 가져다 줄 가능성도 높다.

9. 손절매는 신속하게 하라

주식이 매수 가격의 15% 이상 떨어지면 즉시 팔아라. 이 지침을 엄격하고 지속적으로 지켜라. 더 낮은 가격에 다시 사고 싶다면 적

어도 며칠, 또는 몇 주 동안 기다렸다가 하락을 멈춘 다음에 매수할 것을 권장한다. 새로운 투자에도 똑같이 15%의 규칙을 적용하라. 즉 15% 하락하면 미련없이 팔아라.

다만 이 계명에 한 가지 예외가 있다. 그것은 아주 오랫동안 장기투자를 할 사람으로 주식시장의 변동에 그다지 관심이 없으며 시장 동향을 세밀하게 관찰할 시간이 없는 경우이다. 1929년부터 1931년(세계공황의 시기), 1974년부터 1975년(1차 오일쇼크의 시기), 그리고 1987년의 주가 폭락의 시기에도 흔들림 없이 주식에 장기투자해 놓은 사람들은 상당한 수익을 올렸을 것이다.

그러나 그 시기에 주가가 15% 하락했을 때 팔고 시장이 바닥을 치고 15% 다시 오른 다음 매수한 사람은 훨씬 큰 이익을 보았을 것이다.

이 15%의 규칙에서 중요한 점은 주식시장 전체가 아니라 개별 종목에 적용해야 한다는 점이다. 개별 종목이 15% 이하로 떨어지는 경우가 전체 시장이 15% 떨어지는 경우보다 더 자주 발생할 것이다. 단기매매와 달리 장기적으로 인덱스투자를 하거나 광범위한 종목의 주식을 편입시켜 포트폴리오를 구성한 경우 재산을 날린 사람은 거의 없지만, 일부 계속 하락하는 종목의 주식에 잘못 집착함으로써 손해를 본 경우는 셀 수 없이 많다. 개별 종목에 대한 투자에서 미래의 추세를 읽는 가장 훌륭한 지표는 바로 현재의 추세이다.

10. 이익을 재투자하라

손실을 보는 주식은 팔아버려야 하지만 이익을 보는 종목은 팔아서는 안 된다. 장기적인 측면에서 성공하는 유일한 길은 단기적인 이익을 쌓아가는 것이다. 너무 일찍 이익을 취하려고 하지 말라. 이

지점에서 많은 개인투자가들이 실수를 한다. 단기적으로 이익을 얻긴 하지만 그 때문에 훨씬 더 큰 이익을 놓치는 것이다. 단기 이익을 챙긴다고 망한 사람은 없지만, 그렇다고 단기 이익만을 좇아 큰 부자가 된 사람도 별로 없다.

우리가 아직 살펴보지 않은 투자에 대한 80/20 법칙이 두 가지 있다.

- 장기간 운용된 많은 투자 포트폴리오를 비교해보면 포트폴리오의 20%가 수익의 80%를 차지한다는 사실이 대부분 적용된다.
- 개인 포트폴리오의 장기 운용 성과를 조사해보면 이익의 80%는 투자상품의 20%에서 나온다. 주식으로만 이루어진 포트폴리오의 경우는 이익의 80%가 20%의 종목에서 발생한다.

이 법칙이 성립하는 이유는 극히 일부의 투자는 매우 높은 성적을 거두고 있는 데 반해, 나머지 대부분의 투자가 그렇지 못하기 때문이다. 이들 몇 안 되는 주요 주식들은 엄청난 이익을 올릴 수 있다. 따라서 이 주요 주식들은 절대로 팔아서는 안 된다. 애니타 브루크너(Anita Brookner)의 소설에 나오는 등장인물이 마지막으로 남긴 말이 있다. '글락소(Glaxo) 주식은 팔지 말아라.'

1950년대부터 1960년대에 걸쳐서는 IBM, 맥도날드, 제록스, 막스 앤 스펜서(Marks & Spencers) 등에서, 1970년대에는 쉘, GE, 론로, 영국석유(BTR), 스웨덴의 제약회사인 아스트라(Astra) 등에서, 그리고 1980년대 초기에는 아메리칸 익스프레스, 바디숍(Body Shop), 캐드베리 슈웨퍼스(Cadbury Schweppes), 80년대 후기에는 마이크로소프트(Microsoft) 등에서 100%의 이익을 올리기는 쉬운 일이었

다. 그때 당장의 이익을 취한 투자가들은 나중에 그 몇 배가 넘는 이익을 날려버렸다.

튼튼한 기업은 지속적으로 기대를 능가하는 선순환을 하며 성과가 점차 높아진다. 몇십 년 후에 그런 추세가 반전되어버릴 때만 매도할지 여부를 고민해보아야 한다. 꼭 지키면 좋은 규칙 중 하나는 최근의 최고 가격에서 15% 이상으로 떨어지기 전에는 팔지 않는 것이다.

최고 가격의 15%까지 하락하면 경향이 바뀐다는 신호일 수 있다. 그 이외의 경우에는 도저히 팔지 않을 수 없을 때까지 가지고 있어야 한다.

무엇 때문에 돈을 버는가

돈이 돈을 낳는다. 하지만 돈을 낳는 방법에 따라 커다란 격차가 생긴다. 사무엘 존슨(Samuel Johnson)은 돈을 버는 것만큼 인간이 순수하게 열정을 바치는 경우는 없다고 말했다. 투자든 일에서의 성공이든 혹은 두 가지 다이든, 부의 축적이라는 것은 확실히 존슨이 말한 대로이다. 돈을 버는 행위 자체는 잘못된 것이 아니지만 그렇다고 돈을 버는 것만으로 사회에 보탬이 되는 것도 아니고 개인적으로 행복이 보장되는 것도 아니다. 그리고 부의 축적과 직업적 성공은 그 자체가 목적이 되어버릴 위험을 안고 있다.

성공에는 부작용이 따를 수 있다. 부를 축적하면 이를 관리해야 하며 변호사, 세무 컨설턴트, 은행가와 매우 신경 쓰이는 만남을 가져야 한다. 앞 장에서 개략적으로 얘기한 대로 직업적으로 성공하

려면 그만큼 남에게 도움받는 일도 많아진다. 성공하려면 최고를 목표로 해야 한다. 최고의 자리에 서려면 자기 회사를 만들어야 한다. 자본의 지렛대 효과를 최대한 활용하려면 많은 사람들을 고용해야 한다. 사업의 가치를 극대화하려면, 다른 사람의 돈을 사용하고 자본의 지렛대 효과를 이용해야 한다. 그렇지 않으면 규모를 늘리고 이익을 늘리는 일은 불가능하다. 그러기 위해서는 사업상 만나야 할 사람의 범위가 넓어지는 반면, 친구나 가족과 함께하는 시간은 줄어든다. 성공이라는 어지러운 교차로에서는 정말 중요한 것에 대한 초점과 균형, 그리고 개인적 가치를 잃기 쉽다. 성공의 계단을 어느 정도 오르다가 잠시 쉬면서 자신을 되돌아보는 것이 필요하다. 원래 무엇 때문에 출세를 원하고 돈을 벌려고 했는지 한 걸음 물러서서 생각해보는 것이 좋다. 인생에서 '행복'만큼 중요한 것이 또 어디 있겠는가?

행복으로 가는 7가지 습관

성격은 숙명적인 것이 아니다.

—다니엘 골맨[1]

아리스토텔레스는 '모든 인간 활동의 목적은 행복해지기 위한 것이다'라고 말했다. 그러나 아리스토텔레스는 어떻게 하면 더 행복해질 수 있는지 이야기해주지도 않았고 행복과 불행의 원인도 분석하지 않았다.

80/20 법칙이 정말로 우리의 행복을 증진시켜줄 수 있을까? 나는 그렇다고 믿는다. 대부분의 사람들은 행복의 대부분은 우리가 살아가는 시간의 극히 일부분에서만 느껴진다고 한다. 80/20 가설 중 하나는 행복의 80%가 우리가 살아가는 시간의 20% 안에서 생긴다고 할 수 있다. 내가 친구들에게 일 주일을 하루 단위로, 또는 한 달을 일 주일 단위로, 혹은 일 년을 한 달 단위로, 그리고 인생을 일 년 단위로 나누어 생각해볼 때 진정으로 행복하다고 느낀 시간이 얼마나 되는지를 물어보았을 때 친구들의 3분의 2는 80 대 20과 유사한 불균형적인 유형을 보였다.

모든 사람에게 이 가설이 적용되는 것은 아니다. 내 친구들의 3분

의 1은 80 대 20의 유형과는 달랐다. 그들의 행복은 시간상으로 거의 균등하게 분포되어 있었다. 흥미로운 점은 그 3분의 1의 친구들이 행복의 절정이 인생의 극히 일부분에 편중된 친구들보다 훨씬 더 행복해 보였다는 것이다.

이 현상은 상식과도 일치한다. 인생의 대부분에 걸쳐 행복을 느꼈던 사람들은 전체적으로도 행복할 가능성이 높다. 행복이 짧은 시간에 집중된 사람들은 인생 전체에 대해서는 그들보다 행복하지 않을 가능성이 높다.

이 현상을 80/20 법칙의 눈으로 보면 우리의 생활에는 낭비가 많고 개선의 여지도 크다는 이 책의 일관된 주장과도 일치한다. 하지만 더 중요한 점은 80/20 법칙이 우리가 더 행복해지는 데도 큰 도움을 줄 것이라는 사실이다.

행복으로 가는 2가지 방법

• 자신이 가장 행복하다고 느꼈을 때를 파악하여 그런 시간을 최대한으로 늘린다.
• 자신이 가장 불행하다고 느꼈을 때를 파악하여 그런 시간을 최대한으로 줄인다.

자신을 행복하게 하는 활동에 더 많은 시간을 투자하고 그 외의 활동에 투자하는 시간은 줄이도록 한다. 행복으로 가는 지름길은 우선 자신을 매우 불행하게 만드는 것을 없애는 것이다. 이제까지

의 경험에 비추어볼 때 자신이 불행하게 될 상황이 어떤 것인지 파악하여 미리 피하는 것은 생각보다 어려운 일이 아니다.

무엇이 자신을 행복하게 만드는지 파악하여 그 행복을 어떻게 더 크게 만들 것인지를 생각하는 것이 가장 좋다. 그렇지만 행복의 순간을 잘 파악하기 어렵다면 먼저 행복을 방해하는 것을 찾아내 없애나가는 방법이 더 현명한 해결책이 될 것이다.

불행에 대처하는 지혜

그러나 이런 분석이 너무 단순하다고 비판할 사람도 있을지 모르겠다. 그런 사람들은 세상에는 개인의 의지나 노력으로는 어떻게 할 수 없는 불행도 수없이 많다는 것을 그 근거로 내세울 것이다. 사람이 누릴 수 있는 행복은 선천적인 조건이나 유아기의 경험에 의해 이미 정해져 있다고 말하는 사람도 있을 수 있다. 그러면서 우리의 의지로 정말 행복을 통제할 수 있다는 주장에 회의적 반응을 보인다.

확실히 다른 사람보다 더 행복감을 쉽게 느끼는 성격을 가진 사람은 있다. 물이 반 정도 들어 있는 컵을 보고 물이 반이나 있다고 보는 사람이 있는 반면, 물이 반밖에 없다고 보는 사람도 있다. 심리학자들과 정신과 의사들은 유전자, 유아기의 체험, 뇌의 반응, 인생의 중요한 경험 사이의 상호작용에 의해 행복의 용량이 결정된다고 믿는다. 이미 어른이 되어버린 사람들은 자신의 유전자나 유아기의 체험 또는 과거 자신이 겪었던 나쁜 일들에 대해 아무런 것도 할 수 없다. 따라서 자신이 통제할 수 없는 힘 탓으로 돌리며 패배주의

를 변명할 수도 있다.

다행스럽게도 상식적으로 보아도, 연구 결과와 같은 최근의 과학적 데이터를 보아도 사람에 따라 들고 있는 행복의 카드는 다르지만, 인생이라는 카드게임을 하면서 자신의 카드를 어떻게 활용하느냐에 따라 결과는 크게 달라진다는 사실이 확인되고 있다. 예를 들어 성인의 운동능력에는 커다란 개인차가 있다. 타고난 소질의 차이도 있지만 어렸을 때의 훈련과 연습의 결과로 운동능력에는 커다란 차이가 날 수 있다. 그러나 누구든지 바르고 규칙적인 운동을 꾸준히 반복하면 놀랄 정도로 신체능력을 높일 수 있다. 이와 유사하게 유전적인 영향과 가정환경으로 인해 지적 능력의 차이가 있을지도 모르지만, 누구든 두뇌를 훈련시키고 개발할 수 있다. 또 유전자와 환경에 의해 비만이 되기 쉬운 사람도 있지만 적절하게 식사를 조절하고 운동을 하면 대부분의 뚱뚱한 사람들은 상당히 날씬해질 수 있다. 성격이라고 이 원리가 적용되지 않는다는 근거가 있을까? 타고난 성격이 어떻든 훈련을 통해 행복해질 수 있는 능력도 얼마든지 개발할 수 있다.

대부분 스스로 내린 결단으로 말미암아 놀랄 만큼 행복해지거나 반대로 불행해진 경우를 주변의 친구들을 통해 본 적이 있을 것이다. 새로운 배우자, 새로운 직업, 새로운 집, 새로운 생활양식 또는 인생에 대한 새로운 태도 등에 대한 결정은 모두 한 개인의 행복에 영향을 줄 수 있으며, 또한 모두 스스로 통제할 수 있는 것들이다. 숙명론은 그것을 믿는 사람들에게만 영향을 미칠 뿐 별로 신빙성이 없는 주장이다. 자신의 의지에 따라 운명을 바꾼 사람의 예는 얼마든지 있다.

행복해질 자유는 과학적으로도 입증되었다

마침내 경제학보다 더 '우울한 과학'인 심리학과 정신의학 분야에서도 우리의 상식이나 실제 관찰 결과와 일치하는 보다 희망적이고 일관된 비전을 제시하고 있다. 유전학자들은 복잡한 인간의 태도를 오로지 물려받은 유전자의 탓으로만 돌리는 결정론적인 이론을 주장해왔다. 그러나 유전학자인 런던 유니버시티 칼리지의 스티브 존스(Steve Jones) 교수는 다음과 같이 말하고 있다. "조울증, 정신분열증 그리고 알코올중독증을 일으키는 유전자를 발견했다는 발표가 있었다. 하지만 그 주장들은 나중에 모두 철회되었다.[2]" 그리고 한 저명한 신경정신학자는 다음과 같이 말한다. "정신신경면역학이라는 새로운 분야의 연구결과에 따르면 인간은 통합된 전체로서 행동한다. 우리의 일상적인 사고방식과 감정이 육체적, 정신적 건강에 미묘한 영향을 미친다.[3]" 다시 말하면 일정한 범위 안에서는 자신의 행복이나 불행을 직접 선택할 수 있으며 심지어는 자신의 건강도 결정할 수 있다는 것이다.

행복은 어린 시절의 경험에 크게 좌우된다

그렇다고 유아체험이나 청소년기의 불행이 중요한 영향을 준다는 과거의 연구성과를 폐기해야 하는 것은 아니다. 제1부에서 보았듯이 카오스 이론은 '초기상태에 대한 예민한 의존'을 강조한다. 이는 어렸을 때의 사소한 일, 우연한 사건 그리고 작은 원인들이 성인이 되었을 때의 생활에 커다란 영향을 줄 수 있다는 것이다.

사랑을 받았는지 아닌지, 머리가 좋은지 아닌지, 그리고 다른 사람으로부터 존중받았는지 아닌지, 또는 모험을 할 기회가 있었는지 여부 등의 요소가 유아기에 형성되는 자의식에 영향을 주며, 그것이

그 후의 인생에 큰 영향을 준다. 유아기의 사고방식은 아무런 객관적 근거가 없이도 형성되는 경우가 많지만, 그것이 스스로 힘을 얻어 현실로 되는 경우가 많다. 즉 모든 사람이 자신을 좋아한다고 스스로 믿으면 실제로 그렇게 되고, 모두 나를 싫어한다고 생각하면 실제로도 그렇게 미움받을 짓만 골라 하는 사람이 된다.

사람은 어른이 되어가면서 여러 가지 경험을 한다. 시험을 못봤다거나, 애인과 헤어졌다거나, 원하는 직업을 얻지 못했다거나, 승진을 하지 못한다거나, 퇴출당한다거나, 몸이 아프다거나 하는 불행이 중첩되다 보면 자신에 대한 부정적인 시각을 가지게 될 가능성이 많다.

행복을 찾기 위한 시간 되돌리기

인생은 끊임없는 불행의 연속일 수밖에 없는가? 나는 그렇게 생각하지 않는다.

이탈리아의 인본주의자였던 피고 미란도라(Pico dela Mirandola; 1463~1493)는 인간이 다른 동물들과 결정적으로 다른 점을 잘 지적했다.[4] 인간을 제외한 동물들은 완전히 결정된 본성이 있고 그것을 스스로의 힘으로는 바꿀 수 없다. 오로지 인간만이 불완전한 본성을 타고나며 더욱이 그것을 스스로의 힘으로 바꿀 수 있다. 다른 모든 창조물들은 수동적인 데 반해 인간만이 홀로 능동적이다. 다른 동물들은 창조되었지만 인간은 스스로 창조할 수 있는 힘을 가지고 있다.

불행이 닥치면 인간은 어떤 일이 일어나고 있는지 인식하고 그것을 바꾸는 방향으로 대응할 수 있다. 인간에게는 생각하고 행동하는 방식을 스스로 변화시킬 수 있는 자유가 있다.

장 자크 루소(Jean-Jacque Rousseau)의 말을 바꾸어 말하면, 인간은 어디에나 구속되어 있지만 동시에 어디에서든 자유로울 수 있다. 인간은 일단 발생한 일을 되돌릴 수는 없지만 그것을 어떻게 받아들이는지는 전적으로 우리들의 의지의 문제이다. 그리고 이것은 단지 사고방식의 문제만이 아니라 어떻게 대응할 것인지 하는 행동의 문제이다. 그것에 따라 사람은 행복해질 수도 불행해질 수도 있다.

감성지수를 높인다

다니엘 골맨(Daniel Goleman) 등 몇몇 사람들이 '스스로에게 동기를 부여하고, 욕망을 억제하며, 기분을 조절하고, 고민을 자연스럽게 수용하고, 언제나 희망을 잃지 않는'[5] 능력인 감성지수 즉 EQ의 중요성을 역설했다. 행복해지는 데는 사고능력을 나타내는 IQ보다 감수성을 나타내는 EQ가 더 중요하다. 그러나 사회에서는 EQ의 개발을 별로 중요시하지 않는다. 이런 사실에 대해 골맨은 다음과 같이 말한다.

> IQ가 높다고 해서 인생에서 부와 명예, 행복이 보장되는 것은 아니다. 그런데도 학교와 사회는 학력에만 주목하고 인생을 좌우하는 또한 나의 중요한 자질, 즉 EQ에는 별로 관심을 기울이지 않는다.[6]

다행스럽게도 EQ는 어렸을 때는 물론 인생의 어떤 단계에서도 개발할 수 있다. 골맨의 글에서처럼 '성격은 바꿀 수 있다'. 우리는 성격을 바꿈으로써 운명을 바꿀 수 있다. 심리학자 마틴 셀리그만(Martin Seligman)은 '불안, 슬픔 또는 분노와 같은 기분은 스스로도 전혀 어쩔 도리가 없이 저절로 찾아오는 것이 아니다. 어떻게 생각하느냐에 따라 스스로 느끼는 기분을 바꿀 수 있다'[7]고 지적하고

있다. 건강과 행복에 손상을 주지 않도록, 슬픔과 우울의 초기 증상을 벗어나게 해주는 검증된 기술이 몇 가지 있다. 또 낙관주의를 습관화함으로써 행복한 삶을 누릴 수 있을 뿐만 아니라 몸의 병도 예방할 수 있다. 골맨은 행복은 두뇌에서 일어나는 신경학적인 과정과 관련이 있다고 쓰고 있다.

> 행복을 느낄 때의 중요한 생물학적 변화로는 우리의 두뇌에서 부정적인 느낌을 억제하고 유익한 에너지의 증가를 유도하는 두뇌 부분의 활동이 활발해진다는 점과, 불안감을 만들어내는 부분의 활동이 둔화된다는 점이다. 이러한 평온한 상태에서는 심리적 동요에 신체가 반응해도 비교적 짧은 시간 안에 원래의 상태로 회복할 수 있다.[8]

긍정적인 생각을 확대하고 부정적 생각을 억제할 수 있는 개인적 방법을 찾아내도록 하자. 어떤 상황에서 가장 긍정적이며 또 어떤 상황에서 가장 부정적인가? 그런 장소는 어디인가? 누구와 함께 있을 때인가? 무엇을 하고 있을 때인가? 날씨는 어떨 때인가?

누구나 상황에 따라 EQ는 크게 달라진다. 스스로 일에서 벗어나 휴식을 취하거나, 자신에게 유리하도록 조건을 바꾸거나, 가장 좋아하고 통제가 가능한 일들을 함으로써 EQ를 높일 수 있다. 또 가장 심하게 평상심을 잃어버렸을 때와 같은 상황은 가능한 한 피하거나 최소한으로 줄이는 것이 좋다.

세상을 보는 방법을 바꾼다

우울하고 부정적으로 생각함으로써 상황을 악화시켜 도저히 헤어날 수 없는 우울증의 덫에 빠져본 경험이 누구나 다 있을 것이다. 그 우울증에서 벗어난 다음에야 탈출구는 항상 가까이 있었다는 사

실을 깨닫게 된다. 새로운 친구를 만들거나 가구의 배치를 바꾸거나 땀 흘려 운동을 하는 등의 손쉬운 과정을 통해, 스스로 자초한 우울증의 유형을 깨버리도록 스스로를 훈련시킬 수 있다.

포로수용소에 갇히거나 불치병에 걸리는 등 가장 힘든 불행에 닥친 사람들이 긍정적으로 반응함으로써, 시각이 바뀌고 생존능력을 강화시키는 예가 많이 있다.

신경정신과 전문의인 피터 펜윅(Dr. Peter Fenwick)에 의하면 '어둠 속에서도 희망을 잃지 않도록 지켜주는 것은 무조건적인 낙천주의자가 아니다. 그것은 건강한 자기방어적 메커니즘이며, 분명한 생물학적 근거도 있다.[9]' 낙천주의는 의학계에서 인정하는 성공과 행복의 요소이며 이 세상에서 가장 훌륭한 동기부여자인 듯하다. 캔자스 대학의 심리학자인 스나이더(C. R. Snyder)는 특히 희망을 '목적이 무엇이든지 간에 이를 성취하려는 의지와 방법이 있다고 믿는 것[10]' 이라고 정의했다.

스스로를 보는 방법을 바꾼다

스스로에 대해 성공했다고 생각하는가? 만일 그렇지 못하다고 생각하면 당신보다 훨씬 성취한 것이 적으며, 세상 사람들이 당신보다 덜 성공했다고 평가할 사람들이 많다는 확신을 가져라. 자신이 성공했다는 생각은 자신의 성공과 행복에 도움을 준다.

하지만 성공하지 못했다는 생각은 성공과 행복에 제약을 준다. 스스로 행복하다고 생각하는지의 여부도 위와 같다. 닉슨(Richard Nixon) 대통령은 미국의 목적이 달성되었다고 선언함으로써 월남전쟁을 종식시켰다. 그는 진실을 과장했지만 아무도 상관하지 않았다. 미국의 자존심을 다시 세울 때가 온 것이다. 비슷한 방법으로, 어떻

게 생각하기로 결정했는지에 따라 스스로를 행복하게 만들 수도 있고 그렇지 못할 수도 있다.

행복하기를 원한다는 선택을 하도록 하자. 스스로에게, 그리고 다른 사람에게 그럴 의무가 있다. 행복하지 않다면 자신의 배우자 또는 접촉이 많은 모든 사람들이 행복을 그만큼 덜 느낄 것이다. 따라서 행복해야 할 적극적인 의무가 있는 것이다.

심리학자들은 행복에 대한 인식은 자기 가치 의식에 관련되어 있다고 말한다. 긍정적인 자기 이미지는 행복에 필수적이다. 자기 가치 의식은 계발할 수 있으며 그렇게 해야 한다. 죄책감을 버리고 약점을 잊어버리고 장점을 키움으로써 자기 가치 의식을 성장시킬 수 있다. 자신이 행한 모든 선행과 크고 작은 성취, 그리고 지금까지 받은 모든 긍정적인 피드백을 기억하라. 자랑할 일이 많을 것이다. 자랑하라. 아니면 적어도 거기에 대해 생각하라. 그러면 대인관계, 성취와 행복에서 일어나는 변화에 놀랄 것이다.

스스로를 속이고 있다고 생각될 수도 있다. 하지만 자신에 대한 부정적인 생각을 가지는 것이 적어도 그만큼 자기 기만의 죄를 짓는 행위라는 점을 알아야 한다. 우리는 항상 무의식적으로든 의식적으로든 우리 자신에게 자신에 대한 이야기를 한다. 여기에 객관적인 진실이란 없다. 따라서 부정적인 이야기보다는 긍정적인 이야기를 선택하는 편이 나을 것이다. 그렇게 함으로써 자신으로부터 시작하여 다른 사람에게까지 행복을 확산시킬 수 있다.

사용할 수 있는 의지력을 다 이용하여 스스로를 행복하게 만들어라. 스스로에 대해 좋은 인식을 만들고 그것을 믿어라.

환경을 바꾼다

보다 큰 행복으로 가는 방법은 일상적으로 겪는 사건들을 변화시킴으로써 행복을 늘리는 것이다. 사건에 대해 아무도 완벽한 규제를 할 수는 없지만 생각했던 것보다는 훨씬 큰 힘을 발휘할 수 있다.

행복해지기 위해 가장 좋은 방법이 불행해지지 않는 거라면, 제일 먼저 해야 할 일은 자신을 우울하게 하거나 비참하게 만드는 사람과 연결되는 상황을 피하는 것이다.

자주 만나는 사람을 바꾼다

가까운 친구가 몇 있으면 높은 스트레스도 감당할 수 있다는 의학적 증거가 있다.

하지만 집, 직장 또는 사교적인 삶의 대인관계는 시간을 많이 소비하며, 어떠한 종류이든 간에 자신의 행복과 건강에 매우 큰 영향을 줄 것이다. 오하이오 주립대의 심리학자인 존 카치오포(John Cacioppo)는 다음과 같이 말하고 있다.

> 매일 보는 사람들과 같이, 삶에 있어서 중요한 대인관계들은 건강에 매우 중요한 영향을 준다. 그리고 인생에서 그 관계들이 중요하면 할수록 건강에 더 큰 영향을 준다.[11]

매일 만나는 사람들에 대해 생각해보라. 그 사람들로 인해 자신이 행복을 느끼는가? 여기에 따라 그들과 보내는 시간을 조절할 수 있는가?

싫어하는 일을 피한다

우리 모두 전형적으로 미숙하게 대처하는 상황들이 있다. 나로서는 뱀 공포증을 없애기 위해 사람들을 교육시키는 이유를 이해할수 없다. 더 현명한 방법은 정글이나 애완동물 가게에 가지 않는 것이다.

물론 자신을 심란하게 하는 것은 사람에 따라 다르다. 나의 경우무의미한 관료주의를 대하게 되면 화가 나는 것을 어쩔 수가 없다. 또 변호사를 몇 분 이상 보게 되면 스트레스가 쌓이게 된다. 교통체증에 걸리면 불안해진다. 태양을 보지 못한 채 며칠을 보내게 되면약간 우울해지기도 한다. 같은 공간에 너무 많은 사람들이 있는 것도 싫어한다. 사람들이 변명을 하거나 해결 방법이 없는 문제를 애기하는 것을 보면 참을 수가 없다. 만일 러시아워 통근자가 되어 변호사와 같이 일하고 스웨덴에 산다면 나는 우울해지고 아마도 자살할 것이다. 하지만 실용적인 한도 안에서만 이런 상황들을 피하는방법을 익혔다. 나는 통근하지 않으며, 러시아워에는 대중교통수단을 이용하지 않으며, 한 달 중 적어도 일 주일은 햇빛을 보고, 다른사람을 고용해 관료조직을 다루도록 하며, 교통체증이 있으면 오래걸리더라도 돌아가고, 부정적인 성격의 사람일 경우 보고서 받는것을 피하고, 변호사가 전화를 걸어서 5분이 지나면 전화선이 불가사의하게 끊어져버리도록 한다. 이런 행동들의 결과로 나는 훨씬행복하다.

아마도 자신이 압박받는 부분들이 다들 있을 것이다. 지금 이 부분들을 적어보도록 하자. 그리고 이 부분들을 피하도록 자신의 생활을 의식적으로 점검하라. 얼마나 성공적인지 매달 점검하고 작은도망에 성공할 때마다 자축하라.

제4장에서 불행 집합에 대해 이미 파악했다. 언제 가장 불행했는지에 대한 분석 또는 반성은 많은 경우 당연한 결과로 이어진다. 직업이 마음에 들지 않는다. 배우자 때문에 우울하다. 보다 정확하게는 직업의 3분의 1을 싫어하고, 배우자의 친구나 사돈집 사람들과 같이 있을 수가 없고, 상사로부터 정신적 고문을 당하고 있고, 집안일을 증오한다. 잘된 일이다. 드디어 당연한 사실에 대한 인식을 하게 된 것이다. 이제 어떻게 대처해나가야 하는가?

행복으로 가는 7가지 습관

불행의 원인을 없앤 후, 또는 없애려고 계획한 후에는 행복을 적극적으로 찾는 데 노력의 대부분을 쏟아라. 그렇게 하려면 현재와 같은 시간은 없다. 행복은 매우 실존적이다. 행복은 현재에만 존재한다. 과거의 행복은 기억할 수 있고 미래의 행복도 계획할 수 있지만 행복이 주는 즐거움은 '현재'에서만 누릴 수 있다.

이제 필요한 것은 매일 하는 운동이나 건강을 위한 식이요법처럼, 일상적인 행복습관이다. [도표 9]에 나의 일상적인 행복습관을 7가지로 요약해놓았다.

행복한 하루의 필수요소는 육체적 운동이다. 나는 운동하는 동안이 아니라 운동을 끝내고 나면 언제나 기분이 좋다. 이런 이유는 운동을 하면 엔돌핀이라는 특정 마약과 비슷한, 하지만 위험부담이나 돈이 필요 없는 자연적 항울제가 나오기 때문이라고 한다. 매일 운동하는 것은 필수적인 습관이다. 습관이 되지 않으면 실제 해야 하는 양보다 훨씬 적게 하게 된다. 만일 회사에 가야 하는 날이면 가

기 전에 꼭 운동을 해서 운동시간이 예상치 못한 업무압박으로 날아가지 않도록 한다. 여행을 자주 다니는 경우 티켓을 살 때, 언제 운동할 것인지를 계획하고 필요하다면 운동시간에 맞추어 스케줄을 조정하라. 만일 힘있는 중역이라면 운동할 시간을 충분히 두고 하루를 준비하기 위해 10시 이전에는 아무런 약속도 잡지 말라고 비서에게 일러둔다.

행복한 하루의 또 다른 필수요소는 정신적 자극이다. 직장에서 얻을 수도 있겠지만 그렇지 않을 경우 매일 지적 또는 정신적 훈련을 하도록 한다. 여기에는 취미에 따라 여러 가지 방법이 있다. 특정 신문과 잡지, 독서, 추상적인 주제를 놓고 지적인 친구와 적어도 20분 동안 토론하는 것, 짧은 글 또는 일기를 쓰는 등 스스로 적극적으로 사고하도록 요구하는 그 어떤 것을 해도 좋다. 하지만 텔레비전 시청은 어떤 프로그램을 보든 간에 이에 해당되지 않는다.

세 번째 필수적인 요소는 영혼 혹은 예술적 자극과 명상이다. 생각하는 것만큼 접근하기 힘들지 않다. 상상력이나 영혼을 위한 양식이 적어도 30분 정도 필요한 것뿐이다. 연주회나 미술관, 공연장이나 영화관에 가거나, 시를 읽거나, 해가 뜨고 지는 것을 보거나,

1	육체적 운동
2	정신적 자극
3	영혼 혹은 예술적 자극과 명상
4	선행(善行)
5	친구와의 즐거운 휴식시간
6	자신을 즐기기
7	스스로에 대한 칭찬

[도표 9] 일상적인 7가지 행복습관

흥분되고 자극적인 어떤 행사에서 스타나 참석자를 보는 것도 마찬가지로 모두 여기에 해당된다. 명상도 좋은 방법이다.

일상적인 행복습관 네 번째는 다른 사람에게 좋은 일을 하는 것이다. 엄청난 자선사업은 아니어도 다른 사람의 주차비를 내주거나 길을 모르는 사람에게 길을 가르쳐주는 일 등과 같은 무작위의 친절한 행동이어도 된다. 짧은 시간이지만 남을 돕는 행위는 기분에 많은 영향을 줄 수 있다.

다섯 번째 습관은 친구와 함께 즐거운 휴식시간을 보내는 것이다. 이는 적어도 30분 동안 방해받지 않고 단둘이서 보내야 하지만 그 형식은 마음대로 해도 좋다. 커피 한 잔, 술 한 잔, 식사나 여유로운 산책 등도 모두 적합하다.

여섯 번째 습관은 스스로에게 한턱 내는 것이다. 매일 스스로를 격려하기 위해서는 자신이 즐겁게 할 수 있는 일들의 목록을 작성해보자. 남에게 보여줄 필요가 없으니 걱정은 하지 말자. 매일 적어도 한 가지는 할 수 있도록 한다.

마지막 습관은 하루를 마감하며 일상적인 행복습관을 실천한 스스로를 칭찬하는 일이다. 자신을 행복하게 만드는 데 그 목적이 있으므로 마지막 항목까지 합해서 5가지 이상을 지켰다면 성공했다고 볼 수 있다. 만일 5가지는 안 되지만 뭔가 중요한 것을 성취했다든가 스스로 즐겼다면 가치있는 하루를 보낸 자신을 칭찬하라.

행복을 위한 중기 전략

7가지 행복습관에 덧붙여 [도표 10]은 행복한 삶으로의 지름길 7가지를 요약해놓았다.

첫번째 지름길은 자신의 인생에 대한 컨트롤을 극대화하라는 것이다. 컨트롤이 부족하면 큰 불안과 초조의 원인이 된다. 나로서는 복잡한 시내에서 잘 모르는 지름길을 찾아가기보다는 잘 아는 길로 돌아서 갈 것이다. 버스 운전기사들은 차장들보다 더 욕구불만에 빠져 있으며 심장마비를 일으킬 가능성이 높다. 그 이유는 그들이 직업상 운동을 덜 해서가 아니라 버스가 움직일 때의 컨트롤이 더 제한되어 있기 때문이다. 전형적인 대규모 관료조직 안에서 일하게 되면 그 삶을 컨트롤할 수 없기 때문에 소외로 이어진다. 일하는 시간과 작업 스케줄을 스스로 정할 수 있는 자영업을 하는 사람들은 그럴 수 없는 고용된 사람들보다 행복하다. 자신이 컨트롤하고 있는 삶의 부분을 극대화하기 위해서는 계획과 모험이 필요하다. 하지만 여기서 배당되는 행복의 양은 과소평가되어서는 안 된다.

이성적이고 실현가능한 목표를 세우는 것이 행복으로 가는 두 번째 지름길이다. 심리연구에 따르면 그런대로 도전적이지만 그렇게 힘들지는 않은 목표가 있을 때에 가장 많은 것을 성취할 가능성이 높다. 너무 쉬운 목표는 자기만족을 불러와 평범한 성과를 받아들이게 할 것이다. 하지만 죄책감이나, 지나치게 높고 가학적인 기대에 의해 만들어진 너무 어려운 목표는 사기를 꺾고 실패부터 스스로 의식하게 된다.

목표를 세울 때 확실하지 않으면 보다 편한 쪽으로 선택한다. 조금 쉬운 목표를 세우고 성공하는 것이, 어려운 목표를 세우고(객관적으

1	인생에 대한 통제력을 극대화하라.
2	실현가능한 목표를 세워라.
3	유연해져라.
4	당신의 파트너와 긴밀한 관계를 유지하라.
5	소수의 행복한 친구를 만들어라.
6	소수의 직업적 협조자를 만들어라.
7	이상적인 라이프스타일로 바꾸어가라.

[도표 10] 행복한 삶을 위한 7가지 전략

로는 더 나은 성과가 나긴 하겠지만) 실패하는 것보다 스스로의 행복을 위해 나은 일이다. 성과와 행복이 상충된다면 행복을 선택하라.

세 번째 지름길은 우연한 사건이 계획과 기대에 어긋날 경우 유연하게 대처하는 것이다. 존 레논(John Lennon)은 언젠가 인생은 우리가 세운 계획과는 달리 우연하게 발생하는 일들의 연속이라고 말한 적이 있다. 우리의 목표는 자신의 계획에 맞춰 인생을 사는 것이지만, 예기치 못한 변화와 우연에 대비해야 한다. 인생 사이사이에 끼워진 이런 일들을 자기 계획의 상대 파트너로서 즐겁고 재미있게 받아들여야 한다. 스스로의 계획을 보다 높은 차원으로 끌어올리기 위해 가능하다면 예상하지 못한 일들을 계획에 포함시켜야 한다. 만일 상상할 수 없다면, 인생의 돌발사태는 돌아가거나 억제해야 한다. 두 가지 방법이 다 실패하면 우리가 컨트롤할 수 없는 부분을 의연하고 성숙하게 받아들이고, 우리가 컨트롤할 수 있는 부분으로 만들어가야 할 것이다. 어떠한 경우에도 인생의 우연 때문에 초조해지거나, 화내거나 또는 씁쓸해져서는 안 될 것이다.

네 번째로 행복한 배우자와 가까운 관계를 유지하라. 우리는 한 명의 사람과 함께 살도록 교육받았다. 배우자 선택문제는 우리가

인생에서 행복을 결정하는 몇 안 되는 결정 중 하나이다. 우주의 대신비 중 하나가 성적 매력이며 80/20 법칙의 극단적인 형태로 나타난다. 시간의 1% 안에 매력의 99%를 느끼며 그 순간 바로 이 사람이 내 인생의 반려자라는 것을 알게 된다.[12] 하지만 80/20 법칙을 떠올리며 차분하게 생각해보자. 그 앞길에는 위험과 버려진 행복이 기다리고 있을 수도 있다. 논리적으로만 보면 배우자로 맺어질 수 있는 사람은 수없이 많다. 심장이 터질 것 같은 기분은 지금 말고도 여러 번 느낄 기회가 올 것이다.

아직 배우자를 선택하지 않았다면 배우자의 행복이 자신의 행복에 많은 영향을 준다는 사실을 염두에 두도록 한다. 스스로의 행복과 사랑을 위해서는 배우자 역시 행복하기를 바랄 것이다. 그러나 만일 배우자가 처음부터 행복한 성격을 가지고 있고 의식적으로 나의 행복습관과 같은 행복 친화적인 일상생활을 택한다면 훨씬 쉬운 일이 될 것이다. 행복하지 않은 배우자와 살면 자기 스스로도 불행해질 가능성이 높다. 자존심과 자신감이 부족한 사람들은 서로를 아무리 사랑한다 해도 같이 살기가 매우 어렵다. 만일 자신이 행복한 사람이라면 불행한 사람을 행복하게 만들 수도 있겠지만 이는 매우 힘든 일이다. 서로 매우 사랑하는 두 명의 그다지 행복하지 않은 사람들이 행복해지기로 굳게 마음먹고 노력한다면 물론 서로 행복을 얻을 수도 있을 것이다. 그러나 나라면 내기를 걸지는 않겠다. 아무리 사랑하는 사이라도 두 명의 불행한 사람들은 서로를 미치게 만들 것이다. 만일 행복하고 싶다면 행복한 배우자를 선택하라.

이미 행복하지 않은 배우자와 살고 있다면 자신의 행복이 심각하게 줄어들고 있을 것이다. 그렇다면 둘다 서로를 행복하게 하기 위해 많은 노력을 기울여야 할 것이다.

다섯 번째 지름길은 몇몇의 행복한 친구들과 진한 우정을 나누는 일이다. 80/20 법칙은 친구에게서 얻는 만족의 대부분은 소수의 친한 친구들과의 관계에 집중되어 있을 것이라고 예상한다. 이 법칙은 또 별로 친하지 않은 친구에게는 시간을 너무 많이, 그리고 매우 친한 친구에게는 시간을 너무 적게 배당하고 있다고 암시한다. 해답은 누가 좋은 친구인지를 결정하고 행복한 친구들에게 배당되는 절대적 시간 자체를 늘리고 그 시간의 80%를 이들에게 투자하는 것이다. 상호 행복의 근원이 될 우정을 가능한 많이 쌓아올리도록 한다.

여섯 번째 지름길은 다섯 번째와 비슷하다. 같이 지내는 것이 즐거운 소수의 사람들과 직업상의 관계를 맺어라. 직장 또는 직업상의 동료라고 모두 친구가 되어서는 안 된다. 그렇게 되면 우정이 수박 겉핥기식이 되어버린다. 하지만 자신이 힘껏 도와주고 또 그만큼 도움을 받을 수 있는 몇몇은 친한 친구이자 자기편이 되어야 한다.

이렇게 하면 출세를 할 수 있을 뿐만 아니라 일하면서 얻는 즐거움을 더해줄 것이며, 직장에서 소외되는 느낌을 없애줄 것이고, 일과 노는 일을 통합해주는 고리가 되어준다. 이 통합도 완전한 행복을 위해서는 꼭 필요하다.

오래 지속되는 행복을 위한 마지막 지름길은 자신과 자신의 배우자가 원하는 생활방식을 진화시키는 것이다. 여기에는 자신의 직장생활과 가정생활, 그리고 사회생활 간에 조화된 균형이 필요하다. 또한 하고 싶은 일을 하며 살고, 원하는 삶의 질을 유지하며, 집안일과 사회생활에 참여할 시간을 가지며, 직장 안과 직장 밖에서 모두 행복한 것을 의미한다.

행복은 의무이다. 우리는 행복을 선택해야 한다. 우리는 행복해지려고 노력해야 한다. 또한 우리 가까이에 있는 사람들을 돕고 그저 지나치는 사람이라도 우리의 행복을 나누어줄 수 있도록 해야 한다.

적게 투자하고 많이 남기는 길 3

80/20 법칙으로 성공한 기업들

비즈니스맨들은 80/20 법칙을 어느 정도 알고 있을까? 80/20 법칙에 관한 책이 한 권도 없었음에도 불구하고 거의 모든 종류의 비즈니스에서 80/20 법칙에 대한 수많은 자료를 쉽게 찾을 수 있었다. 많은 성공한 기업과 개인이 80/20 법칙을 크게 신뢰하고 있었으며 MBA 소지자 대부분이 이에 대해 들어본 일이 있다고 했다.

80/20 법칙은 대중적 인식의 부족에도 불구하고 수많은 사람들의 삶에 영향을 주고 있다. 그 영향력에 비하면 80/20 법칙에 대한 관심은 너무 낮다. 이제 생각을 바꾸어야 한다.

최초의 80/20 물결: 품질혁명

1950년과 1990년 사이에 일어난 '품질혁명'은 소비재 상품은 물론 다른 제품의 품질과 가치를 크게 변화시켰다. 품질운동은 통계학과 행동과학의 기법을 사용하여 원가는 낮추면서 품질은 높이는 운동이다. 그리고 궁극적으로 불량품 비율 0%에 도달하는 것을 목적으로 하고 있다. 현재 0%의 불량률을 실현하는 기업도 여럿 등장하고 있다. 아마 1950년대 이후 전 세계적으로 생활수준 향상에 가장 크게 영향을 준 것이 이 품질운동일 것이다.

이 운동의 배경에는 흥미로운 역사가 있다. 품질운동의 선구자인 조셉 주란과 에드워드 데밍은 둘 다 루마니아 태생의 미국인이었으며 주란은 전기기사, 데밍은 통계학자였다. 두 사람 모두 제2차 세계대전 이후 비슷한 시기에 자신의 이론을 각각 전개하였으나 고품질을 추구하는 미국 대기업의 흥미를 끄는 데는 실패했다. 주란은 1951년 『품질관리 핸드북』이라는 품질혁명의 바이블격인 책을 출간하였는데 반응은 매우 냉담하였다. 오히려 일본에서 진지한 관심을 보였으며 두 사람은 모두 1950년대 초 일본으로 건너갔다. 두 사람의 선구적인 연구활동 덕분에 당시 싸구려 모조품만 만들던 일본 경제는 높은 품질과 생산성의 본고장으로 변화했다.

오토바이나 복사기와 같은 일본 상품들이 미국 시장에 침투해 들어오자 비로소 대부분의 미국과 서구 기업들이 품질운동을 진지하게 받아들이기 시작했다. 1970년, 특히 1980년대 이후 주란, 데밍과 그 제자들은 품질의 일관성, 불량률의 최소화, 그리고 생산원가의 대폭 절감 등 서구 품질 기준을 향상시키는 데 큰 공로를 세웠다.

품질운동을 뒷받침한 것이 바로 80/20 법칙이었다. 조셉 주란은

'파레토의 법칙' 혹은 '절대적 소수의 법칙'이라 부른 이 법칙의 대단한 신봉자였다. 주란은 『품질관리 핸드북』의 초판에서 '불량품' 즉 품질이 나빠서 반품되는 제품이 발생하는 요인이 그렇게 많은 것은 아니라며 다음과 같이 말하고 있다.

오히려 불량품의 분포는 매우 불균형하며, 항상 결함의 대부분은 극히 일부의 품질 특성이 원인이 되어 일어난다.

그리고 다음과 같이 주석을 달고 있다.

경제학자 파레토는 부(富)가 균일하지 않게 분포된다는 사실을 발견했다. 범죄자들 사이의 범죄 분포, 위험한 공정에서의 사고 발생 분포 등 비슷한 예는 수없이 많다. 파레토의 균일하지 않은 분포의 법칙은 부의 분포는 물론 품질결함에 대해서도 적용할 수 있다.[1]

주란은 80/20 법칙을 통계적 품질관리에 응용했다. 그는 품질결함의 원인이 되는 문제들을 찾아내고, 그것을 중요도가 큰 것부터 순서대로 나열하였다. 주란과 데밍 모두 80/20이라는 단어를 많이 쓰게 되었으며 문제의 대부분을 발생시키는 소수의 원인을 찾아내도록 권고했다. 모든 문제를 다 해결하려고 하기보다는 품질결함의 원인이 되는 '결정적으로 중요한 소수'의 문제를 찾아서 그 문제들을 해결하는 데 노력을 기울여야 한다는 것이 핵심이다.

품질개선운동이 사후에 결함을 찾아내 고치는 것이 아니라 원천적으로 결함이 없는 제품을 만든다는 사고에 입각한 품질 '관리'에서 종합적인 품질경영으로 발전하고, 소프트웨어의 사용이 급격히 증가하면서 80/20 법칙이 더욱 중시되어왔다. 오늘날 품질개선에

관련된 대부분의 사람들은 80/20에 대해 잘 알고 있다. 최근 몇 가지 관련 자료를 보면 80/20 법칙이 오늘날 어떻게 쓰이는지를 알 수 있다.

『국가생산성 리뷰 *Nationl Productivity Review*』의 최근 기사에서 로널드 리카르도(Ronald J. Recardo)는 다음과 같이 묻고 있다.

전략적으로 가장 중요한 고객에게 악영향을 주는 결함은 무엇인가? 다른 품질 관련 문제와 마찬가지로 파레토의 법칙은 여기에도 적용된다. 만일 문제점 중 가장 중요한 20%를 해결하면 고객 만족의 80%를 실현할 수 있다. 이 최초의 80%로 당신은 질적인 도약을 이룰 수 있다.[2]

다른 필자는 기업 재건에 초점을 맞추어 이야기한다.

모든 업무 진행에 대해 그것이 가치를 창조하는가 아닌가, 그리고 문제의 근본적 해결에 도움이 되는가 아닌가를 늘 자문해보라. 만일 둘 다 아니라면 그것은 낭비일 뿐이다. 그것은 진행하지 않는 것이 좋다. 이것이 80/20 법칙이다. 우리는 낭비를 100% 제거하는 데 들 비용의 20%만을 사용하여 낭비의 80%를 없앨 수 있다. 이 신속한 처방을 바로 실천하라.[3]

품질개선 프로그램인 '싱고(Shingo)'상을 수상한 포드 일렉트로닉사도 80/20 법칙을 활용하고 있다.

JIT(Just-In-Time) 프로그램은 가치의 80%는 수량의 20%에 집중되어 있다는 80/20 법칙을 토대로 도입되었으며, 설비가동률도 이를 토대로 지속적으로 분석하고 있다. 제품라인별로 사이클타임 분석을 실행하여 임금과 간접비 배분을 개선한 결과 제품의 사이클타임이 95%나 단축되었다.[4]

80/20 법칙을 포함하는 새로운 소프트웨어 역시 품질을 높이는 데 활용되고 있다.

스프레드시트 부분에 자료를 입력하거나 가져오십시오. 그리고 원하는 부분을 블록으로 설정한 후 메뉴에서 6가지 그래프 모양 중 원하는 모양을 선택해주십시오. 막대그래프, 관리도(control chart), 런차트(run chart), 산포도, 원그래프 및 파레토 그래프 중 원하는 유형의 도표를 한번의 클릭만으로 작성할 수 있습니다. 파레토 그래프에는 80/20 법칙이 적용되어 있어서, 예를 들어 1,000가지의 소비자 불만 사항 중 약 800가지는 원인의 20%만을 없애면 해소할 수 있다는 점을 보여줍니다.[5]

– ABC Data Analyzer 설명 매뉴얼 중에서

80/20 법칙을 제품 디자인과 개발에 활용하는 사례도 점차 많아지고 있다. 예를 들어 미국 국방성의 문건에는 전사적 품질경영(TQM)을 어떻게 실행했는지 말해주는 구절이 있다.

개발과정의 초기단계에서 내린 결정이 라이프사이클 원가의 대부분을 결정한다. 여기에도 80/20 법칙이 적용된다. 즉 개발기간의 20%만 진행하면 라이프사이클 원가의 80%가 고정되어버리는 것이다.[6]

품질혁명이 고객 만족과 가치, 그리고 개별 기업과 국가의 경쟁력에 끼친 엄청난 영향에 비해 분명하게 연구된 바는 많지 않다. 80/20 법칙이 품질혁명을 이끌어낸 '결정적으로 중요한 소수'를 인식하는 자극이 되었던 것은 명백하다. 하지만 80/20 법칙의 영향력은 우리의 생각보다 훨씬 거대하다. 이 법칙은 품질혁명과 함께, 오늘날의 글로벌한 소비사회를 구축하는 데 기여한 두 번째 혁명에서도 중요한 역할을 수행했다.

두 번째 80/20의 물결: 정보혁명

1960년대에 시작된 정보혁명은 이미 비즈니스의 많은 분야에서 작업습관과 효율성을 크게 바꾸어놓았다. 또한 현재 주류를 형성하고 있는 조직의 체질을 근본적으로 바꾸어가고 있다. 80/20 법칙은 과거와 현재는 물론 미래에도 정보혁명의 주요 요소가 될 것이며, 정보혁명의 방향을 잡아나가는 데도 크게 도움을 줄 것이다.

정보혁명을 뒤에서 추진하는 컴퓨터와 소프트웨어 전문가들은 품질운동을 가까이에서 접한 사람들이기 때문에 일반적으로 80/20 법칙에 대해 잘 알고 있으며 이를 광범위하게 사용하였다. 80/20 법칙을 언급하는 컴퓨터와 소프트웨어 관련 기사들을 보면, 대부분의 하드웨어와 소프트웨어 개발자들이 이 법칙을 잘 이해하고 있으며 일상 업무에도 활용하고 있음을 알 수 있다.

대상을 정확하게 선정하여 문제를 단순명쾌하게 정리하는 80/20 법칙의 개념을 활용하면 정보혁명을 가장 효과적으로 추진할 수 있다. 서로 다른 두 명의 프로젝트 담당자들이 이 사실을 증명하고 있다.

> 작게 생각하라. 첫날부터 먼 미래까지 생각하지 말아라. 대부분의 경우 투자수익률은 80/20 법칙을 따른다. 이익의 80%는 시스템의 가장 단순한 20%에서 나오며, 이익의 나머지 20%는 시스템의 가장 복잡한 80%에서 나온다.[7]

애플사는 전자수첩인 애플 뉴턴 메시지 패드(Apple Newton Message Pad)를 개발하는 데 80/20 법칙을 활용하였다.

뉴턴의 개발자는 80/20 법칙을 약간 변형하여 활용하였다. 손에 들고

다닐 수 있는 작은 컴퓨터로 사람이 사용하는 어휘의 0.01%만 수용할 수 있다면, 하고 싶은 일의 50%를 할 수 있다는 사실을 알게 되었다.[8]

또 80/20 법칙을 활용하여 하드웨어의 기능을 대체할 소프트웨어를 개발하는 경우가 늘고 있다. 1994년 개발된 RISC 소프트웨어가 그 실례이다.

RISC는 변형된 80/20 법칙을 토대로 개발되었다. 이 법칙은 대부분의 소프트웨어가 실행 시간의 80%를 전체 기능의 20%만을 사용하는 데 쓰인다고 가정한다. RISC 프로세서는 그 중요한 20%의 실행을 최대한 활용하고, 나머지 80%를 제거함으로써 칩 사이즈와 비용을 크게 낮추었다. RISC는 과거에 가장 많이 이용된 시스템인 CISC가 실리콘에서 했던 기능을 소프트웨어로 해결한 것이다.[9]

소프트웨어를 사용하는 사람들은 사용빈도가 80/20의 규칙을 따른다는 사실을 잘 알고 있다. 한 개발자는 다음과 같이 말하고 있다.

비즈니스 세계는 오랫동안 80/20 법칙을 따라왔다. 소프트웨어의 경우, 제품 사용 시간의 80%가 전체 기능의 20%에만 집중되어 있다는 점에서 특히 그렇다. 이는 사용자가 필요로 하지 않고 원하지도 않는 부분에 돈을 낭비하고 있다는 것을 의미한다. 소프트웨어 개발자들은 드디어 이 사실을 깨닫고 이 문제를 모듈화된 응용프로그램으로 해결하려고 생각하고 있다.[10]

소프트웨어 설계에서는 가장 많이 사용하는 기능들을 가장 손쉽게 사용할 수 있도록 하는 것이 매우 중요하다. 새로운 데이터베이스 서비스에서도 같은 접근방법이 사용되고 있다.

워드퍼펙트(WordPerfect)나 다른 소프트웨어 개발자들은 어떻게 이 문제를 해결하는가? 먼저 개발자들은 사용자들이 가장 원하는 것이 무엇이고 그것을 어떻게 사용하고 싶어하는지를 파악한다. 이것이 바로 80/20 법칙이다. 사람들은 프로그램 사용 시간의 80%를 기능의 20%만을 사용하며 보낸다. 우수한 소프트웨어 개발자들은 자주 쓰이는 기능들을 가장 단순화하고 자동화하여 쓰기 쉽도록 만든다.

이것을 데이터베이스 서비스에 적용하려면 이용빈도가 높은 고객에게 주의를 기울여야 한다. 고객들이 어떤 파일을 찾아야 좋을지, 그리고 그 파일은 어디에 있는지 등의 문의전화 빈도를 잘 조사해보아야 한다. 그리고 이것을 반영하여 잘 설계하면 그런 문의전화가 오지 않게 할 수 있다.[11]

데이터의 저장이나 검색, 처리 등 어느 분야에서든 정보와 관련된 효과적인 혁신은 실제로 핵심이 되는 극히 일부의 20%에 집중되어 있음을 알 수 있다.

정보혁명은 이제 시작이다

비즈니스 세계에서 정보혁명만큼 파괴적인 힘을 가진 것은 아직까지 없었다. 이미 보통사람들이 정보의 힘을 가지게 됨에 따라 현장의 노동자와 기술자가 지식과 권위를 보유하기 시작했다. 이제 과거에 지식을 독점함으로써 지위를 유지하던 중간 관리자의 권력과 업무 자체가 파괴되고 있다. 정보혁명은 물리적으로도 기업들을 분산시켰다. 전화, 팩스, PC, 모뎀의 등장과 지속적인 소형경량화로 인해 본사라는 궁전에 안주하던 기업 내의 특권층이 없어지기 시작했다. 궁극적으로 정보혁명은 관리라는 직업 자체를 없애고 고객을 위해 진정으로 일하는 사람이 이제까지보다 더 큰 가치를 창조할 수 있도록 만들어줄 것이다.[12] 한편 자동적으로 제공되는 정보

의 가치는 기하급수적으로 증가하여 우리의 용량을 초과하여 넘치고 있다. 정보의 힘을 효과적으로 사용하기 위한 열쇠는 80/20 법칙에서 말하는 선별에 있다.

피터 드러커(Peter Drucher)는 『미래를 위한 결단 *Managing in a Time of Great Change*』에서 다음과 같이 그 방향을 제시한다.

> 데이터가 아무리 넘쳐도 데이터베이스 자체는 정보가 아니다. 그것은 정보의 원석에 불과하다. 기업에 가장 필요로 하는 정보는 원시적이고 혼란한 상태로밖에 존재하지 않는다. 의사결정, 특히 전략을 결정할 때 가장 필요한 것은 기업 외부에서 전개되고 있는 상황에 대한 데이터이다. 기회나 위협, 그리고 성과를 획기적으로 향상시킬 수 있는 요인은 모두 기업의 외부에만 존재한다[13]

드러커는 부의 창조를 측정하는 새로운 방법이 필요하다고 말한다. 이안 고든(Ian Godden)과 필자는 이 새로운 도구들을 '자동화된 성과 측정'이라고 부른다.[14] 이러한 측정 도구를 채택하고 있는 기업은 아직 많지 않다. 정보혁명의 자원 중 80% 이상, 아마 거의 99%는 우리가 과거부터 중요하다고 생각해왔던 것을 더 정확하게 측정하는 데에만 쓰이고, 실제로 기업이 창조하는 부를 측정하는 새로운 방법을 개발하고 단순화하는 데에는 쓰이지 않고 있다. 그러나 정보혁명을 통해 전혀 새로운 형태의 기업을 만들려는 일부의 작은 노력이 앞으로는 엄청난 충격을 주게 될 것이다.

공개되지 않은 비즈니스 성공 비결

80/20 법칙의 중요성과 경영자들이 이것에 대해 알고 있는 범위를 고려할 때 이 법칙은 아직도 많은 부분이 베일에 싸여 있다. 80/20이라는 용어 자체도 매우 은밀히 눈에 띄는 사건 없이 스며들고 있다. 80/20 법칙을 이해하는 사람조차도 단편적으로 이용하며 조금씩 확장해나가고 있을 뿐 그 효과를 충분히 활용하지 못하고 있다. 이 법칙은 매우 다재다능하다. 모든 비즈니스와 조직, 그리고 조직 내부의 기능이나 개별 직무에도 유익하게 사용될 수 있다. 80/20 법칙은 최고경영자, 현장 관리자, 기능 전문가는 물론 최하층에 있는, 혹은 갓 들어온 지식 노동자에게도 도움을 줄 수 있다. 그리고 활용 분야가 다양함에도 불구하고 왜 80/20 법칙이 성립하며 얼마나 가치있는지를 설명하는 핵심적이고 통합적인 논리는 단한 가지라는 단순명쾌함이 또 다른 장점이다.

최소 노력으로 최대의 성과를 거두는 80/20 법칙

비즈니스에서 80/20 법칙을 적용할 때의 핵심 목적은 최소의 자산과 노력으로 최대의 이익을 거두는 것이다. 19세기에서 20세기 초에 걸쳐 전통적 경제학자들이 개발한 균형 이론과 현대적 기업 이론은 현재까지 우리의 사고를 지배하는 주류를 이루어왔다. 이 이론에 따르면 완전한 자유경쟁 상태에서의 기업은 초과 이윤을 남길 수 없기 때문에 이윤은 0에 가까워지든가 타당한 이자율에 해당하는 정상자본 비용에 가까워진다. 이 이론은 내적인 일관성을 가지고 있지만 단 한 가지의 치명적 결함을 가지고 있다. 즉 실제 경제활동, 특히 개별 기업의 활동에 대해서는 어떤 경우에도 적용될

<u>수 없다.</u>

기업의 80/20 이론

현실에서는 존재할 수 없는 완전한 자유경쟁을 전제로 한 이론과는 달리, 기업의 80/20 이론은 행동지침으로 유효하며 그 효과도 이미 입증되었다. 기업에 대한 80/20 이론은 다음과 같다.

- 어떤 시장에서든 고객이 필요로 하는 것을 만족시키는 일부 기업과 그렇지 못한 대다수의 기업이 생긴다. 고객이 필요로 하는 것을 만족시키는 소수의 기업은 최고의 가격을 설정할 수 있고 시장점유율도 가장 높을 것이다.

- 어떤 시장에서도 다른 대부분의 기업에 비해 매출 대비 비용의 효율을 높이는 데 성공한 소수의 기업이 생길 것이다. 즉 같은 제품을 제조하고 같은 매출액을 기록하더라도 다른 기업에 비해 적은 비용으로 그것을 달성하는 기업이 생기게 된다.

- 일부 기업은 다른 기업에 비해 더 큰 잉여가치를 창출할 것이다. (필자는 '이익'이라는 단어 대신 '잉여가치'란 말을 사용하였다. 왜냐하면 이익이란 말은 주주들에게 배당할 수 있는 이익이라는 뉘앙스가 내포되어 있기 때문이다. 이에 비해 잉여가치는 사업을 계속하는 데 필요한 자금을 제외하고도 남는, 즉 주주배당이나 재투자에 쓸 수 있는 자금의 수준을 의미하기 때문이다.) 잉여가치가 커지면 다음 중 하나, 혹은 그 이상의 결과가 나타날 것이다.

① 제품과 서비스에 재투자할 수 있는 돈이 많아져서, 품질의 우수성을 더욱 향상시키고 고객 만족도를 높일 수 있다.

② 판매와 마케팅, 그리고 다른 기업의 인수에 더욱 많은 투자를 할 수 있어서 시장점유율을 높일 수 있다.

③ 직원들의 급여를 인상할 수 있으므로 업계에서 가장 우수한 인력을 확보하고 유지하는 효과를 누릴 수 있다.

④ 주주 배당금을 늘릴 수 있고, 그에 따라 주가가 올라가고, 자산 비용을 낮춤으로써 투자와 기업 인수를 보다 손쉽게 할 수 있다.

• 장기적으로 보면 상위 20%의 기업이 시장의 80%를 점유하게 되며 그런 기업의 수익성이 높게 나타난다.

이런 지점에서 시장구조가 균형점에 다다를 수도 있으나, 그것은 경제학자들이 말하는 완전한 자유경쟁 모델과는 매우 다른 종류의 균형상태일 것이다. 80/20의 균형에서는 높은 시장점유율을 기록하는 극히 소수의 기업이 다른 경쟁자들에 비해 고객에게 더 큰 가치의 상품을 제공하며 높은 이익을 얻는다. 이 현상은 완전한 자유경쟁 이론에서는 불가능하다고 말하지만 현실세계에서는 흔히 관찰되는 현상이다. 우리는 보다 현실적인 이 이론을 경쟁에 관한 80/20 법칙이라고 부를 수도 있을 것이다. 하지만 현실세계에서 안정된 균형상태는 그리 오래 유지되지 않는다. 머지않아(대개는 생각보다 훨씬 빨리) 혁신에 성공한 경쟁자가 출현하여 시장구조를 바꾸게 될 것이다.

• 기존의 공급자들과 새로운 공급자들 모두 혁신을 추구하여 작지만 강력한 경쟁우위를 가질 수 있는 '세분화된 틈새시장'을 확보하려고 노력할 것이다. 그러한 틈새시장의 공략은 특정한 범주의 고객들이 필요로 하는 것에 맞춰 특화된 제품이나 서비스를 제공함으로써 가능하다. 시간이 지날수록 시장은 더 세분화되는 경향이 있다.

그러나 틈새시장에서도 경쟁의 80/20 법칙이 작용한다. 한 분야로 특화된 기업이 시장의 리더가 되는 경우도 있고 폭넓은 사

업을 전개하면서도 특정 분야에 강점을 가진 기업이 리더가 되는 경우도 있다. 어느 경우나 최소의 노력으로 최대의 이익을 얻는 가 아닌가가 성공의 열쇠가 될 것이다. 이 점에서 경쟁자보다 뛰어난 기업은 점차 시장점유율도 높여갈 것이다.

대기업이라면 대개 여러 시장을 대상으로 폭넓게 사업을 전개한다. 즉 여러 종류의 상품을 만들고, 많은 고객을 보유하고 있을 것이다. 따라서 최소의 노력으로 최대의 효과를 거두는 방법도, 경쟁상대도 부문에 따라 다르다. 큰 흑자를 기록하는 부문도 있고, 약간의 흑자를 내는 부문도 있으며, 일부에서는 적자를 기록하는 부문도 있을 수 있다. 그러나 20%의 부문, 20%의 고객, 20%의 제품이 이익의 80%를 거둔다는 점은 이제 그리 놀랄 일이 아닐 것이다. 항상 그렇지는 않지만 대개는 가장 이익을 많이 내는 부문이 시장점유율도 가장 높고 고객의 신뢰도 또한 가장 높다.

• 환경과 인간의 노력에 의존하는 모든 조직이 그렇듯이 기업 내에서도 투입과 산출, 그리고 노력과 성과 사이에 불균형이 있을 가능성이 높다. 회사 밖을 보면 시장, 제품, 고객별로 수익성에서 큰 차이가 있는 것이 현실이다. 기업 내부적으로 보면 사람, 공장, 기계 등의 경영자원에는 생산성에서 큰 격차가 있다. 만일 그것을 정확히 측정할 수 있다면 소수의 사람들이 큰 이익을 만들어내는 반면, 다수의 사람들이 약간의 이익을 내거나 혹은 적자를 만드는 원인을 제공한다는 점을 알 수 있을 것이다. 영업사원들의 판매실적을 살펴보면 이 점을 간단하게 확인할 수 있다. 큰 이익을 내는 기업은 대개 직원 1인당 평균 이익도 당연히 커지지만, 그런 기업에서조차 개별 직원이 창출하는 이익에는 큰

차이가 난다. 대부분의 경우 이익의 80%를 20%의 직원이 만들어낸다.

- 이 법칙은 기업 안에서의 가장 작은 단위의 자원, 예를 들어 직원 개개인에 대해서도 적용된다. 한 사람이 창조하는 가치의 80%는 그가 업무에 쓰는 시간의 약 20%를 통해 성취된다. 이는 개인의 특성과 업무의 성격 등 환경이 잘 맞는 특정 시간대에는 일반적인 생산성의 몇 배에 해당하는 업무량을 소화하는 것을 의미한다.

- 따라서 시장, 제품, 고객, 부서, 직원 등 비즈니스의 모든 분야에서 노력과 성과의 불균형이 존재한다. 이론적인 균형상태보다는 이런 불균형상태가 모든 경제활동을 지배한다. 작은 차이라고 생각하는 것이 결과에서 큰 격차를 낳는다. 경쟁자보다 10%만 더 가치있는 제품을 만들 수 있다면 매출에서는 경쟁자보다 1.5배, 이익에서는 2배의 우위를 점할 수도 있는 것이다.

80/20 법칙의 3가지 교훈

80/20 이론의 첫번째 교훈은 성공한 기업들은 최소의 노력으로 최대의 수익을 낼 수 있는 시장에서 활동한다는 점이다. 그리고 투자수익률의 절대적 수준이 높고 또한 이익률이 경쟁상대보다 높다면 성공한 기업이라고 할 수 있다.

모든 기업에게 주는 두 번째의 실용적인 교훈은 현재 가장 큰 이익을 올리는 시장과 고객층에만 집중하면 재무 성과를 획기적으로 향상시킬 수 있다는 점이다. 이는 가장 큰 이익을 올리는 분야로 자원을 재분배하고 자원과 비용의 전체 수준을 낮추는 것을 의미한다. 간단히 말하자면 생산성이 낮은 직원과 비용을 줄여야 한다는 말

이다.

실현 가능한 흑자의 최대치 또는 그에 근접한 수준까지 도달하는 기업은 매우 드물다. 그 이유는 경영자들이 흑자의 원동력을 잘 이해하지 못하기 때문이고 동시에 수익성보다는 규모를 중시하는 경영자가 많기 때문이다.

세 번째의 자연스런 교훈은 모든 기업이 내부의 산출과 성과의 불균형을 해소함으로써 흑자를 증가시킬 수 있다는 점이다. 이는 가장 많은 흑자를 내는 부분(사람, 공장, 영업소, 사업부, 국가)들을 파악하여 이들에게 권한과 자원을 집중시켜 강화하면 가능하다. 역으로 말하면 약간의 흑자 혹은 적자를 내는 부분을 찾아내서 근본적인 개선책을 시행하고, 그래도 개선의 조짐이 보이지 않으면 그 부분에 대한 자원투입을 중단하는 것도 가능하다.

이러한 법칙을 실천하면 기업에 유익한 결과를 가져올 수 있지만 너무 융통성 없게, 혹은 너무 결정론적으로 이해해서는 안 된다. 이들 법칙은 자연의 관계를 반영하는 것이다. 즉 질서와 무질서, 규칙과 불규칙이 복잡하게 뒤섞여 있는 곳이 바로 자연이라는 말이다.

'불규칙의 규칙'을 찾아내라

80/20이라는 관계의 뒤에 있는 유동적인 힘을 이해해둘 필요가 있다. 이 점을 파악하지 못하면 80/20 법칙을 너무 융통성 없게 이해하게 되어 이 법칙이 가진 힘을 충분히 활용하지 못한다.

아무리 작은 원인들도 하나로 합쳐지면 커다란 결과를 낳을 수 있다. 우유를 데울 때를 생각해보자. 우유는 특정 온도를 넘어서는

순간 끓어 넘치는 성질이 있다. 처음에는 차가운 우유가 데워짐에 따라 마시기 좋은 따뜻한 우유가 된다. 조금 더 데우면 맛있는 카푸치노를 만들 수 있다. 하지만 거기서 1초라도 늦게 불을 끄면 정신없이 레인지 위로 흘러넘칠 것이다.

물론 비즈니스에서는 사건이 발생하는 데 더 많은 시간이 걸리기는 한다. 업계 선두를 달리던 일류기업도 여러 작은 원인이 누적되어 겨우 파산을 모면하기 위해 버둥거리는 신세로 전락하는 일도 이제는 그리 놀랄 일이 아니다.

창조적인 시스템은 균형과는 거리가 멀다. 원인과 결과, 투입과 산출은 비례하지 않는다. 자신이 투자한 만큼 버는 경우는 거의 없다. 어떤 경우는 그보다 훨씬 적게, 어떤 경우는 그보다 훨씬 많이 버는 것이 세상의 이치이다. 비즈니스 시스템의 큰 변화가 사소한 원인에서 비롯되는 경우가 많이 있다. 지식과 능력과 헌신성에서 완전히 똑같은 사람이 똑같은 일을 해도 작은 구조적 차이가 여러 경로로 작용해 결과에서 큰 차이를 낳을 수도 있다.

수면 아래의 힘을 파악하라

한 가지 주의할 점은 같은 패턴이 반복되는 경향이 있다고는 말할 수 있지만 그렇다고 결과를 완벽하게 예측할 수 있다는 것은 아니다. 따라서 완전하게 통제하는 것은 불가능하다. 하지만 사건에 영향을 주는 것, 그리고 보다 중요하게는 그 속에서 불규칙적인 것, 특이한 것을 찾아내 잘 이용하는 것은 가능하다. 80/20 법칙을 활용하는 방법의 핵심은 현실의 흐름을 파악하여 최대한 그 흐름을 타는 것이다.

자신이 카지노에서 룰렛 게임을 한다고 상상해보라. 특정 숫자가

나올 확률은 카지노 전체적으로는 35 대 1로 같지만 테이블에 따라서 잘 나오는 번호에는 상당한 차이가 있다. 어느 테이블에서는 숫자 5가 20번에 한 번씩 나오지만 다른 테이블에서는 50번에 한 번씩 나온다. 승부는 어느 테이블을 골라서 어떤 숫자에 걸 것인가에 의해 결정된다. 만일 5란 숫자가 50번에 한 번밖에 나오지 않는 테이블에서 계속해서 5에 건다면, 아무리 칩을 산더미같이 쌓아놓고 하더라도 결국은 다 잃고 말 것이다.

비즈니스도 똑같다. 만일 자신의 기업이 어떤 분야에서 투자효율이 가장 높은지를 파악해서 그 부분에 거는 판돈을 올린다면 큰 돈을 벌 수 있을 것이다. 같은 방법으로 자신의 기업이 어떤 분야에서 투자효율이 낮은지를 알아낸다면 그 분야에서 철수하여 손실을 줄일 수 있다.

여기서 분야란 제품, 시장, 고객, 고객의 유형, 기술, 유통경로, 부문, 나라, 거래의 종류, 직원, 직원의 유형 등 모든 것을 생각할 수 있다. 여기서 큰 흑자를 올리는 몇몇 분야를 파악해서 극대화하는 것, 그리고 적자를 내는 분야를 파악해서 포기하는 것이 관건이다.

우리는 인과관계, 규칙적인 관계, 평균수익률, 완전한 자유경쟁, 예상 가능한 결과와 같은 개념으로 생각하도록 교육받았다. 그러나 현실은 다르다. 무엇이 원인이고 결과인지 애매하고, 복잡한 피드백 경로로 인해 투입을 왜곡하고, 균형은 한 순간의 환상이며, 같은 유형이 반복되면서도 불규칙성이 나타나고, 경쟁력에서 크게 떨어지면서도 단 하나의 강점만을 앞세운 기업이 시장을 거의 독점해버리는 것이 현실이다.

이런 현실에 비추어볼 때 기업이란 존재는 믿을 수 없을 만큼 복잡하며, 시장의 세력지도는 끊임없이 달라진다. 어떤 기업은 자연의

섭리에 순응하여 떼돈을 버는 반면, 자연의 섭리에 역행해서 엄청난 적자를 보는 기업도 있다. 우리는 현실의 복잡 미묘한 문제를 제대로 파악하기 어려우며, 더욱이 회계시스템은 모든 것을 평균화해서 보여주기 때문에 그것을 통해 현실을 볼 때 우리는 사실을 왜곡하고 모호하게 인식한다. 80/20 법칙은 사회 전체에서 매력과 위력을 발휘하지만 명확한 모습을 드러내고 있지는 않다.

우리가 통상적으로 비즈니스에 관련해 알 수 있는 것은 현실의 전체상이 아니라 발생한 일의 영향일 뿐이다. 우리가 바라보는 수면 밑에서는 긍정적인 것과 부정적인 것이 서로 대치하고 있으며, 그것이 서로 결합하여 수면 위의 눈에 보이는 결과를 낳는다. 우리가 수면 밑에 있는 모든 힘을 파악할 수 있을 때 80/20 법칙은 가장 큰 위력을 발휘할 수 있다. 즉 모든 원인을 파악할 때 부정적인 것은 억제하고 가장 생산적인 원인에 최대한의 힘을 실어주는 80/20 법칙의 강점이 잘 드러난다.

제11장

몰락하는 기업들의 자화상

80/20 법칙을 이용해 전략적 방향을 변경하지 않았다면, 아마 당신의 기업전략에는 많은 오류가 발생할 것이다. 거의 틀림없이 어디서 가장 많이 돈을 버는지 혹은 손실을 보고 있는지 정확하게 파악하지 못했을 것이다. 그 결과 직원은 너무 많고 사업의 범위도 너무 광범위하게 설정해서 자원을 낭비하게 되는 결과를 낳게 될지도 모른다.

사업전략은 개괄적이고 피상적이어서는 안 된다. 무슨 일이 일어나고 있는지 속속들이 파헤쳐서 자세히 파악해야 한다. 유용한 사업전략을 세우기 위해서는 사내의 모든 부분, 특히 수익성과 현금흐름의 관점에서 치밀하게 분석해야 한다.

회사가 매우 작은 영세기업이 아닌 이상 이익과 현금흐름의 최소한 80%는 활동의 20%, 그리고 매출의 20%에서 얻어진다는 사실은 거의 틀림없다. 관건은 그 20%에 대해 어떻게 대처할 것인지에 있다.

어디에서 이익이 발생하는가

사업에서 각각 어느 분야가 달러박스 역할을 하는지 아니면 겨우 현상유지만 하고 있는지, 또는 거액의 적자를 내고 있는지를 파악하라. 그러기 위해서는 사업의 각 분야의 수익성에 대해 80/20 분석을 해야 한다.

- 제품 또는 제품 그룹·종류
- 고객 또는 고객 그룹·종류
- 지리적인 지역이나 판매경로와 같이 충분한 자료가 있으며, 자신의 사업에 관계가 있는 분야
- 경쟁력 있는 시장영역

'제품'부터 생각해보자. 제품이나 제품 그룹에 대한 정보가 분명히 있을 것이다. 각각에 대해 지난 분기, 지난달, 지난해의 판매실적을 검토하고 총비용을 배분한 후 수익성을 계산하라.

이 과정의 난이도는 당신의 경영정보 관리능력에 좌우될 것이다. 필요한 데이터를 상황에 따라 즉시 이용할 수 있는 경우도 있겠지만, 그렇지 않은 경우 자신에게 필요한 데이터를 수집해야 한다. 제품 또는 제품 그룹별로 매출액을 집계하고, 영업이익(매출액에서 매출원가를 뺀 금액)을 계산한다. 간접비까지 모두 포함한 회사 전체의 비용을 집계하여 합리적인 기준으로 간접비의 합계를 제품 내지 제품 그룹별로 배분한다.

가장 간단한 방법은 매출액의 구성비율을 기준으로 회사 전체의 비용을 배분하는 것이다. 그러나 조금만 생각해보면 이는 별로 정확한 방법이 아니라는 사실을 알 수 있다. 어떤 제품은 그 가치에

비해 상대적으로 영업사원의 시간이 많이 소비되었거나 적게 소비되었을 수도 있다. 또 어떤 제품은 광고를 많이 하는 반면 다른 제품은 전혀 하지 않을 수도 있으며 어떤 제품은 생산하는 데 매우 까다로운 반면 다른 제품은 자동화 공정을 거쳐 양산될 수도 있다.

이러한 요인을 잘 계산하여 회사 전체의 간접비 배분을 조정한 다음, 결과를 검토해보라.

일반적으로 전체 매출에서 차지하는 비율은 작지만 수익성이 매우 높은 제품을 찾을 수 있을 것이다. 대부분의 제품은 약간의 이익을 올리고 있을 뿐이며, 그럭저럭 손해는 보지 않을 것이라고 생각하는 제품도 간접비까지 배분하여 수익성을 계산해보면 큰 적자로 결과가 나타나는 제품도 있을 수 있다.

[도표 1]은 한 전자기기 회사를 대상으로 한 필자의 최근 연구 결과를 정리한 것이다. [도표 2]는 같은 데이터를 좀더 시각적으로 나타낸 것이다.

두 가지 수치를 살펴보면, 제품 그룹 A는 매출 전체에서 차지하는 비중이 3%에 불과하지만 전체 이익에서는 10%를 차지함을 알 수 있다. 제품 그룹 A, B, C를 합하면 매출액의 20%를 차지하지만 이익에서는 53%나 된다. 이런 점은 이 데이터를 80/20 도표([도표 3])나 80/20 그래프([도표 4])로 바꾸어보면 더 명확히 나타난다.

이 결과는 정확히 80 대 20의 분할을 보이는 것은 아니다. 그러나 매출액의 30%를 점하는 제품이 이익의 67% 가까이를 점유하고 있다는 점은 확인할 수 있다. 이것은 80 대 20만큼 불균형이 큰 것은 아니지만 중요한 점은 67 대 20의 불균형이 존재한다는 점이

제 품	매출액	이익	매출이익률(%)
제품 그룹 A	3,750	1,330	35.5
제품 그룹 B	17,000	5,110	30.1
제품 그룹 C	3,040	601	25.1
제품 그룹 D	12,070	1,880	15.6
제품 그룹 E	44,110	5,290	12.0
제품 그룹 F	30,370	2,990	9.8
제품 그룹 G	5,030	(820)	(15.5)
제품 그룹 H	4,000	(3,010)	(75.3)
총 액	119,370	13,380	11.2

[도표 1] 전자기기 회사의 제품 그룹별 매출과 이익 도표

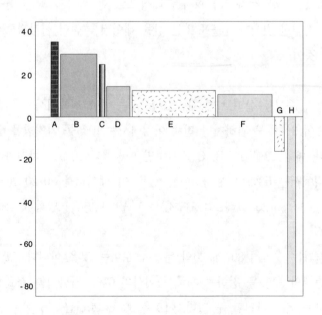

[도표 2] 전자기기 회사의 제품 그룹별 매출과 이익 그래프

제 품	총매출에서 차지하는 비율		총이익에서 차지하는 비중	
	그룹별	누적	그룹별	누적
제품 그룹 A	3.1	3.1	9.9	9.9
제품 그룹 B	14.2	17.3	38.2	48.1
제품 그룹 C	2.6	19.9	4.6	52.7
제품 그룹 D	10.1	30.0	14.1	66.8
제품 그룹 E	37.0	67.0	39.5	106.3
제품 그룹 F	25.4	92.4	22.4	128.7
제품 그룹 G	4.2	96.6	(6.1)	122.6
제품 그룹 H	3.4	100.0	(22.6)	100.0

[도표 3] 전자기기 회사의 80/20 도표

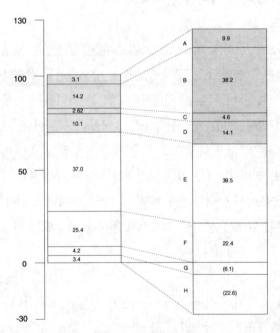

[도표 4] 전자기기 회사의 80/20 그래프

다. 이런 분석결과를 본 사람은 당연히 제품 그룹 A, B, C의 매출을 어떻게 높일 수 있는지에 생각을 집중하게 될 것이다. 예를 들어 영업사원들에게 제품 A, B, C의 판매를 늘리는 데 주력하라고 말하며 나머지 80%의 제품에 투자되는 판매 노력을 수익성 높은 제품으로 재분배할 수 있을 것이다. 만일 이것이 성공하여 세 제품의 판매량이 20%만 증가해도 이익은 50% 이상 증가할 것이다.

또는 제품 그룹 D, E, F에 대한 비용절감이나 가격인상, 또는 제품 그룹 G, H의 과감한 축소 내지 포기를 생각할 수도 있다.

어떤 고객이 이익을 가져다 주는가

다음으로 고객에 대해 살펴보기로 하자. 분석하는 방법은 같지만 이번에는 고객별 또는 고객 그룹별로 총구매량을 살펴보아야 한다. 어떤 고객은 비싼 값을 치르지만 그만큼 까다롭기 때문에 서비스 비용이 많이 든다. 이들은 대부분 소규모 고객들이다. 대규모 고객은 까다롭지 않고 대량으로 같은 제품을 구입하지만, 가격을 낮추려고 할 것이다. 간혹 이런 긍정적인 측면과 부정적인 측면이 상쇄되는 수준에서 구매가 이루어지는 경우도 있지만 그렇지 않은 경우도 많다. 앞에서 분석한 전자기기 회사를 대상으로 한 분석결과를 [도표 5]로 정리했다.

고객 유형의 구분에 대해서는 잠깐 설명이 필요하다. 고객 유형 A는 판매규모는 작지만 직접 판매하고, 비싼 가격을 지불하기 때문에 매출이익은 매우 높다. 서비스 비용이 매우 많이 들어가지만

고 객	매출액	이익	매출이익률(%)
고객 유형 A	18,350	7,865	42.9
고객 유형 B	11,450	3,916	34.2
고객 유형 C	43,100	3,969	9.2
고객 유형 D	46,470	(2,370)	(5.1)
합 계	119,370	13,380	11.2

[도표 5] 전자기기 회사의 고객 유형별 매출액과 이익 도표

이익으로 이것을 보충할 수 있다. 고객 유형 B는 대량으로 주문을 하기 때문에 서비스 비용이 낮으면서도 높은 가격까지 지불하는 유통업자들이다. 가격을 비싸게 지불하는 이유는 구매하는 전자부품이 그들의 총제품 비용에서 차지하는 비중이 별로 크지 않기 때문이다. 고객 유형 C는 비싼 가격에 구매하는 수출업자이지만 서비스 비용이 매우 많이 들어가는 단점이 있다. 고객 유형 D는 대규모 전자기기 제조업체로 끊임없이 가격인하를 요구하며, 기술적 지원과 특별 주문사항도 많이 요구한다. [도표 6]과 [도표 7]은 각각 고객 유형별 데이터를 80/20 도표와 80/20 그래프로 나타낸 것이다.

이 수치가 나타내는 불균형의 비율은 59 대 15, 88 대 25이다. 가장 수익성이 높은 고객 유형은 매출액에서는 15%의 비중을 차지하지만 전체 이익의 59%를 차지한다. 그리고 가장 수익성 높은 고객 A와 B를 합하면 매출에서 차지하는 비중은 25%이지만 이익에서는 88%에 이른다. 이는 가장 수익성이 높은 고객이 역시 가장 수익성 높은 제품을 구입하는 고객이라는 점도 작용하지만, 서비스 비용이 상대적으로 낮다는 점도 한 원인이다.

고 객	총매출에서 차지하는 비중		총이익에서 차지하는 비중	
	개별	누적	개별	누적
고객 유형 A	15.4	15.4	58.9	58.9
고객 유형 B	9.6	25.0	29.3	88.2
고객 유형 C	36.1	61.1	29.6	117.8
고객 유형 D	38.9	100.0	(17.8)	100.0

[도표 6] 전자기기 회사의 고객 유형별 80/20 도표

이 회사는 분석결과를 기초로 소규모 직접 판매 고객인 고객 유형 A와 유통업자인 고객 유형 B를 늘리기 위한 판촉활동을 벌여 나갔다. 이 판촉에 들어간 비용을 고려하더라도 그 결과는 매우 유익했다. 수출업자인 고객 유형 C에 대해서는 일부 가격을 인상하고, 직접 방문해서 판매하는 방법 대신 전화를 보다 많이 이용함으로써

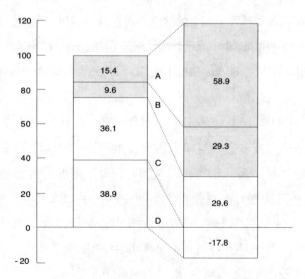

[도표 7] 전자기기 회사의 고객 유형별 80/20 그래프

(단위: 1,000달러)

사업 규모	매출액	이익	매출이익률(%)
대규모 프로젝트	35,000	16,000	45.7
소규모 프로젝트	135,000	12,825	9.5

[도표 8] 전략컨설팅 회사의 대규모 고객 대 소규모 고객의 수익성 도표

서비스 비용을 줄이는 데 성공하였다. 대규모 제조업체인 고객 유형 D는 개별적으로 협상을 벌였다(D 유형에서는 9개 회사가 매출에서 97%를 차지하고 있었다) 그 결과 기술개발 서비스에 대한 비용을 별도로 청구하게 된 경우도 있었고, 가격인상 협상에서 성공한 경우도 있었다. 협상에서 실패한 3개 회사는 경쟁사로 거래처를 바꾸었으나 이 3개 기업을 고객으로 받아들인 경쟁사는 틀림없이 수익성이 악화될 것이며 경영진도 한편으로는 이 점까지 계산에 넣고 있었을 것이다.

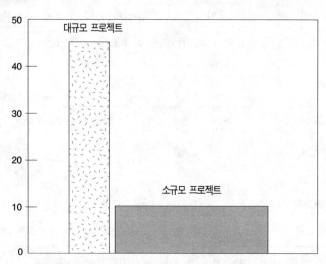

[도표 9] 전략컨설팅 회사의 대규모 고객 대 소규모 고객의 수익성 그래프

어느 컨설팅 회사의 80/20 분석

내가 조사한 전자기기 제조업체는 제품과 고객 이외에는 특별히 분석할 항목이 없었기 때문에 다른 분야에 대해서 어느 컨설팅 회사를 예로 들어 분석해보았다. [도표 8]과 [도표 9]에서 볼 수 있는 어느 전략 컨설팅 회사의 매출과 이익에 대해 생각해보자.

이들 수치는 56 대 21의 관계를 보여준다. 큰 프로젝트는 매출에서의 비중이 21%에 불과하지만 이익의 56%를 창출한다.

[도표 10]과 [도표 11]는 이 회사의 데이터를 거래 기간이 3년 이상된 '장기' 고객과 6개월 이하의 '신규' 고객, 그리고 그 중간의 고객으로 나누어 분석한 결과이다.

이 도표는 84 대 26의 비율, 즉 매출 비중에서 26%를 점유하는 장기고객이 이익의 84%를 차지한다는 사실을 보여준다. 여기서 교훈은 무엇보다도 비용에 민감하지 않고 서비스 비용이 적게 드는 장기고객과의 거래를 유지하고 새로 유치하는 데 중점을 두어야 한다는 점이다. 장기고객이 되지 않는 신규고객은 오히려 적자를 내

(단위: 1,000달러)

고객 종류	매출액	이익	매출이익률(%)
장기고객	43,500	24,055	55.3
중간고객	101,000	12,726	12.6
신규고객	25,500	(7,956)	31.2
합 계	170,000	28,825	17.0

[도표 10] 전략컨설팅 회사의 장기고객 대 신규고객의 수익률 도표

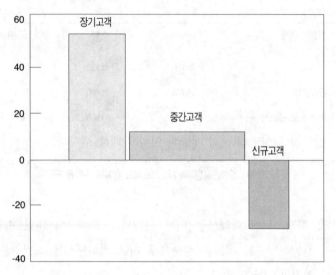

[도표 11] 전략컨설팅 회사의 장기고객 대 신규고객의 수익률 그래프

는 것이 밝혀져 거래 유치에도 보다 선별적인 접근이 요구되었다. 즉 고객이 장기고객이 될 가능성이 높을 때만 적극적으로 유치하는 정책을 취하게 되었다.

[도표 12]과 [도표 13]는 컨설팅 프로젝트를 M&A(기업 인수 합병), 전략분석, 그리고 사업 프로젝트 세 가지로 나누어 분석한 결과이다. 그 결과는 87 대 22의 비중을 보여준다. M&A 업무는 총 매출에서의 비중이 22%에 불과하지만 전체 이익에서 차지하는 비중은 87%로 매우 수익성이 높다. 분석을 토대로 M&A 업무를 늘리기 위한 노력을 두 배로 증가시켰다.

장기고객을 위한 사업 프로젝트 컨설팅을 따로 분석해보면 거의 손익 분기점에 이르는 수준이고, 신규고객을 위한 사업 프로젝트에서는 큰 적자가 발생했다. 따라서 신규고객의 업무는 맡지 않기로

컨설팅 분야	매출액	이익	매출이익률(%)
M & A	37,600	25,190	67.0
전략분석	75,800	11,600	15.3
사업 프로젝트	56,600	7,965	14.1
합계	170,000	28,825	17.0

[도표 12] 전략컨설팅 회사의 프로젝트 유형별 수익률 도표

하고, 장기고객에 대해서는 이런 형태의 프로젝트에 대한 비용을 높이거나 사업 프로젝트를 전문으로 하는 컨설팅사를 소개하는 식 으로 정리할 필요가 있다.

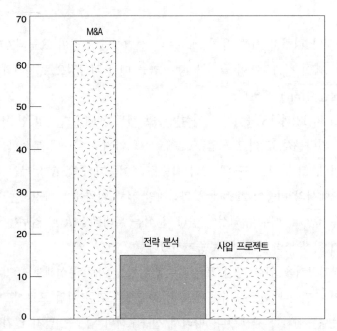

[도표 13] 전략컨설팅 회사의 프로젝트 유형별 수익률 그래프

세분화는 수익성을 향상시키는 핵심

사업의 수익성을 살펴보는 가장 좋은 방법은 '경쟁 세그먼트 (competitive segment)'로 나누어보는 것이다. 제품, 고객 단위로 분석하는 것도 물론 중요하지만 경쟁력을 높이는 데서 가장 중요한 것은 제품과 고객을 어떻게 조합할 것인가 하는 점이다. 이것이 그렇게 어려운 일은 아니지만 그렇다고 말처럼 쉽지는 않다. 이런 방법으로 사업을 구분하여 수익을 분석하는 기업은 거의 없기 때문에 약간의 설명이 필요하다.

어디에 강점이 있는가

기업은 물론 여러 가지 면에서 다른 회사와 경쟁하지만 제품이나 고객에 따라서 경쟁상대가 다르고 경쟁의 역학관계도 다르다. 이제 자기 회사의 임의의 부분을 염두에 두고 제품과 서비스를 구체적으로 그려보며 다음의 두 가지 질문에 답을 해보라. 제품, 고객, 고객 그룹에게 팔리는 제품라인, 또는 자신에게 중요한 것이면 어느 분야라도 좋다. 예를 들어 컨설턴트의 경우 M&A 업무가 될 수도 있을 것이다.

• 그 제품이나 서비스에서는 회사의 나머지 분야와는 완전히 다른 강력한 경쟁상대가 존재하는가?

만일 대답이 '예'이고 그 분야를 경쟁 세그먼트라고 할 수 있고, 경쟁상대가 해당 분야로 특화되어 있다면 다음 사항을 고려해보라. 고객은 누구를 선호하는가? 해당 제품이나 서비스를 제공하는 데 드는 자기 회사의 비용은 경쟁사에 비해 많은가 적은가? 무엇보다도 수익성을 크게 좌우하는 것은 경쟁사의 움직임일 것

이다.

　따라서 경쟁사를 누르거나 혹은 경쟁사와 같은 수준에서 싸우는 전략을 수립하려면, 그 분야를 독립적인 사업 단위로 떼어서 생각할 필요가 있다. 그 분야만의 수익성을 별도로 분석하는 것도 매우 좋은 방법이다. 아마 분석결과가 예상과는 매우 다를지도 모른다.

　또한 그 분야의 경쟁상대가 다른 분야의 경쟁상대와 완전히 같은 경우라고 해도(예를 들어 제품 A와 제품 B의 경쟁자가 같다고 해도) 다음과 같은 문제를 생각해볼 필요가 있다.

• 당신 회사와 경쟁사는 두 분야(예를 들어 제품 A와 제품 B)의 매출액이나 시장점유율이 전체 매출액에서나 전체 시장점유율에서 차지하는 비중이 똑같은가? 또한 경쟁상대가 한 분야에서 강하고 당신 회사가 다른 분야에서 상대적으로 강점을 가지고 있는가?

　예를 들어 제품 A에 대한 당신 회사의 시장점유율이 20%이고 주요 경쟁사는 이보다 두 배나 많은 40%이지만, 제품 B에서는 점유율이 똑같을 수도 있다. 또는 두 분야에서 모두 경쟁사가 두 배의 점유율을 기록할 수도 있다.

　만일 제품 B에 대해서 시장점유율이 15%인데 비해 경쟁사는 10%라면 두 제품 분야에 대한 두 회사의 경쟁력이 상대적으로 다르다는 사실을 알 수 있다. 이것은 흔히 있을 수 있는 일이다. 고객은 제품 B는 당신 회사 것을 선호하지만 제품 A는 경쟁사의 제품을 선호할 수 있다. 경쟁사가 제품 B에 대해 별로 신경을 쓰지 않을 수도 있다. 사업효율과 가격경쟁력에서 당신의 회사는 제품 A에서는 지고 있지만, 제품 B에서는 이기고 있다는 사실이

중요하다. 이 단계에서 그 이유까지 알아야 할 필요는 없다. 두 분야에서 경쟁상대는 같더라도 경쟁력에서는 우열이 있을 수 있다는 사실을 아는 것이 중요하다. 제품 A와 제품 B를 따로따로 분석해보면 수익성에 큰 격차가 있다는 사실을 알 수 있을 것이다.

경쟁자의 핵심 사업 분야는 무엇인가

기업은 일반적으로 제품의 종류나 조직 단위별로 데이터를 집계하는데 그것은 진부하고 비효율적이다. 경쟁 세그먼트를 기준으로 분석하는 것이 성과를 향상시키는 가장 빠른 길이다. 앞에서 소개한 전자기기 회사의 경우 경영자들은 어떻게 사업을 분석할 것인지에 대해 경영진간에 의견이 통일되지 않았다. 제품별 분석이 중요하다고 말하는 사람도 있었고 고객의 업종별 분석을 중시하는 사람도 있었다. 또한 국내시장과 해외시장을 구분해서 생각해야 한다는 사람도 있었다. 세 가지 의견 모두 나름대로 일리가 있었지만 경영간부에 따라 기본 가정이 달랐기 때문에 사업의 조직화에서 혼선이 빚어졌고 의사소통도 원활하지 못했다.

사업을 경쟁 세그먼트로 나눔으로써 이러한 논쟁이 해결되었다. 규칙은 간단하다. 어느 분야나 경쟁상대가 같고 경쟁에서의 지위가 변하지 않는다면 이런 분류는 의미가 없다. 누구나 쉽게 알 수 있는 기존의 방법을 따르면 좋을 것이다. 그러나 그 전자기기 제조업체의 시장을 분석해보면 전부 그렇다고 할 수는 없지만 대부분의 분야에서 제품에 따라 경쟁상대가 전혀 달랐다. 경쟁상대가 같은 분야에서는 경쟁상의 지위에 거의 차이가 없었으며, 사업내용도 범용기계를 양산하는 분야였다. 그러나 그것은 예외적인 것이었고 대부

분의 분야에서는 제품별로 상황이 매우 달랐다.

　나는 경영진에게 물었다. 고객이 석유정제 회사인 경우와 식품가공 회사인 경우 경쟁상의 지위가 다른가? 한 가지 제품을 제외하면 차이가 없다는 답이 나왔다. 그러나 그 한 가지 제품, 액체농도계측기의 경우는 고객의 업종에 따라 경쟁상대가 전혀 달랐다. 그래서 액체농도계측기에 대해서는 석유회사와 식품회사 시장을 나누어 생각하기로 결론을 내렸다.

　다음으로 국내시장과 해외시장에서 경쟁상대나 경쟁상의 지위에

(단위: 1,000달러)

세그먼트	매출액	이익	매출이익률(%)
1	2,250	1,030	45.8
2	3,020	1,310	43.4
3	5,370	2,298	42.8
4	2,000	798	39.9
5	1,750	532	30.4
6	17,000	5,110	30.1
7	3,040	610	25.1
8	7,845	1,334	17.0
9	4,224	546	12.9
10	13,000	1,300	10.0
11	21,900	1,927	8.8
12	18,100	779	4.3
13	10,841	(364)	(3.4)
14	5,030	(820)	(15.5)
15	4,000	(3,010)	(75.3)
합계	119,370	13,380	11.2

[도표 14] 전자기기 회사의 세그먼트별 수익성 도표

서 차이가 있는지 물어보았다. 대부분의 제품에 대해 다르다는 답이 나왔다. 수출이 중요하다고 했기 때문에 나는 나라별로 같은 질문을 해보았다. 프랑스나 아시아에서의 경쟁자나 영국에서의 경쟁자가 동일한가? 경쟁자가 다른 경우 우리는 그 사업을 별도의 세그먼트로 나누었다.

이러한 검토를 거친 끝에 우리는 15개로 나누어 생각할 필요가 있다는 결론에 도달했다. (실제로는 훨씬 더 많이 세분했지만 불필요한 작업을 피하기 위해 아주 작은 분할들은 주요한 것 중심으로 통합했다.) 대부분은 제품별, 지역별로 분류했지만 단 한 가지 액체농도계측기에 관련해서는 고객의 업종별로 분류했다. 15개 분야는 경쟁자나 경쟁상의 지위가 각각 달랐다. 그 다음 15개 세그먼트별로 매출액과 이익을 계산하여 분석하였다. 그 결과를 정리한 것이 [도표 14]이다.

이익을 기준으로 볼 때 상위 6개의 세그먼트가 총매출액의 26.3%를 차지하지만 이익에서는 82.9%를 차지함을 볼 수 있다. 즉 여기서는 83 대 26의 관계가 성립함을 알 수 있다.

전자기기 회사는 어떤 방법으로 이익을 향상시켰는가

[도표 17]은 [도표 14]의 결과에 따라 각 사업을 세 가지 유형으로 분류하여 정리한 것이다. 과거 최고의 이익을 이룩했던 4분기를 보면, 세그먼트 1~6이 달러박스임을 알 수 있으며, 따라서 가장 적극적으로 키워나가야 할 최우선순위 사업 A로 분류되었다. 이 6개 세그먼트로부터 이익의 80% 이상을 얻었음에도 불구하고 판매관리에 들이는 시간은 매출액을 기준으로 한 평균치에 불과했다. 경영자는 이 데이터를 보고 이들 사업에 할당하는 시간을 총 시간의

3분의 2 선으로 끌어올리기로 결정했다. 영업사원들은 기존고객이든 신규고객이든 이 제품들을 판매하는 데 초점을 맞추었다. 이 분야에서는 새로운 서비스를 제공하거나 가격을 약간만 인하해도 매우 높은 이익을 얻을 수 있다는 사실이 확인되었다.

사업의 두 번째 세그먼트 그룹은 세그먼트 7~12로 구성되어 있다. 이 6개 세그먼트를 합치면 매출액의 57%를 차지하며 총이익의 49%를 차지한다. 즉 평균치로 볼 때 전체 평균에 약간 못 미치는 이익률을 보인다. 이 그룹에서도 세그먼트 7, 8은 11, 12와 상당한

세그먼트	총매출에서 점하는 비중		총이익에서 점하는 비중	
	개별	누적	개별	누적
1	1.9	1.9	7.7	7.7
2	2.5	4.4	9.8	17.5
3	4.5	8.9	17.2	34.7
4	1.7	10.6	6.0	40.7
5	1.5	12.1	4.0	44.7
6	14.2	26.3	38.2	82.9
7	2.5	28.8	4.6	87.5
8	6.6	35.4	10.0	97.5
9	3.5	38.9	4.1	101.6
10	10.9	49.8	9.7	111.3
11	18.3	68.1	14.4	125.7
12	15.2	83.3	5.8	131.5
13	9.1	92.4	-2.7	128.8
14	4.2	96.6	-6.0	122.6
15	3.4	100.0	-22.6	100.0

[도표 15] 전자기기 회사의 세그먼트별 매출액과 이익에 대한 80/20 도표

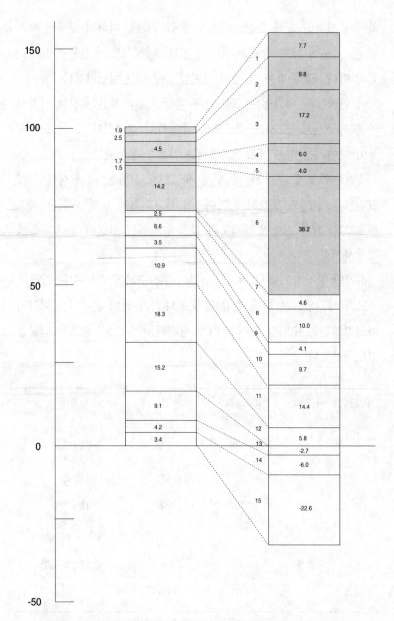

[도표 16] 전자기기 회사의 세그먼트별 매출액과 이익에 대한 80/20 그래프

차이가 있지만 함께 우선순위 B로 분류되었다. 따라서 앞에서 제기한 두 질문에 대한 답에 따라 같은 그룹 내에서도 우선순위가 달라질 것이다. 그 문제는 이 장의 마지막 부분에서 설명하겠다.

이 단계에서 세그먼트 그룹 B에 할당된 관리시간은 전체 시간의 약 60%였는데, 그것을 절반으로 줄이기로 결정했다. 그리고 수익성이 떨어지는 일부 세그먼트에서는 가격을 인상했다.

우선순위 X로 분류된 세 번째 세그먼트 그룹은 적자 상태인 세그먼트 13~15로 구성되어 있다. 이 세그먼트에 대한 대책은 세그먼트 그룹 B의 시장별 매력도와 경쟁력 분석이 완전히 끝난 다음에 결정하기로 했다.

하지만 잠정적으로 [도표 17]과 같이 우선순위를 바꿀 수는 있었다.

모든 세그먼트에 대해 최종 결정을 내리기 전에 전자기기 회사의 최고경영진은 수익성 외에 전략에 관련된 두 가지의 중요한 질문을 검토해보았다.

우선순위	세그먼트	전체 이익에서 점하는 비중	백분율	조치
A	1-6	26.3	82.9	판매활동 증대 관리시간 증대 가격 탄력성
B	7-12	57.0	48.5	판매활동 축소 관리시간 축소 일부 가격 인상
X	13-15	16.7	(31.4)	회생가능성 재검토
합계		100.0	100.0	

[도표 17] 전자기기 회사의 80/20 분석의 결과

- 세그먼트가 과연 참여할 가치가 있을 정도로 매력적인가?
- 세그먼트에서 우리 회사는 어느 정도의 경쟁력을 가지고 있는가?

전략적 결론을 정리한 것이 [도표 18]이다.

어떻게 조치할 것인가

그룹 A의 세그먼트들은 모두 매력적인 시장이었다. 즉 계속 성장하고 있으며, 신규 경쟁자의 진입 장벽도 높으며, 공급보다 수요가 많았으며, 경쟁하는 기술의 위협도 없었다. 또한 고객이나 부품공

세그먼트	시장은 매력이 있는가	시장에서의 경쟁력은	수익성
1	예	강하다	매우 높다
2	예	강하다	매우 높다
3	예	강하다	매우 높다
4	예	강하다	매우 높다
5	예	강하다	높다
6	예	강하다	높다
7	예	보통	높다
8	예	보통	어느 정도 높다
9	예	약하다	보통
10	별로	강하다	보통
11	별로	강하다	보통
12	아니오	보통	낮다
13	예	개선중	적자
14	아니오	보통	적자
15	아니오	약하다	적자

[도표 18] 전자기기 회사의 전략 진단

급자 모두에 대해 강한 협상력을 가지고 있었다. 이 시장의 다른 경쟁자들도 대부분 높은 이익을 얻고 있었다.

이 회사는 모든 세그먼트에서 좋은 경쟁 포지션을 유지하고 있었고, 시장점유율도 높아서 상위 3개 회사에 포함되어 있었다. 경쟁자들에 비해 기술수준도 평균 이상으로 높았고 비용효율도 좋았다.

그룹 A는 수익성도 가장 높기 때문에 세그먼트 1~6을 앞으로도 최우선순위로 삼아, 기존고객을 향한 판매촉진과 신규고객의 개척에 전력을 기울이도록 했다.

그룹 B에 대해서는 세그먼트들에 따라서 전략을 재검토할 필요가 생겼다. 세그먼트 9는 흥미로운 점을 보이고 있다. 수익성은 보통이지만, 그 이유가 시장 매력도가 떨어지기 때문이 아니었다. 오히려 다수의 경쟁자가 많은 이익을 올리는 것을 보면 시장은 충분한 매력을 가지고 있음을 알 수 있었다. 하지만 나의 고객인 이 회사는 낡은 기술을 사용하고 있었기 때문에 비용효율이 나쁘고 그에 따라 시장점유율도 낮았다.

그러나 새로운 기술로 대체하기에는 너무 많은 노력과 비용이 들 것 같았다. 따라서 이 세그먼트에서는 시장점유율을 보호하려는 노력을 중단하고 가격을 올리기로 결정했다. 매출은 줄어들 것으로 예상되었지만 일시적으로 높은 이익을 거둘 수 있을 것 같았다. 실제로 가격을 올렸더니 이익률은 높아졌으며 단기적으로는 판매량도 그다지 줄지 않았다. 고객들은 옛날 기술에 익숙해져 있어서 신기술을 익히지 않는 한 별다른 선택의 여지가 없었기 때문이다. 이익률은 12.9%에서 20%로 높아졌다. 물론 일시적인 현상일지도 모른다는 점을 염두에 두었다.

세그먼트 10과 11은 이 회사가 시장점유율 1위를 자랑하고 있었

지만, 구조적으로 매력이 없는 시장이었다. 시장규모가 축소되는 추세였으며, 업계 전체의 공급능력이 과잉상태였기 때문에, 구매하는 고객이 가격인하를 강력하게 요구할 수 있는 시장이었다. 따라서 시장점유율이 1위였음에도 불구하고 이 세그먼트에 대한 신규투자 계획은 모두 동결되었다.

다른 이유에서이긴 하지만 세그먼트 12에 대해서도 같은 결론을 내렸다. 그 시장의 매력도는 더 떨어졌고 기업의 시장점유율도 낮았다. 신규투자와 마케팅 프로그램은 모두 취소되었다.

적자만 내는 그룹 X에 대해서는 어떤 조치를 내려야 하는가? 3개의 세그먼트 중 세그먼트 14와 15의 두 분야는 시장규모는 크지만 매력이 없고 시장점유율도 높지 않았다. 그래서 시장에서 철수하기로 결정하고 한 개의 세그먼트의 경우는 공장을 경쟁상대에게 매각했다. 매우 낮은 가격에 매각했지만, 약간의 현금이 들어오고 적자가 중단되었을 뿐 아니라 그 공장에서 일하는 사람들의 직업도 일부는 유지할 수 있었다. 또 하나의 세그먼트에 대해서는 가동을 완전히 중지했다.

같은 X그룹에서도 세그먼트 13의 운명은 달랐다. 이 분야는 적자를 내고 있기는 하지만 시장 자체는 구조적으로 매력이 있었다. 시장은 매년 10%씩 성장하고 있었으며 대부분의 기업이 높은 이익을 올리고 있었다. 전체 간접비를 배분하면 손실을 내기는 했지만 세그먼트 자체의 이익률은 상당히 높았다. 문제는 시장에 진출한 지 일 년밖에 되지 않아 기술개발과 판매망 구축 등 초기의 부담이 수익성을 압박하고 있었다. 하지만 시장점유율이 확대되고 있었으며 현재의 발전속도가 계속된다면 3년 안에 시장의 리더가 될 수 있다는 희망도 있었다. 그 단계가 되면 초기투자를 회수할 수 있고, 높

은 이익률도 확보할 수 있을 것으로 예상되었다. 따라서 될 수 있는 대로 빠른 시간 안에 이익을 올리기 위한 최소한의 규모로 성장할 수 있도록 세그먼트 13에 보다 많은 노력을 기울이기로 결정했다.

80/20 분석의 주의점

위의 예에서 세그먼트 13의 경우를 보면 알 수 있듯이 단순히 이익에 대한 80/20 분석만으로 바로 올바른 결론이 나오는 것은 아니다. 이 분석은 특정 시간의 정지된 순간만을 포착하기 때문에 수익성을 바꿀 수 있는 트렌드나 힘까지 보여주지는 못한다. 수익성에 대한 80/20 분석은 바른 전략을 세우기 위한 필요조건이긴 하지만 충분조건은 아니다.

한편 손실을 줄이는 것이 이익을 증대시키는 최고의 방법이라는 사실은 의심의 여지가 없다. 세그먼트 13의 경우만 제외하면, 이익에 대한 80/20 분석만으로도 15개의 세그먼트 중 14개에 대해 즉 90%의 확률로 올바른 해결책을 찾아낼 수 있었다는 점에 주목하라. 이는 80/20 분석만으로 전략 수립의 모든 것을 해결할 수는 없지만 적어도 이 분석으로 전략 수립을 시작해야 한다는 점을 보여주기에는 충분하다. 완벽한 해답을 찾기 위해서는 시장의 매력도와 세그먼트별 기업의 경쟁 지위를 검토해보아야 한다. 전자기기 회사가 취한 행동을 [도표 19]에 요약해놓았다.

세그먼트	우선순위	특 징	행 동
1-6	A	매력적인 시장 높은 시장점유율 높은 수익성	고도의 경영자원 집중 판매노력 강화 판매량 증대를 위한 유연한 정책
7-8	B	매력적인 시장 보통의 점유율 높은 수익성	현상유지 특별한 대책 강구하지 않음
9	C	매력적인 시장 낙후된 기술 낮은 시장점유율	회수(비용 절감과 가격인상)
10-11	C	매력없는 시장 높은 시장점유율 보통의 수익성	체제를 대폭 축소 노력 감소
12	C-	매력없는 시장 좋은 경쟁지위 낮은 수익성	노력 더 감소
13	A	매력적인 시장 현재 고전중이지만 지위개선 중	신속한 점유율 확대 노력 손실 발생
14-15	Z	매력없는 시장 보통의/열악한 경쟁지위 손실 발생	매각 또는 폐쇄

[도표 19] 전자기기 회사가 80/20 분석 후 취한 행동

미래를 위한 지침, 80/20 법칙

사업 세그먼트에 대한 전략적 재검토를 이익에 대한 80/20 분석으로 시작하는 것이 매우 유용하다는 점을 우리는 확인할 수 있었다. 앞서 살펴본 것처럼 세그먼트 전략을 세우는 데는 이런 분석이 필수적이다. 하지만 전략면에서 80/20 법칙을 적용할 수 있는 측면은 훨씬 풍부하다. 사업을 한 차원 더 높은 단계로 끌어올리는 데에도 크게 활용할 수 있다.

우리는 누구나 자기가 속한 회사나 산업이 현재 할 수 있는 한의 최선을 다하고 있다고 가정하기 쉽다. 또한 자신이 속한 업계가 매우 심한 경쟁을 통해 일종의 균형상태에 도달해 있으며, 게임은 거의 끝났다고 생각하기 쉽다. 하지만 현실은 매우 다르다.

자신이 속한 산업은 엉망이며, 구조를 조정하면 고객이 원하는 것을 훨씬 효과적으로 공급할 수 있다는 전제에서 시작하는 것이 좋다. 그러면 당신의 야망을 향후 10년 안에 실현할 수 있는 길이 보일 것이다. 10년 후 오늘을 되돌아보며 '어떻게 우리가 일을 저런 식으로 했지? 제정신이 아니었나봐?' 라고 후회하는 모습을 상상해 보라.

살아남으려면 혁신이 필요하다. 미래의 경쟁력을 키우는 데 혁신은 필수적인 요소이다. 혁신은 어렵다고 미리 포기해버리는 사람이 많지만, 80/20 법칙을 창조적으로 이용하면 혁신은 쉬울 뿐만 아니라 재미있을 수도 있다.

• 전체 산업이 창조하는 이익의 80%는 20%의 산업이 생산한다. 제약산업이나 컨설팅산업과 같이 큰 이익을 올리는 산업의 명단을 만들어라. 그리고 왜 자신이 속한 산업은 그 속에 들어가지 못

하는가 생각해보라.

- 한 산업에서 창조하는 이익의 80%는 20%의 기업이 생산한다. 만일 자신의 기업이 20%에 들지 못하다면 그들에 비해 무엇을 잘못하고 있는지 파악하라.
- 고객이 받아들이는 가치의 80%는 기업활동의 20%에서 나온다. 기업 내에서 무엇이 20%에 해당하는가? 그 20%를 더욱 강화하지 못하는 원인은 무엇인가? 그 20%에 힘을 더욱 집중하지 못하는 이유는 무엇인가?
- 한 산업이 생산하는 것의 80%는 고객에게 제공하는 편익의 20%를 넘지 못한다. 그 80%에 속하는 것은 무엇인가? 왜 그것을 없애지 않는가? 예를 들어 은행이라고 반드시 지점을 두어야 하는 것은 아니다. 전화와 개인용 컴퓨터를 통해 제공할 수 있는 서비스는 왜 고려하지 않는가? 무인점포나 홈뱅킹 서비스를 확대할 경우 어떤 문제점이 있는가?
- 어떤 제품이나 서비스로부터 얻는 편익의 80%는 20%의 비용만으로도 제공받을 수 있다. 많은 소비자들은 거품을 빼서 가격이 싼 제품이 있다면 그것을 구입할 것이다. 당신이 속한 산업에서 그러한 제품을 공급하는 기업이 있는가?
- 어떤 산업에서나 이익의 80%는 20%의 고객으로부터 나온다. 당신의 회사는 그런 20%의 고객을 분명하게 파악하여 관리하고 있는가? 그렇지 않다면, 충성고객을 확보하기 위해 무엇을 해야 하는가?

왜 사람의 손만 고집하는가

산업의 변천과정을 되돌아보면 여러 가지 시사점을 얻을 수 있다. 나의 할머니는 길모퉁이의 식료품가게를 운영하였다. 할머니가 주문을 받아 물건을 꺼내놓으면 어린 내가 자전거로 배달을 나갔다. 얼마 후 시내에 슈퍼마켓이 생겼다. 그곳에서는 고객이 사고 싶은 물건을 골라 가져가게 하였다. 그 슈퍼마켓은 보다 넓은 선택범위와 낮은 가격, 그리고 주차장을 장점으로 내세웠다. 얼마 지나지 않아 할머니의 고객들은 슈퍼마켓으로 옮겨갔다.

주유소와 같은 산업도 셀프서비스의 개념을 금방 이해하여 수용했지만, 가구점이나 은행업과 같은 산업은 그것이 자신에게는 해당되지 않는다고 생각했다. 그러나 셀프서비스를 도입하여 가격을 낮춤으로써 성공하는 신규시장 진입자가 차례차례 등장하면서(예를 들어 가구산업에서의 Ikea와 같이) 셀프서비스라는 개념이 이들 산업에서도 새롭게 주목받게 되었다.

할인점 역시 소매업의 존재방식을 크게 바꾸어놓았다. 품목과 인테리어, 서비스를 줄여서 이전에는 상상할 수 없는 가격인하를 단행한 할인점은 소매업을 혁명적으로 바꾸어놓았다. 매출액의 80%는 상품의 20%에 집중되어 있기 때문에 이 20%의 상품만 갖추어놓는다는 사고방식이다. 나는 전에 와인 상점에서 아르바이트를 한 적이 있었다. 그곳에서는 보르도의 붉은 포도주를 30종류나 진열해놓았다. 그 많은 종류를 누가 필요로 하겠는가? 그 가게는 가격이 훨씬 싼 체인점에 고객을 빼앗겼고 얼마 되지 않아 문을 닫았다.

50년 전에 패스트푸드 체인점이 요즘처럼 번성하리라고 상상한 사람이 있었는가? 그리고 오늘날 제한된 몇 가지 메뉴만을 갖추고 화려한 인테리어를 갖춘 넓은 패밀리 레스토랑이 호황을 누리고 있

다. 이런 초대형 레스토랑이 오랜 전통을 자랑하는 레스토랑의 손님을 빼앗고 있다.

왜 기계가 훨씬 싸게 할 수 있는 일을 사람이 하려고 고집하는가? 언젠가는 비행기 승무원을 전부 로봇으로 대체하게 될지 모른다. 대부분의 사람들이 인간의 서비스를 더 선호하지만, 반면에 기계는 보다 신뢰성이 크며 비용이 매우 싼 편이다. 기계를 사용하면 20%의 비용만으로도 사람이 제공하는 편익의 80%를 제공할 수도 있을 것이다. 은행의 현금자동입출금기(ATM)와 같은 기계는 낮은 비용으로 창구보다 빠르고 뛰어난 서비스를 제공한다. 다음 세기에는 나처럼 구닥다리 사람들만이 인간의 손길을 좋아할 것이다. 어쩌면 우리 같은 사람조차 기계를 선택하게 될지도 모르겠다.

카펫 공급회사의 80/20 법칙

스스로 상상력을 발휘해보라. 기업의 운명을 바꾸어놓았으며 산업계 전체를 바꾸어놓을 수 있는 80/20 법칙의 마지막 예를 들어보도록 하겠다.

현재 연간 8억 달러의 카펫을 공급하는 조지아 주의 인터페이스 사(Interface Corporation)를 생각해보자. 인터페이스 사는 예전에는 카펫을 판매만 하였는데 현재는 리스를 하고 있다. 그것도 통으로 된 카펫이 아니라 카펫 재료를 타일 모양으로 자른 카펫 타일을 리스해주고 있다. 인터페이스 사는 더러워지거나 파손되는 카펫의 80%는 전체 면적의 20%에 집중되어 있다는 사실을 파악했다. 일반적으로 사람들은 카펫의 한 부분이 훼손되면 나머지 부분의 상태가 꽤 좋더라도 전체를 교체한다. 인터페이스 사는 카펫을 정기적으로 점검하여 오염되거나 손상된 카펫 타일만 교체해준다는 리스

계약을 체결한다. 이는 인터페이스 사와 고객 모두에게 비용절감의 효과가 있다. 보잘것없어 보이는 것도 80/20 법칙을 잘만 활용하면 기업을 완전히 바꾸어놓을 수 있으며 해당 산업 전체의 미래를 바꾸어놓을 수도 있다는 점을 잘 보여주는 사례이다.

발상을 바꾸자

80/20 법칙을 활용해서 당신의 전략에서 잘못된 부분을 찾아낼 수 있다. 만일 활동의 작은 부분에서 대부분의 이익이 나온다고 판단되면, 발상을 바꾸어 그 작은 부분을 확대재생산하는 데 노력을 집중해야 한다. 하지만 이것은 해답의 일부분일 뿐이다. 힘의 집중도 물론 필요하지만 그 밖에도 비즈니스에서 꼭 명심해야 할 중요한 진리가 숨어 있다.

80/20이란 단순화의 힘

> 나는 언제나 물건을 단순하게 만들기 위해 노력한다. 우리는 돈이
> 많지 않은데도 생활필수품을 사는 데 너무 많은 돈을 쓰게 된다. 바로
> 물건을 필요 이상으로 복잡하게 만들기 때문이다. 조금만 노력을 기울
> 인다면 의류, 식품, 가구 등의 모든 제품을 지금보다 훨씬 단순하면서
> 도 보기 좋게 만들 수 있다.
>
> — 헨리 포드[1]

우리는 기업 내의 여러 사업 분야별로 서로 수익성에 큰 차이가
있다는 점을 앞에서 살펴보았다. 80/20 법칙에 따르면 전형적으로
회사의 총매출 중 5분의 1에서 그 회사가 벌어들이는 이익의 5분의
4가 나온다는 다소 믿기 어려운 가설이 성립한다. 이를 거꾸로 말
하면, 회사 총매출의 5분의 4는 겨우 5분의 1에 해당하는 이익을
벌어들인다는 것이므로 이 가설은 매우 황당하게 느껴진다.

만일 어떤 회사가 1,000억 원어치를 판매해서 50억 원의 이익을
얻었다면, 80/20 법칙에 따라 이 가운데 200억 원의 매출에서 40억
원의 이익이 남고, 800억 원의 매출액에서는 겨우 10억 원의 이익
이 남았다는 결론이 나와야 한다. 이것은 수익성이 높은 20%의 사
업 분야에서 얻는 이익이 나머지 사업 분야에서 얻는 이익의 16배
나 된다는 것을 의미한다.

그러나 정말 놀라운 것은 이 가설을 기업의 자료를 가지고 검증
해보면 실제로 이런 불균형이 정확하게 맞거나 적어도 그 기준 수

치에서 크게 벗어나지 않는다는 것이다.

정말 이 법칙이 맞는가? 일부 사업 분야가 다른 분야보다 수익성이 높을 수 있다는 건 누구나 인정하는 바이지만, 16배나 수익성이 높다는 것은 불가능한 것처럼 보여서 누구도 쉽게 믿으려 하지 않을 것이다. 그러므로 제품의 종류별로 수익성을 조사했을 때 이런 결과가 나타나면 회사 간부들은 보통 이를 믿으려 하지 않는다. 다시 재검토해보고 그래도 오류가 없다는 사실을 확인한 다음에도 고개를 가로 젓기 일쑤다.

그 다음으로 이 결과를 인정하지 않으려고 하는 그룹이 바로 회사의 경영자들이다.

이들은 수익성이 낮은 80%의 사업을 정리하려고 하지 않는다. 막대한 비용이 효과적으로 사용되지 않는다고 판단되면 그 사업을 다시 검토해보는 것이 경영의 상식이다. 그런 80%의 사업을 정리하면 이익이 증가할 것이라는 것은 금방 알 수 있다. 다소 시간은 걸리겠지만 간접비의 거의 80%를 절감할 수 있기 때문이다. 그런데도 경영자들은 상식적으로 생각해볼 때 총비용의 80%를 없애는 것은 불가능한 일이며, 80%의 사업을 정리해버릴 경우 이익은 훨씬 더 감소할 것이라고 주장한다.

이런 반대에 부딪힐 때 대부분의 컨설턴트들은 경영자들의 의견에 굴복하고 만다. 그래서 거액의 적자를 내고 있는 사업 분야만을 정리하거나, 수익성이 가장 높은 사업 분야를 키우려고 약간의 노력을 더 들이는 데 그치고 만다.

이처럼 견해의 차이 때문에 비효율적인 타협이 이루어진다. 대부분의 사람들은 수익성이 낮은 사업이 얼마나 해로운 존재인지, 그리고 이론적으로 뿐 아니라 실제로도 회사가 수익성 높은 사업만을

수행할 경우 간접비의 80%를 줄일 수 있다는 점을 진지하게 생각해보려 하지 않는다.

여러 가지 사업 분야를 갖게 되면 기업의 조직이 굉장히 복잡해지며, 그 중 수익성이 낮은 사업을 운영할 경우에는 간접비가 비생산적으로 낭비된다. 수익성이 높은 사업 분야는 상대적으로 간접비가 차지하는 비중도 매우 낮다. 만일 여러분이 회사의 구조와 업무 구조를 조금만 개편한다면, 수익성이 높은 사업 분야만으로 회사를 구성할 수 있으며, 이로 인해 많은 이익을 얻을 수 있을 것이다.

이것이 바로 단순한 것이 아름다운 이유이다. 그런데 기업가들은 복잡한 것을 좋아하는 것 같다. 처음에는 단순한 사업 분야로 시작해서 성공한 경영자들도 곧 사업을 복잡하게 만들려고 노력한다. 그러나 사업구조가 복잡해질수록 이익은 계속 감소한다. 이익이 감소하는 것은 생산성이 낮은 사업 때문이기도 하지만, 더 큰 이유는 사업을 점점 더 복잡하게 만드는 활동 그 자체 때문이다.

반대로 복잡한 기업을 단순화할수록 이익은 급격히 증가한다. 결국 이익을 늘리기 위해 우리가 해야 할 일은 복잡화의 코스트 또는 단순화의 가치에 대한 이해와, 이를 토대로 간접비의 80%를 삭감할 수 있는 용기를 갖추는 것이다.

복잡한 것은 나쁘다

우리가 아무리 80/20 법칙이 훌륭하다고 주장해도 왜 단순한 것이 좋은지를 설명해내지 못하면 이 법칙은 기업을 변화시킬 수 없을 것이다. 사람들이 이 법칙을 이해하지 못한다면 그들은 결코 현

재 가지고 있는 사업 중 간접비의 80%를 차지하는 사업을 포기하려 하지 않을 것이기 때문이다.

그러므로 우리는 처음으로 돌아가서 일반적으로 사람들이 생각하는 사업의 성공 요인이 무엇인가를 생각해봐야 한다. 이를 위해서는 사업규모가 큰 것이 이익인지 손해인지에 관한 논쟁에 끼어들 수밖에 없다. 왜냐하면 이 논쟁의 해답을 찾으면 단순한 것이 이익이라는 점을 증명할 수 있기 때문이다.

오늘날 산업구조에는 흥미롭고도 새로운 현상이 나타나고 있다. 산업혁명 이후 기업의 규모는 점차 커지고 사업은 다양화되어왔다. 19세기 말까지는 거의 대부분의 기업들이 전국적인 규모로 성장했다. 그러나 그 당시까지만 해도 기업들은 소위 본업이 분명했고, 기업 매출의 대부분을 국내에서 벌어들이고 있었다. 20세기에는 비즈니스의 성질과 개인의 생활양식을 크게 바꾸는 변화들이 잇달아 일어났다. 우선 헨리 포드가 자동차를 대중화하는 데 성공을 거둔 것에 힘입어서, 집합적 생산 라인을 설치해 역사상 처음으로 소비재를 대량생산해냈고 제품의 가격을 대폭 인하했다. 이렇게 해서 총매출을 늘려가는 대기업이 더 많은 이윤을 누리게 되었다. 이후 아메리카 대륙과 유럽을 시작으로 해서 마침내는 전 세계로 활동 무대를 넓힌 다국적 기업 형태가 나타났다. 그 다음으로 한 가지 사업 분야만을 다루지 않고 여러 종류의 사업 분야와 제품으로 그 범위를 넓힌 거대복합기업 형태가 나타났다. 이후에 적대적 인수방법이 생기고 발전하여 기업의 규모 경쟁은 계속되었는데, 경영자의 야심과 금융의 지렛대 효과 등이 그런 경향에 더욱 박차를 가하게 되었다. 그리고 금세기의 마지막 30년 동안 경제계의 리더들은 시장점유율을 높이고 해당 시장에서 세계 선두 자리를 차지하려는 목표를

향해 매진해왔다.

이런 저런 이유로 20세기의 처음 75년 동안 기업들은 성장하며 규모가 계속 커졌고 대기업이 경제활동에서 차지하는 비중도 계속 증가했다. 그러나 최근 20년 사이에 대기업이 전체 경제활동에서 차지하는 비중이 갑자기 감소하기 시작했다. 1979년에는 미국의 500대 기업이 미국 국민총생산의 60%를 차지했으나, 1990년대에 들어 40%까지 떨어졌다.

규모가 작아야 좋은가

반드시 작은 것이 좋은 것은 아니다. 사실 경제를 주도해온 사업가들이나 전략가들이 기업의 규모와 시장점유율이 중요하다고 신앙처럼 믿어온 것은 옳은 것이다. 대량생산을 통해 소위 규모의 경제를 실현할 수 있기 때문에 고정자본 투자가 큰 분야에서도 단위당 생산원가가 낮아진다. 이런 이유로 오늘날 공장들은 생산효율이 매우 높아졌으며 전체 비용에서 차지하는 간접비의 비중도 따라서 커지고 있다. 마찬가지로 시장점유율도 제품의 가격을 올리는 데 도움이 된다. 시장점유율이 높은 유명회사는 최고의 명성과 품질을 갖춰 부유층 고객을 확보할 수 있으며, 다른 회사보다 가격을 더 높게 책정할 수 있는 것이다.

그렇다면 왜 대기업이 그보다 작은 기업에게 시장을 내주고 있는 것일까? 왜 이론과는 달리 실제로는 규모가 크고 시장점유율이 높은 기업이 더 많은 이익을 얻지 못하는가? 매출액이 증가할 경우 이론상으로는 수익성이 높아져야 하는데, 현실에서는 시장점유율은 높아지는데 매출이익률이나 자본이익률 모두 떨어지고 있는 기업이 많이 생기고 있다. 어떻게 해서 이런 현상이 발생하는가?

제품·서비스가 복잡하면 막대한 비용이 발생한다

이러한 질문들에 관한 가장 정확한 대답은 바로 사업이 복잡해질수록 많은 비용이 든다는 것이다. 다시 말해 규모가 큰 것이 문제가 아니라 지나치게 복잡한 것이 문제라는 말이다.

복잡하지 않으면서 단지 규모만 크다면 단위당 원가는 오히려 줄어든다. 원가가 줄어드는데 같은 가격으로 고객에게 제품과 서비스를 제공한다면 이익은 당연히 오른다.

그러나 규모가 커지면서 다른 조건이 변하지 않기란 실제로 매우 힘든 일이다. 이전과 같은 고객을 확보하고 있다 하더라도 기존 제품을 개량하거나, 신제품을 개발하거나 또는 추가 서비스를 제공하지 않는 한 판매량은 늘어나지 않는 것이 보통이다. 이로 인해 막대한 간접비가 추가된다. 새로운 고객이 늘면 사태는 더욱 악화된다. 우선 신규고객을 획득하기 위해서는 초기비용이 들고 새로운 고객의 요구는 기존고객과 다른 경우가 많다. 따라서 새로운 고객들의 기호에 맞추기 위해 노력하다 보면 사업은 더 복잡해지고 비용도 더 늘어나게 된다.

조직이 복잡하면 막대한 비용이 발생한다

기존의 사업과 약간이라도 다른 신규사업을 시작하게 되면 비용이 증가하게 된다. 신규사업에 따른 비용은 생산량이 증가하는 정도보다 훨씬 큰 폭으로 증가하게 된다. 이러한 현상은 바로 사업이 복잡해질수록 조직의 움직임이 둔해지고, 새로운 문제가 생길 때마다 경영간부가 개입해야 하기 때문에 나타난다. 경영간부들이 새로운 사업에 관해 의견 차이를 드러낼 때마다 진행중이던 일을 멈추었다가 다시 시작하는 데 드는 비용이라든지, 일을 진행하다가 누

군가의 지시를 받기 위해 멈추었다가 지시를 받아 조금하다가 다시 기다리는 과정이 반복되면서 나타나는 진행의 '공백'으로 인한 비용은, 눈에 띄지 않아 그냥 지나치기 쉽지만 사실 엄청난 것이다. 만일 서로 다른 부서, 다른 건물, 다른 나라 사이에서 의견 조정이 이루어져야 하는 경우라면 이로 인한 경비는 더욱 커진다.

[도표 20]은 이러한 이치를 보여주고 있다. 도표에서 보면 경쟁사 B는 경쟁사 A보다 규모도 큰 데 비해 단위당 원가가 더 높다. 그렇다고 생산수량이 늘수록 원가가 낮아진다는 규모의 경제원리가 잘못된 것은 아니다. B사의 경우 수량이 늘어나면서 복잡성이 증대하는 데 따라 원가가 상승하기 때문이다. B사의 복잡성으로 인한 비용은 A사에서 나타나는 추가비용보다 훨씬 크다. 즉, 규모면에서는 B사가 유리한 위치에 있지만, 규모의 이익에 비해 복잡성의 증

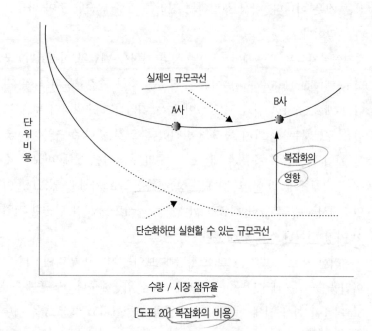

[도표 20] 복잡화의 비용

대에 따른 손실이 더 크기 때문에 B사가 A사보다 최종 이익이 더 적은 것이다.

단순한 것이 아름다운 이유

기업이 복잡해지면 비용이 기하급수적으로 커진다는 점을 알게 되면 기업의 규모에 관한 논쟁의 답을 쉽게 찾을 수 있다. 작은 것이 반드시 좋은 것은 아니다. 즉 다른 조건이 모두 같다면, 기업의 규모는 클수록 좋다. 그러나 기업이 커지면 다른 조건들이 달라지게 마련이고, 거대한 기업은 복잡해지기 때문에 낭비가 많아진다. 물론 규모가 큰 것이 좋은 경우도 있다. 그러나 이 말도 항상 성립하는 것은 아니다. 항상 성립하는 진리는 바로 단순한 것이 아름답다는 말이다.

경영학자들은 뒤늦게야 이 단순성의 가치를 깨닫기 시작했다. 군터 롬멜(Gunter Rommel)[2]이라는 학자는 최근 중간규모의 독일 기업 39개를 조사한 결과, 수익성이 높은 기업들과 수익성이 낮은 기업을 구분하는 한 가지 특징을 발견했다. 그것은 바로 수익성이 좋은 기업들은 적은 종류의 제품을 소수의 공급자를 통해 비교적 소수의 고객에게 판매한다는 단순성을 특징으로 가지고 있었다. 이 연구에서 매우 복잡한 제품을 판매하는 데서도 구조가 단순한 기업이 가장 뛰어난 실적을 보였다.

이러한 새로운 발견은 다소 황당해 보이는 80/20 법칙이 기업의 이익을 높이는 데 활용될 수 있다는 점을 입증해준다. 즉 총매출의 5분의 1이 회사 전체 이익의 5분의 4를 만들어내고 가장 높은 매출

을 기록하는 20%의 사업이 가장 저조한 실적을 기록하는 80%의 사업보다 16배나 많은 이익을 가져온다. 만일 저조한 80%의 분야가 오히려 손해를 보고 있다면 상위 20% 사업의 이익은 16배보다 더 높아진다. 단순한 것이 아름답다는 원리는 80/20 법칙이 왜 나타나는가를 설명하는 데 도움이 된다.

- 단순성과 단일한 시장점유율은 우리가 보통 생각하는 것보다 더 중요하다. 규모의 증대에 따라 증가하는 복잡성의 비용을 정확히 계산할 수 없기 때문에 단일한 시장규모의 수익률이 실제 이상으로 저평가되기 쉽다. 통상 여러 사업 분야마다 경쟁상대가 다르면 경쟁상대와의 역관계도 다르다. 보통 한 사업 분야가 틈새시장에서 절대적 우위를 차지할 경우에 벌어들이는 이익은 시장점유율이 높은 경쟁사와 경쟁하고 있는 다른 사업 분야에 비해 몇 배나 높다.

- 치밀하게 계획을 세워서 업무를 단순화한 사업 분야는 놀랄 정도의 이익을 낸다. 제품, 고객, 공급자의 수를 줄이면 가장 생산성이 높은 활동과 가장 많은 이익을 가져다 주는 고객에게 힘을 집중할 수 있을 뿐 아니라 간접비나 중간관리층 등 복잡성에 따른 비용을 대폭 삭감할 수 있기 때문에 더 많은 이익을 얻을 수 있다.

- 제품의 종류가 많아지면 당연히 물품이나 서비스의 매입처도 늘어난다. 이 경우 복잡성의 증대에 따른 비용을 줄이기 위한 최선의 방법은 '아웃소싱(outsourcing)'이다. 외부에서 물품과 서비스를 구입하면 회사구조가 훨씬 단순해지며 이 때문에 경비도 크게 절약할 수 있다. 연구개발, 제조, 배송, 판매, 마케팅, 서비스 등 부가가치 사슬 중에서 가장 강점을 가지고 있는 부분이 어디

인지를 파악하고, 그 외의 것은 모두 과감하게 외부에 위탁한다. 이렇게 하면 회사구조가 복잡하기 때문에 드는 비용을 절감하고, 간접비를 대폭 줄일 수 있으며, 제품을 생산해서 시장에 내보낼 때까지 걸리는 시간을 훨씬 단축할 수 있다. 결국 훨씬 적은 비용으로 훨씬 비싼 제품을 만들어낼 수 있다는 결론이 나온다.

• 그렇게 하면 기업에서 필수적으로 보유해야 할 기능과 비용만 남게 된다. 만약 한 가지 분야로만 특화한다면 별도의 본사나 사업 분야별 사무실들도 필요 없을 것이다. 본사를 없앨 수 있다면 이익이 훨씬 늘어난다. 본사의 경우 사용하는 비용 자체는 그리 큰 문제가 아니다. 핵심 문제는 고객과 직접 접하고 있는 현장의 임직원들로부터 책임감과 자주성을 빼앗는다는 점이다. 본사를 없애면 기업은 내부의 자리싸움에 소모되는 정력을 고객의 요구를 충족시키기 위한 노력에 집중할 수 있게 된다.

본사가 존재하는 상태에서는 각 사업 분야별로 본사로부터 받는 자금지원과 간섭의 정도가 서로 다르다. 특이한 것은 보통 본사의 도움 없이 혼자 꾸려나가도록 방치해둔 제품과 서비스가 가장 많은 이익을 남긴다는 점이다. 경영 간부들은 80/20 분석의 결과를 보고 가장 무관심했던 분야에서 최고의 이익을 얻고 있다는 점을 발견하고 충격을 받게 된다. 그러나 이는 결코 우연이 아니다. 80/20 분석에 따라 나타나는 또 다른 결과는 가장 많은 이익을 낳는 분야는 경영자들의 관심을 집중적으로 받게 되고 그 결과 유감스럽게도 이익이 감소하기 시작한다는 것이다.

• 마지막으로, 사업 분야를 단순화할 경우 유리한 점은 경영상 절차가 간소화되어 고객들의 요구에 더 가까이 갈 수 있게 된다는 점이다. 회사는 고객의 요구를 잘 알게 되고, 고객은 자신이

회사에 중요한 존재라고 느끼게 되는데, 이러한 느낌이 들 때 고객은 더 많은 돈을 지출한다. 고객에게는 자신이 대접받고 있다는 느낌이 가치있는 물건을 사는 것만큼 중요하기 때문이다. 결국 단순한 사업구조가 가격을 높이고 비용은 절감해준다.

'간접비에 기여하고 있다'는 말은 변명일 뿐이다

대개 80/20 분석의 결과를 직접 대하게 될 때 경영자들은 가장 이익이 높은 세그먼트에만 주력할 수는 없다고 맞선다. 또한 이익이 상대적으로 낮거나 오히려 손해를 보고 있는 세그먼트도 회사 전체의 성과에 어느 정도 기여를 하고 있다고 말한다. 하지만 이는 경영자들이 꾸며낼 수 있는 가장 엉성하고 이기적인 변명에 불과하다.

만일 수익성이 가장 높은 세그먼트에만 주력한다면 그 회사는 급격히 성장할 것이다. 그 성장률은 대부분 한 해에 20% 이상이 될 것이다. 그 분야에서 이미 일정한 지위를 확보하고 고객도 확실하게 보유하고 있기 때문에 기업 전체를 성장시키는 것보다 훨씬 쉽다. 수익성이 낮은 세그먼트를 포기하는 데 따른 공백은 순식간에 사라질 것이다.

더 이상 주저하지 말라. '눈 때문에 실수를 하게 되면 눈을 뽑아내라'는 말처럼, 비효율적인 비용은 단호하게 삭감해버려라. 마음만 굳게 먹는다면 무엇이든 할 수 있다. 이익이 낮은 분야는 다른 회사에 매각해버려도 좋다. 사업을 '정리하는 데 드는 비용'이 만만치 않을 것이라는 회계사의 말은 믿지 말아라. 사업을 정리하는 데는 비용이 전혀 들지 않거나, 혹시 들더라도 사업구조가 단순해지면서 순식간에 그 비용을 보상하고도 남을 이익을 얻게 될 것이다. 다만 매각하지도 않고 폐쇄하지도 않는 제3의 길도 있다. 그것은 고의적

으로 시장점유율을 낮추는 것인데, 이 방법을 통해서도 이익을 크게 늘릴 수 있다. 회사에 별 이익이 되지 않는 제품과 고객이 자연스럽게 사라지도록하고, 판매촉진을 위해 투입하는 노력을 대폭 줄이며, 가격을 올려서 판매량을 5~20% 감소시키면, 오히려 더 많은 이익을 얻게 될 것이다.

가장 단순한 20%를 공략하라

가장 단순하고 표준적인 것이 복잡한 것보다 생산성과 효율성이 높다. 메시지가 단순할수록 사람의 마음을 사로잡고 깊은 진실을 담고 있다. 마찬가지로 구조와 과정도 단순할수록 효과가 가장 클 뿐 아니라 비용도 가장 적게 든다. 셀프서비스 제도와 같이 고객이 스스로 기업의 시스템에 쉽게 접근할 수 있게 하면 가장 좋다.

항상 제품의 종류, 생산과정, 마케팅 전략, 판매망, 상품 디자인, 제조, 서비스 고객의 피드백 등 모든 면에서 가장 단순한 20%가 무엇인지를 늘 파악하기 위해 노력하라. 그리고 일단 파악하면 그것을 발전시켜 최대한 단순화해라. 단순한 제품과 서비스를 제공하는 데서도 특별하고 모험적인 방법을 택하지 말고, 가장 보편적이고 표준화된 방법을 사용해라. 가장 단순한 20%에 대해 최고의 품질과 견고성을 갖도록 하라. 복잡해질 때마다 단순화시키고, 단순화시킬 수 없다면 그것을 포기해라.

복잡한 구조를 단순화시킨 코닝의 사례

곤경에 처한 기업이 어떻게 80/20 법칙을 활용해서 복잡한 구조를 단순화하고 이익을 높일 수 있을까? 독일의 카이저슬라우터른과 미국 오하이오주의 그린빌 두 곳에서 자동차 배기 시스템에 쓰이는 세라믹 기기를 생산하던 기업 '코닝(Corning)'이 이 질문의 좋은 예가 될 것이다.[3]

1992년에 미국 경제는 고전을 면치 못했고, 그 이듬해에는 독일 시장이 급격히 쇠퇴하였다. 코닝의 경영진은 이런 상황에 당황하지 않고 오랜 시간을 들여 각각의 제품이 얼마만큼의 이익을 가져오는지 주의깊게 관찰했다.

전 세계 대부분의 기업이 그렇듯, 코닝의 경영진도 표준원가를 계산하고 그것을 기준으로 어떤 제품을 생산할 것인가를 결정했다. 그러나 이 방법은 대량생산되는 제품과 소량생산되는 제품을 구분하지 않기 때문에 특정 제품의 실제 수익성을 알 수 없다. 코닝사가 이 결점을 인식하고, 초과근무수당, 연수비용, 장비갱신비용, 정기점검비용 등의 간접비를 자세히 구분해서 표준원가에 가산(加算)한 결과는 매우 놀라운 것이었다.

독일에서 생산한 두 제품을 예로 들어보자. 하나는 좌우대칭의 단순한 형태로 생산량이 많은 것으로 편의상 R10이라고 부르겠다. 그리고 또 한 가지의 제품은 소량생산되는 제품으로 형태도 특이하다. 이것은 R5라고 이름붙여두자. R5를 생산하는 데는 R10을 생산하는데 드는 원가보다 20%가 많이 든다. 하지만 R5를 생산하기 위해 필요한 고도의 기술과 근로자들의 노력에 드는 원가까지 계산해보면 R10의 생산비보다 무려 5,000배나 많은 비용이 들었다는 믿기 힘든 결론이 나온다. 그러나 이것은 분명한 사실이다. 사실상 R10

을 생산하는 데는 별다른 노력이 필요 없지만, R5는 많은 고급 엔지니어들이 수차례 검사를 해야 사양에 맞는 제품을 만들 수 있었다. 그러므로 R10만을 생산했다면 생산에 필요한 엔지니어의 수는 대폭 줄었을 것이다. 즉 소량생산되고 이익이 적은 제품은 총매출에서 극히 적은 부분을 차지하고 전체 이익을 감소시키는 역할을 했기 때문에, 이 제품의 생산을 중단함으로써 코닝사는 기술자의 수를 25%나 줄일 수 있었다.

50 대 5 법칙

코닝의 컨설턴트들은 80/20 법칙과 유사한 50 대 5 법칙을 활용했다.

50 대 5 법칙은 회사의 전체 고객, 제품, 부품, 공급자의 50%가 전체 매출과 이익에는 5% 이하의 기여밖에 못하고 있으므로 이익이 적은 50%의 제품을 생산하지 않으면 회사의 복잡한 구조를 단순화할 수 있다는 것을 의미한다.

코닝사에도 50 대 5 법칙이 적용되었다. 그린빌에서 생산되는 450가지 제품의 절반이 96.3%의 매출을 올리는 반면, 나머지 절반은 겨우 3.7%밖에 차지하지 못했다. 또 분기별로 분석해봤을 때 독일 공장의 전체 제품 가운데 소량생산하는 50%의 제품은 전체 판매의 2~5%를 차지하는 것으로 나타났다. 양쪽 공장에서 모두 하위 50%의 제품은 적자를 기록하고 있었던 것이다.

만들수록 손해다

제품의 종류를 확대하다가는 백발백중 실패할 수밖에 없다. 제품의 종류가 많아지면 생산성이 낮은 제품과 고객이 생겨나며, 기업

의 구조가 비효율적으로 복잡해진다. 그러나 경영자들은 기업이 복잡해질수록 더 큰 흥미와 보람을 느끼므로 견딜 수 없는 수준까지 기업의 구조가 복잡해지는 현상을 묵인하거나 오히려 부추긴다. 코닝사의 공장도 적자만 내는 복잡한 제품을 많이 제조하고 있었다. 이를 해결하는 방법은 생산품목을 절반 이상 줄이는 것이다. 또한 1,000군데에 이르는 매입처를 전체 공급량의 95%를 차지하는 200군데로 줄여서 이곳에서 모든 물품구입이 이루어지도록 했다 (95 대 20 법칙).

회사의 시장점유율이 낮아지는데도 코닝사는 새로운 힘을 투입하기보다는 투자를 축소했다. 이는 잘못된 방법처럼 보이지만, 효과가 있었다. 더 단순해지고 규모가 작아진 회사는 곧 빠른 속도로 이익을 회복해가기 시작했던 것이다. 다시 말해 작을수록 좋은 결과를 낳은 것이다.[4]

경영자들은 복잡한 것을 좋아한다

이쯤에서 '복잡한 구조가 수익성을 악화시킴에도 불구하고, 왜 이윤의 극대화를 추구하는 기업들이 더 복잡한 쪽으로 변해가는가?'라는 질문이 나올 법도 하다.

이에 대한 한 가지 적절한 대답은 '경영자들이 복잡한 것을 좋아하기 때문'이라는 점이다. 복잡한 것은 지적인 의욕을 불러일으키며 지루한 일상에 자극을 주고 경영자들에게는 재미있는 일거리를 제공해준다. 일부 사람들은 아무도 의식하지 못하는 사이에 사업이 저절로 복잡해진다고 말하지만, 사실 경영자들 때문에 사업구조가 복잡해진다는 것은 의심의 여지가 없다. 상업주의의 화신이요, 자본주의의 요람인 기업을 포함하여 거의 모든 조직체들의 고객, 투자

가, 외부의 이익을 무시한 채 경영자들의 의도대로 운영된다. 심지어 회사가 도산의 위기에 직면하거나, 경영자의 이익보다 투자가와 고객의 이익을 더 우선시하는 보기 드문 리더가 회사를 이끌지 않는 한, 경영자 계층의 이익을 우선시하는 무절제한 경영활동이 계속 이루어질 것이다.

단순화로 얻는 비용절감

회사도 인간의 삶과 마찬가지로 방치해두면 점차 필요 이상으로 복잡해지려는 성질이 있다. 모든 조직체, 특히 거대하고 복잡한 조직일수록 그들이 어떤 활동을 해야 하는가를 깊이 생각하지 않으므로 비능률적이고 비경제적으로 된다. 기업이 해야 할 일은 바로 기존고객과 잠재고객들에게 더 나은 가치를 제공하는 것이다. 이 목표를 충족시키지 못하는 활동은 생산성이 없는 것이다. 그러나 대부분의 대기업이 엄청난 경비가 드는 비생산적인 일에 매달려 있다. 모든 사람과 조직은 다른 세력의 융합의 산물이며, 융합 속에서 서로 다른 세력들은 줄다리기를 하게 된다. 기업에서의 상이한 두 세력은 별다른 기여를 하지 못하는 다수와 핵심적인 소수이다. 별다른 기여를 하지 못하는 다수는 대개 비생산적이고 비능률적이며, 핵심적인 소수는 생산적이고 능률적이다. 대부분의 활동이 별 가치가 없고 발전을 가져오지 못하는데, 이 활동에 약간의 변화를 가하면 커다란 성과를 거둘 수 있다. 두 세력 간의 줄다리기는 비효율적 결과를 낳는 다수와 효율적 결과를 낳는 소수를 동시에 가지고 있는 하나의 인물, 조직, 기업에서 일어나므로 직접 관찰하기가 쉽지

않다. 그래서 우리는 어떤 것이 가치 없는 것이고 어떤 것이 가치 있는 것인지를 파악하지 못하고 전체적인 결과만을 보게 된다.

기업의 활동을 단순화하고 적은 이익을 남기거나 손해를 끼치는 사업을 중단하면 기업은 얼마든지 비용을 절감하고 고객에게 더 나은 가치를 제공할 수 있다.

다음 사항을 유의하자.

- 복잡해질수록 낭비가 증가하고 단순해지면 능률이 오른다.
- 대부분의 활동은 잘못 계획되고 낭비적이며 고객의 요구와 동떨어져 이루어진다.
- 전체 활동의 작은 부분이 매우 효율적이며 고객으로부터 호평을 받는다. 그러나 이 능률적인 활동은 비능률적인 활동에 둘러싸여서 분명하게 드러나지 않으므로 자신은 어떤 활동이 효율적인지를 제대로 알지 못한다.
- 모든 기업 내의 사람, 관계, 자산 등은 생산적인 것과 비생산적인 것이 서로 뒤섞여 있다.
- 생산성이 낮은 활동은 항상 생산성이 높은 활동의 뒤에 숨어서 그 도움을 받게 된다.
- 업무의 방식을 바꾸고 양을 줄이면 비약적인 개선이 가능하다.

항상 80/20 법칙을 기억하라. 자신의 회사가 만들어내는 결과를 조사해보면, 전체 업무의 4분의 1 또는 5분의 1이 전체 이익의 4분의 3 또는 5분의 4에 이르는 이익을 만들어낸다. 그 4분의 1 또는 5분의 1의 업무를 활성화시켜라. 그리고 그 나머지 업무의 생산성을 끌어올리거나 중단해버려라.

80/20 법칙을 활용해 원가를 낮춰라

다음의 세 가지 80/20 사고방식을 이용해서 경비를 줄이기 위한 효율적인 방법을 생각해내자. 첫째, 이익을 남기지 못하는 활동을 중단함으로써 '단순화할 것', 둘째, 발전을 주도하는 몇 가지 요인에 '집중할 것', 셋째, '성과를 비교할 것'. 이제 두 번째와 세 번째 사고방식에 관해 자세히 알아보자.

선별하라

모든 일에 똑같은 노력을 기울이는 것은 낭비다. 가장 많은 비용을 절감할 수 있는 분야를 찾아내서 노력의 80%를 집중시켜라. 아마 전체 사업의 20% 정도가 될 것이다.

> 너무 세세한 것까지 분석해내느라 골머리를 앓고 싶지 않다면 여기에도 80/20 법칙을 적용하는 게 좋다. 우선 필요 이상으로 많은 시간을 소모하고 있는 일이 무엇인지 알아내고, 목표로 하고 있는 일의 진행과정 중 어느 부분에 80%의 시간과 비용을 투자할 것인가, 그리고 어떤 방법으로 그 목표를 공략할 것인지를 생각하라.[5]
>
> (『US 유통저널』 1994년 3월 15일)

> 성공하려면 무엇이 진정 가치있는 것인지 따져봐야 한다…기업 활동은 대부분 파레토의 법칙, 즉 '전체 비용의 20%로 80%의 주요 활동이 이루어진다'는 내용과 정확히 들어맞는다. 예를 들어, 퍼시픽 벨 회사의 요금 수납 센터에서 이루어진 조사에 의하면 이곳에서 이루어진 일의 25%는 전체 전화 요금의 0.1%밖에 처리하지 못했다. 또한 요금의 3분의 1은 이중 삼중으로 중복처리되고 있었다.[6]
>
> (『시스템 경영』 1994년 3월 1일)

비용을 절감하고 제품과 서비스의 질을 높이려면, 활동에 따라 똑같은 비용이 들어도 고객에게 주는 만족은 똑같지 않다는 사실을 기억하라. 적은 비용으로도 훨씬 생산적인 활동을 할 수 있다. 그러나 대부분의 비용은 고객이 가치를 두고 있는 것과 거의 연관이 없는 곳에 쓰이고 있다. 생산적으로 쓰이는 적은 액수의 비용이 무엇인지 알아내서 이를 활성화시키고 나머지는 없애라.

개선 가능한 핵심 분야에 활용하라

80/20 분석은 특정 문제가 발생하는 원인을 파악하고, 이익을 높이기 위해 어디에 힘을 집중해야 하는지를 알려준다. 간단한 예로 출판사 경영의 경우, 조판작업에 드는 비용이 전체 예산의 30%에 해당한다고 가정해보자. 회사의 생산 관리자는 예상 시간을 초과하게 만드는 이유는 셀 수도 없이 많다고 말할 것이다. 작가가 원고를 늦게 끝냈다거나, 교정과 편집에 생각보다 오랜 시간이 걸릴 수도 있고, 책의 내용이 예정보다 많아진다든지, 도표나 그림을 수정해야 한다든지 등의 이유로 조판작업에 드는 시간이 자꾸 늘어날 수 있다.

세 달 정도의 기간을 잡고 그 동안 조판작업의 비용이 초과되는 원인들을 기록해보자. 시간이 초과될 때마다 그 주요 원인을 기록하고 약속을 어겨서 나타나는 비용과 관련된 원인도 모두 기록해야 한다.

[도표 21]은 자주 발생하는 원인의 순서대로 일람표의 위에서부터 차례로 나타냈다.

[도표 22]는 위의 표를 80/20 그래프로 나타낸 것이다. 이 그래프를 그릴 때 원인을 나타내는 막대를 높은 것부터 순서대로 배열해야 한다. 막대의 수치는 세로 선의 왼편에 나타내고 누적 퍼센트는

세로 선의 오른편에 기록한다. 이 그래프는 쉽게 그릴 수 있으며, 자료를 이처럼 시각적으로 나타내면 효과가 훨씬 커진다.

[도표 22]를 보면 15가지 원인 중 3가지 원인 때문에 80%의 시간 초과가 일어난다. 누적 곡선은 처음의 5가지 원인 다음부터는 거의 수평을 유지하고 있는데, 수평상태를 보이는 원인들이 '사소한 다수'에 해당한다.

가장 큰 원인 세 가지는 모두 작가와 관련된 것이다. 그러므로 출

	원 인	횟수	%	누적%
1	작가들이 교정원고를 늦게 끝냄	45	30.0	30.0
2	작가들이 탈고를 늦게 끝냄	37	24.7	54.7
3	글의 교정이 많음	34	22.7	77.4
4	그림 수정이 필요함	13	8.6	86.0
5	예정보다 내용이 많음	6	4.0	90.0
6	교정이 늦어짐	3	2.0	92.0
7	편집이 늦어짐	3	2.0	94.0
8	승인이 늦어짐	2	1.3	95.3
9	조판 기술자의 컴퓨터 고장	1	0.67	96.0
10	조판 기술자의 수정 오류	1	0.67	96.6
11	편집자로 인한 스케줄 변경	1	0.67	97.3
12	마케팅으로 인한 스케줄 변경	1	0.67	98.0
13	인쇄로 인한 스케줄 변경	1	0.67	98.7
14	조판 기술자 해고	1	0.67	99.3
15	조판 기술자와 법적 분쟁	1	0.67	100
	합계	150	100	100

[도표 21] 출판사의 조판작업 진행을 지연시키는 원인들

판사는 작가와의 계약서에 작가가 기한을 어기거나 교정할 부분이 너무 많은 글을 넘겨줘서 조판비용이 증가할 경우에는 이에 대한 책임이 작가에게 있다는 조항을 써넣어서 위의 문제들을 해결할 수 있다.

때로는 원인이 발생하는 횟수를 기준으로 하지 않고 원인이 비용에 미치는 영향을 기준으로 해서 80/20 그래프를 그리는 것이 더 효과적일 수도 있다. 그래프를 그리는 방법은 동일하다.

성과를 비교하라

80/20 법칙은 항상 생산성이 높은 소수의 분야와 생산성이 낮은 다수의 분야가 존재함을 보여준다. 지난 30년간 가장 효과적으로 원가를 절감하는 데 커다란 성과를 거둔 기업은 모두 성과의 비교를 중시하였다(또한 그런 기법을 설명하는 책의 많은 수가 80/20 법칙을

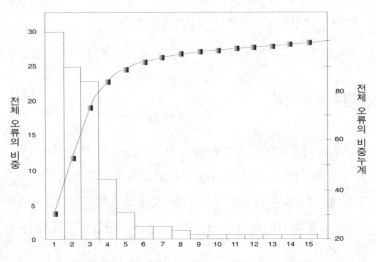

[도표 22] 조판작업을 지연시키는 원인을 나타낸 80/20 그래프

언급하고 있다). 경영자들은 성과가 낮은 분야에 대해 가장 수익성이 높은 분야의 75~90% 수준까지 생산성을 높일 전망이 있으면 남기고, 그럴 가능성이 없는 분야는 퇴출시켰다.

여기서는 벤치마킹, 베스트프랙티스, 리엔지니어링 등 원가절감과 가치향상을 위한 방안을 자세히 설명하지는 않겠다. 그러나 이런 모든 방법은 80/20 법칙을 확대하여 적용한 것이므로, 냉정하게 결단을 내리고 실행에 옮긴다면, 회사가 고객에게 제공하는 가치는 엄청나게 증가할 것이다. 그러나 실제로는 80/20 법칙에 의거한 해결책은 최후의 수단으로 쓰이거나, 잠시 실행되다 마는 경우가 허다하다. 만일 80/20 법칙이라는 단순한 해결책을 잘 활용하여 근본적인 조치를 단행한다면 그 기업의 성공 확률은 훨씬 높아질 것이다.

- 실제로 가치있는 사업활동은 극히 일부에 불과하다.
- 고객에게 제공하는 가치는 늘 불균등하다.
- 고객에게 제공하는 가치와 고객이 그 가치에 대해 지불하는 액수를 측정하고 비교해야 기업은 발전한다.

단순화의 위력

구조가 복잡할수록 비경제적이라는 사실을 명심하자. 항상 구조가 단순한 사업이 복잡한 사업보다 더 효율적이다. 복잡성의 정도가 같을 경우에는 사업의 규모가 큰 것이 유리하므로 기업은 클수록 더 효율적이다. 즉 규모가 크면서 단순한 사업이 가장 좋은 사업인 것이다.

훌륭한 제품을 생산해내고자 한다면, 간단한 것을 생산해야 한다.

복잡한 구조를 단순화시킴으로써 고객들에게 더 가치있는 제품을 제공해줄 수 있다. 거대한 기업은 보통 많은 수의 비생산적인 제품, 공정, 고객, 특히 경영자들로 구성되어 있으며, 이들이 회사의 발전을 방해한다. 발전을 위해서는 회사를 단순화시켜야 하는데, 이를 위해서는 냉정한 결단과 단호한 실행이 필요하다. 바로 이 때문에 회사를 단순화하는 작업이 힘든 것이다.

핵심고객을 확보하는 4단계

성공요인을 분석해본 사람이라면 성공의 배경에 80/20 법칙이 존재한다는 사실을 알게 된다. 성공한 사업의 성장, 이익, 만족의 80%는 20%의 고객에 의해 이루어지며, 회사가 미래의 발전을 위한 계획을 정확히 세우려면 그 20%의 고객이 누구인지를 알아야 한다.

－빈 매닉틀러[1]

판매와 마케팅을 잘 하려면 반드시 80/20 법칙을 잘 활용해야 한다. 또한 제품과 서비스를 생산해서 고객에게 제공하기까지의 전체 과정을 포함한 기업의 전반적인 전략에도 80/20 법칙을 반드시 활용해야 한다. 이제부터 80/20 법칙을 활용하는 방법을 살펴볼 것이다. 하지만 그 전에 산업화와 마케팅에 관한 잘못된 인식들을 바로잡아야 한다. 예를 들어 많은 사람들이 '현재 우리는 탈산업화 시대에 접어들었기 때문에 기업 경영도 더 이상 생산 중심이 아닌 고객 중심, 마케팅 중심으로 바뀌어야 한다'고 말한다. 그러나 이 말은 잘해야 절반 정도만이 사실이다. 그 이유를 설명하려면 기업의 역사를 생각해보아야 한다.

고객 중심 경영의 함정

초기의 기업들은 무의식적으로 주요 고객과 시장에만 주력하게 된다. 당시 회사들은 규모가 작았으므로 광범위한 분야나 사업별 마케팅 활동이 없어도 고객의 요구에 잘 대응할 수 있었다.

이후 산업혁명이 일어나면서 아담 스미스가 모델로 삼은 핀 제조 공장과 같은 대기업이 생기고 분업이 진전되었으며, 점차 생산 라인도 확대되었다. 규모가 커지면서 대기업들은 대개 고객의 요구보다는 값싼 제품을 대량생산해내는 것 자체에 역점을 두기 시작했다. 당시 헨리 포드는 자신의 회사에서 생산한 자동차 'T 모델'을 언급하면서, 고객들이 소유할 수 있는 T 모델의 색상은 '검은색에 한해서라면 어떤 색이든 선택할 수 있다'고 하는 유명한 말을 남겼다. 1950년대 말까지 대기업은 모두 생산 중심으로 경영되었다.

오늘날 상술이 뛰어난 상인이나 기업가들은 이전의 생산 중심 경영방침을 비웃는다. 사실 헨리 포드의 시대에는 그의 방식이 절대적으로 옳았다. 적은 비용으로 더 뛰어나고 단순한 제품을 만들어야 한다는 그의 주장은 오늘날의 풍족한 소비사회를 만들어낸 기초가 되었다. 생산비가 적게 드는 제품을 만들어내는 공장들은 점차 많은 제품을 만들어내게 되었으며, 예전에는 기업에게 무시당했던 고객들도 이 제품들을 구입할 수 있게 되었다. 또한 거대한 규모의 시장이 형성되면서 이전에는 볼 수 없었던 소비의 위력이 나타나게 되었다. 생산비가 적게 드는 제품, 판매량 증가, 더 많은 노동시장 창출, 구매력의 향상, 증가한 생산 단위, 원가절감, 판매량 증가 등으로 이어지는 상향식 나선형의 형태를 띠며 선순환하게 되었다.

어떤 면에서 본다면, 헨리 포드는 생산 중심의 시스템을 고수한

사람은 아니었다. 왜냐하면 그는 일반 시민들에게 수준 높은 서비스를 제공한 창의적인 기업인이었기 때문이다. 1909년 포드는 '자동차의 대중화'가 자신의 목표라고 말한 바 있는데, 당시에는 부유한 사람들만 차를 소유할 수 있었던 것을 생각해보면 그의 목표는 황당한 것이었다. 하지만 'T 모델'이 그 이전의 차보다 낮은 원가로 대량생산되면서 그의 목표는 이루어질 수 있었다. 그리하여 우리는 포드 덕분에 '수많은 경적 소리[2]'를 들을 수 있게 된 것이다.

대량생산과 혁신은 자동차에만 국한되지 않았다. 시장조사의 결과에 따라서만 제품을 생산했다면 냉장고로부터 소니의 워크맨, CD 롬에 이르는 제품들은 존재하지 않았을 것이다. 19세기에는 냉동식품을 보관할 기계가 없었기 때문에 사람들이 냉동식품을 먹고 싶어하지 않았을지도 모르는 일이다.[3]

60년대는 마케팅, 90년대는 고객 만족의 시대

제품 생산에 초점을 맞추고, 생산량을 증가시켜 원가를 절감한 생산 중심 전략은 큰 성공을 거뒀지만, 시간이 흐를수록 점차 결점이 드러나기 시작했다. 1960년대에 테오도르 레빗(Theodore Levift) 과 같은 경영학 교수는 마케팅 중심의 전략을 세우라고 충고했다. 레빗 교수는 1960년대에 『하버드 비즈니스 리뷰 *Havard Business Review*』에 발표한 기념비적인 논문 「근시 마케팅」을 통해 '제품 생산'보다 '고객 만족'에 중점을 두어야 한다는 점을 역설했다. 이 새로운 논리는 매우 혁신적인 것이었다. 기업가들은 고객의 마음을 얻기 위해 노력했고, 비교적 새로운 분야라 할 수 있는 시장조사 분야가 확장되어 고객들이 원하는 신제품이 무엇인지를 알아내는 데 크게 기여했다. 마케팅은 경영대학원에서 가장 중요한 과목이 되었

고, 기업의 최고경영진을 생산전문가에서 마케팅전문가로 바꾸는 경향이 대세였다. 대중소비시장은 사라지고 제품과 고객의 세분화가 경영의 핵심으로 자리잡았다. 1980년대와 1990년대에 최고의 성공과 발전을 이룬 기업들의 목표는 바로 고객 만족, 고객 중심, 고객의 행복 등이었다.

고객 중심 전략의 허점

마케팅 중심, 고객 중심 전략은 확실히 옳다. 하지만 이는 위험할 수도 있고 잠재적으로는 치명적인 영향을 끼칠 수도 있다. 만일 제품의 종류가 너무 많은 분야에 걸쳐 있거나, 비생산적인 고객이 계속 늘어나면 단위당 비용은 증가하고 이익은 감소하는 결과가 나타난다. 취급하는 제품의 종류가 너무 많으면 복잡성도 증가하기 때문에 비용도 증가하고 간접비도 큰 폭으로 증가한다. 생산현장의 합리화, 효율화가 진전되어 오늘날 제조원가는 보통 전체 비용의 극히 일부에 불과하다. 아마 1,000원짜리 상품의 제조원가는 10원도 채 안 되는 경우가 많을 것이다. 회사 비용의 대부분은 생산현장 이외의 곳에서 발생한다. 그리고 제품의 종류를 늘릴 경우 제조원가 이외의 비용이 폭발적으로 증가하므로 회사에 치명적일 수 있다.

이와 유사하게, 너무 많은 고객을 확보하려고 하는 것도 마케팅과 판매에 드는 비용을 증가시키며, 고객 확보를 위해 지나치게 낮은 판매가격을 유지해야 하는 위험을 감수하게 되기도 한다.

그러므로 여기에서도 80/20 법칙을 활용해야 한다. 80/20 법칙을 활용하면 생산 중심과 마케팅 중심 전략을 통합할 수 있으며 회사에 이익이 되는 고객과 효율적인 마케팅에만 노력을 집중할 수 있게 된다.

80/20 법칙은 마케팅의 바이블

회사는 정확한 시장과 고객에게만 노력을 집중해야 하는데, 이들은 보통 이미 회사가 확보하고 있는 시장이나 고객의 극히 일부에 해당한다. 일반적으로 기업에서 이용하고 있는 마케팅 중심, 고객 중심 전략은 그 중 20%만 옳고 나머지는 잘못되었다.

여기에 중요한 세 가지 규칙이 있다.

- 마케팅은 현재 생산중인 제품과 서비스 중 전체 이익의 80%를 만들어내는 20%에 중점을 두어야 한다.
- 전체 이익과 판매의 80%를 구성하는 20%의 고객들을 만족시키기 위해 특별한 노력을 기울여서 이들이 더 많은 제품을 구입하게 해야 한다.
- 생산과 마케팅 사이에는 대립관계가 존재하지 않는다. 만일 자신이 목표로 삼고 있는 고객들에게 판매하고자 하는 물건이 차별화된 것이거나, 다른 곳에서 구입할 수 없는 것이거나, 또는 제품·서비스·가격 면에서 다른 회사 물건보다 훨씬 높은 가치를 가지고 있다면 마케팅에 성공할 것이다. 전체 제품 중 20%가 위의 조건을 갖춘 제품일 것이고, 이 20%에서 전체 이익의 80% 이상이 나온다. 그러나 만일 위에 열거한 조건에 맞는 제품이 없다면 자신이 취할 수 있는 유일한 길은 회사구조를 혁신하는 것이다. 이 단계에서는 반드시 제품 중심 전략을 세워야 한다. 모든 혁신은 제품 중심으로 일어나며, 새로운 제품이나 서비스를 생산하지 않고는 혁신이 불가능하다.

이익이 높은 소수의 제품·시장에 집중하라

여러분 회사의 간접비와 각 제품의 원가를 따로 계산해보면, 총 매출의 20%를 차지하는 제품이 전체 이익의 80%를 만들어낸다는 결과가 나올 것이다. 또, 전체 제품의 20%가 80%의 이익을 가져온다는 결과도 나타날 것이다. 캘리포니아주 세크라멘토에서 랠리즈 화장품 회사의 소매점을 하고 있는 빌 로치씨는 다음과 같이 말한다.

> 제품의 20%에서 80%의 이익이 나왔습니다. 소매상으로서 제가 궁금한 것은 나머지 80%의 제품 일부를 판매하지 않아도 매출액이 감소하지 않을까 하는 점입니다. 화장품 회사측에서는 그럴 경우 큰 손해를 볼 것이라고 말하지만, 소매상들은 어느 정도의 제품은 판매하지 않아도 상관없을 것이라고 말합니다.[4]

이상적인 방법은 가장 잘 팔리고 이익이 많이 남는 립스틱 20%를 더 많이 진열해놓고 판매가 가장 저조한 제품들은 팔지 않는 것이다. 가장 잘 팔리는 제품을 집중적으로 공급하면 수익성이 높은 20%의 제품에서 상점이 얻는 이익은 급증할 것이다. 위의 경우에는 '매출액이 감소하지 않을까' 하고 걱정했던 것처럼, 수익성이 낮은 80%를 정리하지 못하는 데는 항상 그럴듯한 이유가 있다는 것에 주의하자. 고객들은 물건이 많이 진열되어 있는 것을 좋아하기 때문에 제품의 종류가 줄어들 경우 매출액이 감소할 것이라는 변명은 터무니없는 주장이다. 실제로 이와 같은 상황을 조사해보면, 수익성이 낮은 제품을 판매하지 않을 경우 고객들에게 부정적인 인상을 조금도 심어주지 않으면서도 동시에 이익이 크게 증가했다.

왁스나 광택제, 기타 세차 관련 용품을 만들어내는 한 회사는 제

품을 세차장에서 판매했다. 이론대로라면 세차장 주인은 달리 쓸모가 없는 세차장 안의 빈 공간에 제품들을 진열해놓으면 제품이 팔릴 때마다 이익을 얻게 될 것이므로 꽤 합리적인 방법이었다. 회사 측은 물건을 세차장에 진열함으로써 판매량을 높이고자 했다.

그러나 이 회사가 다른 회사에 인수되고, 새 경영자가 회사의 판매에 대해 분석한 결과 이 사업에도 전형적인 80/20 법칙이 적용되고 있음을 알게 되었다. 즉 회사 총매출의 80%를 20%의 소매점이 벌어들이고 있었다.[5] 한편 가장 저조한 판매율을 보이는 50개 세차장을 조사한 결과, 이들 세차장에서는 제품들이 구석에 처박혀 있는 등 부적절한 위치에 진열되어 눈에 잘 띄지 않거나, 어떤 경우에는 물건이 충분히 구비되어 있지 않기도 했다.

경영자는 판매가 부진한 세차장 주인들에게 물건을 충분히 구비해놓고 운전자의 눈에 잘 띄는 좋은 위치에 제품을 진열하라고 일장 연설을 늘어놓았다. 그러나 효과는 없었다. 사실 이 회사는 가장 판매 실적이 좋은 20%의 세차장에 더 노력을 집중하는 방법을 썼어야 했다. 상위 20%의 세차장이 어떤 식으로 제품을 판매하고 있으며 이들의 판매량을 더 늘릴 방법은 무엇인가? 이들 세차장의 공통점은 무엇이며, 어떻게 하면 이처럼 판매 성과가 높은 소매점을 확보할 수 있는가? 판매량이 높은 소매점들은 전문적인 판매망을 보유하고 있으므로 회사측에서는 부진한 상점의 판매량을 끌어올리려고 하기보다는 판매율이 높은 소매점을 더 발전시켜야 했던 것이다.

이익이 높은 소수의 고객에게 집중하라

가장 잘 팔리는 소수의 제품에 노력을 집중하는 것도 중요하지만, 가장 높은 구매율을 보이는 소수의 고객에게 관심을 집중하는 것은

그 이상으로 중요하다. 마케팅 분야에서 뛰어난 성과를 얻고 있는 사람들은 이 점을 잘 알고 있다. 여기에서 몇 가지 예를 들어보자. 전기통신 분야에서는 다음과 같은 예를 들 수 있다.

> 경쟁자에게 빼앗길 경우 가장 손해가 막심한 부분에 관심을 집중하라. 대부분의 경우에 80/20 법칙이 적용된다. 전체 영업이익의 80%가 20%의 고객으로부터 나온다. 이익 기여도가 큰 고객이 누구인가를 알아내서 그들의 요구를 반드시 충족시켜라.[6]
> — 존 해리슨

계약관리 분야를 예로 들어보자.

> 80/20 법칙을 기억하라. 이익의 80%를 차지하는 20%의 고객과 긴밀한 관계를 유지하라. 매주 일요일 밤마다 그 20%에 해당하는 고객의 계약서 파일을 검토하고 메모하며, 오랫동안 연락을 취하지 못한 고객에게는 카드를 써 보내거나 전화연락을 하라.[7]
> — 진저 트럼피오

1994년 이후로 아메리칸 익스프레스는 아멕스 카드의 이용실적이 가장 높은 업종과 기업, 고객들을 대상으로 여러 가지 광고 캠페인을 벌였다. 남플로리다 지점의 영업책임자인 카를로스 비에라씨는 이렇게 말한다.

> 이익의 대부분이 전체 시장의 20%에서 나오는 80/20 법칙이 나타납니다. 상위 20%를 대상으로 하는 이 캠페인은 음식 광고보다도 훨씬 효과가 큽니다.[8]

성공적인 마케팅 전략은 회사의 제품이나 서비스를 가장 많이 구

입하는 적은 수의 고객을 집중 공략하는 것이다. 적은 수의 고객이 많은 제품을 사는 반면, 많은 수의 고객이 적은 양의 제품을 산다. 적은 양의 제품을 구입하는 고객은 무시해도 좋다. 중요한 것은 자주 그리고 많이 구입하는 소수의 핵심 고객들인 것이다. 예를 들어, WQHT와 WRKS 라디오 방송국을 소유하고 있는 엠미즈 방송사는 방송국의 핵심 청취자들에게만 관심을 집중한 마케팅 방법으로 성공을 거두었다.

이전에는 좋아하는 라디오 방송을 일주일에 12시간씩 듣던 청취자들이 이제는 일주일에 25시간씩 방송을 듣는다. 우리는 청취자들을 대상으로 하는 마케팅에서 80/20 법칙을 활용했다. 즉 우리 방송국의 애청자들을 목표로 삼고, 한 명씩 개인별로 접촉해서 가능한 한 15분이라도 더 오래 듣게 만들었다.[9]

전체 고객 중 20%에 관심을 집중하는 것이 고객 전체에게 관심을 갖는 것보다 더 쉽다. 모든 고객들에게 관심을 갖는다는 것은 사실상 불가능하다. 중요한 20%의 고객에게 관심을 집중하는 일은 가능한 일일 뿐 아니라 더 많은 이익을 가져다 주는 일이기도 하다.

주요 고객을 사로잡는 4단계

우리는 중요한 20%의 고객이 누구인지 알아야 그들을 목표로 삼을 수 있다. 고객의 수가 적은 기업이라면 개별적으로 모두 다 관리할 수 있을 테지만, 고객의 수가 수백만에 이르는 회사는 주요 고객이 누군지를 알아내야 하며, 이들의 명단을 가지고 있어야 한다.

둘째, 이 주요 고객들에게는 특별하고 우수한 서비스를 제공해야 한다. 댄 설리반이라는 컨설턴트는 성공적인 보험 대리점을 위해서

다음과 같이 충고하고 있다. '20%에 해당하는 주거래처를 정해 보통이나 그저 좋은 정도의 서비스가 아니라 아주 우수한 서비스를 계속 제공하라.[10] 그들이 필요로 하는 것이 무엇이지를 미리 알아차리고 무엇을 요청해올 때 특수 기동대처럼 신속하게 움직여야 한다.' 진정한 성공방법은 당연히 제공해야 하는 정도보다 많으면서, 평균 이상의 획기적인 서비스를 제공하는 것이다. 이렇게 하는 데는 단기적으로 비용이 들겠지만, 미래에는 장기적인 이익이 될 것이다.

셋째, 새로운 제품이나 서비스를 20%의 주요 고객의 기호에 맞추고 이들에게 판매하라. 시장점유율을 높이려면 현재의 주요 고객들에게 제품을 판매하려는 노력이 중요하다. 이는 판매 기술에 관한 얘기가 아니다. 또한(많은 물건을 사는 고객들을 위한 프로그램이 단기와 장기 이익을 모두 높이기는 하지만) 주요 고객이 기존의 제품을 더 많이 사도록 노력하라는 것도 아니다. 가장 중요한 것은 가능하다면 주요 고객들과 접촉해서 그들의 요구에 맞추어 기존의 제품을 개선하거나 완전히 다른 신제품을 만들어내는 것이다. 혁신은 반드시 상위 고객들과의 관계를 기본으로 해서 이루어져야 한다.

마지막으로, 주요 고객을 평생 고객으로 만드는 것을 목표로 삼아야 한다. 주요 고객은 은행에 예금해놓은 돈과 같은 존재이다. 만일 주요 고객을 놓치게 된다면, 회사의 이익은 크게 감소할 것이다. 주요 고객을 계속 유지하기 위해 노력을 기울일 때는 일정 기간마다 그 노력의 정도를 증가시켜야 한다. 특별한 서비스를 제공하면 주요 고객들이 제품을 더 많이 구입하게 만들 수 있으므로 단기적인 이익을 증가시킬 수 있다. 그러나 이익이란 어떤 활동이 일어난 직후 나타나는 결과에 불과하므로 사업이 얼마나 탄탄한가를 측정

하는 기준은 바로 주요 고객과 회사의 전반적인 관계가 얼마나 긴밀한가 하는 데 있다. 훌륭한 고객을 확보하고 있는 것은 어떠한 경우에라도 이익을 만들어낼 수 있는 토대가 된다. 만일 주요 고객을 잃기 시작한다면, 단기적으로 이익을 늘리기 위해 온갖 방법을 다 쓰더라도 결국 사업은 도산하고 말 것이다. 그러므로 주요 고객이 빠져나가기 시작하면 가능한 한 빨리 사업체를 팔거나, 경영자를 해고하라. 만일 당신이 회사의 사장이라면 스스로 물러나라. 그리고 주요 고객을 되찾거나 적어도 더 이상의 주요 고객이 빠져나가지 않게 과감한 조치를 취하라. 이와 반대로 주요 고객이 자신의 회사에 만족한다면 회사는 분명 장기간 발전할 것이다.

20%의 주요 고객을 만족시켜라

20%의 주요 고객에게 집중해야만 마케팅이 성공한다. 이 장의 시작 부분에서 우리는 기업이 생산 중심에서 마케팅 중심으로 바뀌는 과정을 살펴보았고, 20%가 아닌 100%의 고객에게 주의를 기울일 경우 마케팅에 들어가는 자원이 지나치게 많아 낭비적이라는 점도 이야기했다. 그러나 20%의 주요 고객에게는 충분한 마케팅 노력이 필요하다. 주요 고객들에게 모든 비용과 노력을 쏟아붓는다면 그로 인해 엄청난 이익을 얻을 수 있을 것이다.

기업은 100%의 고객에게 모두 주의를 기울일 수는 없지만, 20%의 고객에게는 주의를 집중할 수 있다. 마케팅 담당자들의 주요 임무가 이 20%의 고객에게 노력을 집중하는 것이다. 이는 회사의 모든 구성원이 실행해야 하는 마케팅 방법이기도 하다. 고객들은 회사의 모든 구성원이 들인 노력의 결과를 보고 판단하기 때문이다. 이런 의미에서 80/20 법칙은 새로운 토대를 만들어냈다. 즉 기업은 마

케팅에 중점을 두어야 하고, 전체 회사 구성원이 마케팅에 참여해야 한다. 그리고 모든 기업 구성원이 행하는 마케팅은 전체 고객의 20%에 해당하는 주요 고객을 만족시킬 수 있는 수준 높은 것이어야 한다.

80/20 법칙을 적용한 판매전략

판매는 고객과 의사소통을 하고 이들의 의견을 들을 수 있는 간판활동이라는 점에서 마케팅과 매우 유사하다. 80/20 사고방식은 마케팅뿐만 아니라 판매에서도 매우 중요한데, 이 점에 대해 살펴보자.

우수한 판매실적을 거두기 위해서는 무엇보다도 평균적인 사고를 넘어 80/20 법칙에 따라 생각해야 한다. 어떤 영업사원들은 한 해에 5억 원 이상을 받는 반면 대다수의 영업사원들은 최저 임금을 받을 뿐이다. 그러므로 평균 판매량은 회사나 영업사원에게 아무런 의미가 없다.

하나의 영업부를 선택해서 80/20 분석을 적용해보라. 매출액과 영업사원 사이에 기묘한 불균형 관계가 존재한다는 것을 알게 될 것이다. 대부분의 연구결과에 따르면 상위 20%의 영업사원들이 전체 매출의 70~80%를 만들어낸다.[11] 우리의 삶에 80/20의 관계가 널리 적용되고 있다는 사실을 몰랐던 사람들에게는 매우 놀라운 결과일 것이다. 사업을 하는 사람들에게는 이 사실이 회사의 이익을 높이는 중요한 열쇠가 될 것이다. 간단히 말해, 이익은 다른 무엇보다도 판매에 직결되어 있다. 그렇다면 왜 판매에서 80/20 법칙이

나타나며, 우리는 어떤 행동을 취해야 하는가?

각 영업사원마다 판매량이 다른 이유는 두 가지로 나뉜다. 첫번째는 영업사원의 판매능력과 관련된 것이고, 두 번째는 구조상의 문제와 관련된 것이다.

영업사원의 성과를 조사해보자

사업분석가가 최근 분석자료를 복사해주었는데 그 자료에서 매출액의 73%가 20%의 영업사원들에게서 나온다는 사실을 발견했다고 가정해보자. 어떻게 할 것인가?

이럴 경우 경영자가 내려야 하는 가장 훌륭한 명령은 '성과가 높은 영업사원들에게 관심을 쏟아라'이지만 이런 명령을 내리는 경영자는 많지 않다. 우리는 '부서지지 않은 것은 고치지 말라'는 격언을 따라서는 안 되며, 아직 부서지지 않았으면 앞으로도 부서지지 않도록 확실히 해둬야 한다. 고객들과 긴밀한 관계를 유지하는 것 다음으로 중요한 것은 성과가 높은 영업사원들과 긴밀한 관계를 유지하는 것이다. 그들이 만족할 수 있도록 배려해야 하는데, 이는 항상 돈으로 해결되는 것만은 아니다.

다음으로는 최고의 영업사원들과 같은 유형의 사람을 선발해야 한다. 자격 면에서 비슷한 것보다 성격이나 태도가 비슷한 것이 훨씬 중요하다. 최고의 영업사원들을 한자리에 모아놓고 그들의 공통점이 무엇인지를 알아본다. 더 좋은 방법은 자기와 비슷한 사람을 고용하도록 도움을 요청하는 것이다.

세 번째로는 최고의 영업사원들이 가장 많은 실적을 올린 때가 언제인가, 그때 어떤 특별한 점이 있었는가를 알아낸다. 80/20 법칙은 사람뿐만 아니라 시간에도 적용된다. 즉 영업사원의 성과 중

80%는 일한 시간의 20% 내에서 이루어진다. 소위 '운이 좋은 때'라고 하는 판매량이 높았던 때가 언제이며 왜 그런 일이 일어났는지를 알아보자. 한 컨설턴트도 이를 주장하고 있다.

만일 자신이 무엇인가를 판매하고 있다면 가장 많이 판매했던 때를 돌이켜보라. 그 주에 무슨 특별한 일을 했는가? 나는 야구 선수나 영업사원들이 미신을 믿는지 안 믿는지는 잘 모른다. 그러나 각 분야에서 성공하는 사람들을 보면 그들은 좋은 결과가 나타날 때 당시의 상황들을 파악하고 그 상황들이 변하지 않고 유지될 수 있도록 노력한다. 다만 현재 좋은 실적을 올리고 있는 중이라서 어떤 상황도 변화시키고 싶지 않다 하더라도 영업사원이라면 속옷은 갈아입어야 하겠지만.[12]

네 번째로 투입량에 비해 산출량이 높은 즉 효율이 좋은 방법을 전원을 대상으로 시도해보아라. 판매방법에는 대중매체 광고, 개별 방문 판매, 우편물 발송, 전화 등의 여러 방법이 있는데, 이 중 시간과 돈을 가장 효율적으로 활용하는 방법을 더 많이 사용하라. 자신이 직접 방법별로 분석해볼 수도 있지만 최고의 영업사원들이 시간을 어떻게 활용하는가를 관찰하는 편이 더 빠르고 비용도 절약할 수 있을 것이다.

다섯 번째, 어떤 분야에서 성공을 거둔 판매팀과 실패한 팀을 서로 바꿔보자. 이 실험을 통해 우리는 좋은 실적을 올린 팀이 구조적인 어려움을 이겨낼 수 있는지 없는지를 알 수 있다. 만일 실적이 높은 팀이 이전에 다른 팀이 실패했던 분야에서 성공을 거두고, 또 실패했던 팀이 새로운 분야에서도 다시 실패한다면, 성공한 팀에게 어떻게 해야 할지를 물어보자. 아마도 팀을 흩어놓고 몇 명만 남겨두라고 대답할 것이다. 최근 필자의 고객 중 한 기업은 해외 판매에

서는 성공을 거두고 있지만, 국내판매에서는 시장을 계속 빼앗기고 있었다. 필자는 두 팀을 서로 바꿔보라고 제안했다. 경영진은 해외 팀은 외국어를 구사할 수 있는데 이들을 국내영업에 투입할 경우 재능을 낭비하게 된다는 이유를 들어 반대했다. 그러나 결국은 해외판매팀 중 한 팀을 국내판매팀으로 전환했으며, 국내영업 이사를 해고한 후 대신 해외영업을 담당했던 젊은 간부를 그 자리에 앉혔다. 얼마되지 않아 이전까지 계속 감소하던 국내 시장점유율이 다시 올라가기 시작했다.

마지막으로, 영업사원들을 훈련시키는 것은 어떨까? 판매실적을 향상시키기 위해 하위 80%의 영업사원들을 훈련시킬 만한 가치가 있을까, 아니면 훈련을 받더라도 이들 대부분은 실패하게 되어 있는 사람이니 시간 낭비일까?[13] 이 문제에 관해 각자 스스로 80/20 법칙에 따라 어떤 답이 나올지를 생각해보라. 필자의 대답은 이렇다.

- 앞으로 오랫동안 회사에서 일할 것이 분명한 사람들만 훈련시켜라.
- 최고의 영업사원들이 이들을 훈련시키게 하라. 최고의 영업사원들에게는 교육을 받은 사람들이 연수 후에 기록하는 실적에 따라 보상을 받도록 한다.
- 첫번째 단계의 연수에서 가장 우수한 성적을 기록한 사람을 그 다음 단계에서도 집중적으로 훈련시켜라. 훈련받는 사람 중 성과가 큰 20%를 선택해서 훈련에 드는 전체 노력의 80%를 이들에게 집중하라. 만일 노력한 만큼 개선되리라는 기대를 하기 어렵다면, 하위 30%의 연수를 중단하라.

판매성과의 차이는 대부분의 경우 판매기술 때문에 나타나지만, 그렇지 않은 경우도 많다. 이 구조적 원인들도 80/20 법칙으로 관찰할 수 있다.

판매기술만 뛰어나다고 판매가 높아지는 것은 아니다

개인적인 능력 이상으로 판매에 영향을 미치는 구조적 원인들도 80/20 분석으로 알아낼 수 있다. 이들 구조적 원인들을 해결하는 것은 개인적인 원인을 해결하는 것보다 더 쉽고 그 성과도 더 크게 나타난다. 구조적 원인은 대개 판매하는 제품과 대상 고객에 따라 다르다.

영업 분야를 보자. 20%의 영업사원이 매출액의 73%를 만들고, 16%의 제품이 전체 매출액의 80%를 차지하며, 22%의 고객이 77%의 매출액을 만들어낸다.

> 판매사원들을 자세히 관찰해보자. 검정색이 100명의 고객을 확보하고 있다고 할 때 검정색이 달성한 매출액의 80%는 그의 고객들 가운데 20%에서 나온 것이다. 초록색이 100개의 도시를 담당하고 있다면, 고객의 80%가 24개 도시에 집중해 있다. 흰색이 30가지의 물건을 판다면 이 중에서 여섯 가지 물건을 판 액수가 전체 매출액의 81%를 이룬다.[14]

우리는 이미 80/20 법칙이 마케팅 분야에서 어떻게 제품과 고객에게 적용되는지를 알아보았다. 영업사원은 80/20 법칙을 다음과 같이 적용해야 한다.

- 모든 영업사원들은 80%의 매출을 이루는 20%의 제품에 노력을 집중해야 한다. 수익성이 높은 제품과 수익성이 낮은 제품이

똑같은 액수만큼 팔린다 해도 그 가치는 4배 정도 차이가 난다. 그러므로 수익성이 높은 제품을 판매한 영업사원들을 보상해주어야 한다.

- 전체 매출액과 이익의 80%를 구성하는 20%의 고객들에게 집중적으로 관심을 쏟아라. 영업사원들은 매출액과 이익에 기여도가 큰 순으로 고객들의 순위를 정하라. 그리고 중요하지 않은 일부 고객을 무시하는 한이 있더라도 20%의 주요 고객에게 80%의 시간을 투자하라.

매출액의 많은 부분을 차지하는 소수의 고객에게 시간을 투자해서 그들이 더 많은 제품을 구입하도록 만들어야 한다. 만일 이들에게 기존의 제품을 더 이상 팔 수 없게 되면, 영업사원들은 계속해서 훌륭한 서비스를 제공해야 한다. 이렇게 함으로써, 기존의 사업을 유지할 수 있고 주요 고객이 원하는 신제품이 무엇인지를 알 수 있게 된다.

- 상권과 지역별이 아니라 매출액과 이익의 규모에 따라 나누고 그 구분에 맞추어 판매팀을 구성하라. 마케팅 용어로 말해서 '내셔널 어카운트'를 늘려야 한다. 내셔널 어카운트란 부서나 영업 지역과 관계없이 어떤 제품의 구매 결정권을 한 사람이 장악하고 있는 회사를 가리키는 용어이다. 최고의 영업책임자가 이러한 회사를 직접 담당하여 핵심 고객을 중요하게 대우해주는 것은 당연한 일이다.

그러나 구매결정권이 분산되어 있는 회사라고 하더라도 대규모 고객은 모두 내셔널 어카운트라고 생각하여, 납품처가 전국에 흩어져 있어도 전담 영업사원과 팀이 관리하도록 하는 것이 좋다. 컴퓨터 어소시에이트 인터내셔널(CAI)의 미국 판매담당 부사장

인 리치 키아렐로는 이렇게 말했다.

상위 20%의 기업에서 80%의 수입을 벌어들일 것이라고 생각하고 있다. 그러한 기업에 대해서는 내셔널 어카운트로서 대응한다. 그 기업의 구매 담당자가 어디로 전근을 가더라도 그 뒤를 쫓아갈 것이다. 또한 우리는 그 기업의 직원들을 알아내어 그들에게 우리 제품을 팔 전략을 세울 것이다.

• 수익성이 낮은 고객에게 쓰는 비용을 절감하고 주로 전화를 이용하라. 주요 고객에게 대부분의 시간을 투자할 경우 어떤 지역에서는 영업사원이 감당할 수 있는 고객 수의 두 배에 이르는 고객을 맡게 된다며 많은 영업사원들이 불평한다. 이를 해결할 수 있는 방법 중 하나는 수익성이 낮은 일부 고객을 포기하는 것인데 이는 최후의 수단이며, 이보다 좋은 해결책은 수익성이 낮은 80%의 고객에게는 전화를 통한 판매와 주문 서비스를 제공하는 것이다. 이 방법은 직접 대면하는 것보다 훨씬 적은 비용이 소요되며, 효율성이 높다.
• 마지막으로, 영업사원들은 과거에 자사 제품을 많이 구입했던 고객을 다시 찾아가봐야 한다. 즉 오래 전에 사용했던 주소와 전화번호를 다시 활용하는 것이다.

이 방법은 매우 성공적인 판매 기법이지만 잘 사용되지 않는 방법이기도 하다. 예전에 이 회사 제품을 구입하고 만족했던 고객이라면 다시 그 회사에서 물건을 구입하고자 할 것이다. 베인(Bain & Company)사라는 컨설팅 회사의 창립자인 빌 베인은 한때 집집마다 방문하며 성경책을 팔았다. 한 동안 아무 성과 없이 이 집 저 집을 다니던 끝에 한 가지 중요한 사실을 깨달았다. 그

는 마지막으로 성경책을 팔았던 집을 다시 방문해서 또 한 권의 성경책을 팔았다. 이와 같은 기술을 이용한 또 다른 사람은 미국 최고의 부동산 중개업자인 루마니아계 이민자 니콜라스 바산이다.

판매에서 나타나는 80/20 구조를 잘 활용한다면, 평범한 영업사원은 뛰어난 영업사원이 될 수 있고, 뛰어난 영업사원은 최고의 영업사원이 될 수 있다. 더 뛰어난 영업사원들은 회사의 저조한 수익성을 반전시키는 즉각적인 효과를 가져다 준다. 시장점유율과 고객 만족을 오래 유지하고 싶다면 영업사원들로 하여금 노력과 신뢰를 바탕으로 주요 고객들에게 최상의 서비스를 제공해 주고, 그들이 원하는 것이 무엇인지 귀 기울이도록 해야 한다.

운명을 좌우하는 소수의 고객들

일부 고객들은 기업의 발전에 매우 중요하지만, 대부분의 고객들은 그렇지 않다. 어떤 판매 노력은 대단히 큰 성과를 거두지만, 대부분은 비능률적이며 일부에서는 오히려 손해를 보기도 한다.

소수의 주요 고객들에게 독특하면서도 경쟁자보다 뛰어난 가치를 제공하는 방향으로 마케팅과 판매전략을 전환하라. 그러면 후에 더 많은 이익을 거둘 수 있을 것이다. 성공하는 기업들은 사업을 단순화시키는 이 간단한 법칙을 통해 성공을 이끌어낸다.

성공으로 가는 10가지 포인트

앞에서 이미 6개 항목의 활용 사례를 들었다. 본 14장에서는 나머지 4개 항목을 설명하겠다.

의사결정과 분석

사업을 하다 보면 많은 의사결정을 해야 한다. 그것도 빈번히, 신속하게, 더욱이 옳고 그른지 제대로 생각할 여유도 없이 하게 될 경우가 많다. 1950년 이후로 비즈니스 세계에서는 경영대학원이나 회계 법인, 컨설팅 업계에서 배출된 경영학자나 분석에 능한 전문가들이 점차 활약의 폭을 넓혀왔다. 이들은 어떤 문제에 대해서든 대개 비용이 많이 드는 방대한 자료수집과 분석기법을 활용할 수 있는 사람들이었다. 분석은 아마도 지난 반세기 동안 미국의 모든 산업 가운데서 가장 눈부신 발전을 이룩한 분야라고 할 수 있으며 달

1	경영전략
2	품질
3	비용절감과 서비스 개선
4	마케팅
5	판매
6	정보 기술
7	의사결정과 분석
8	재고관리
9	프로젝트 관리
10	협상

[도표 23] 사업에 활용할 수 있는 80/20 법칙의 10개 항목

착륙과 걸프전 당시의 폭격에서 보여준 놀라운 정확성에서 볼 수 있듯이 미국이 개가를 올린 분야에서 결정적인 공헌을 해왔다.

분석을 과신하는 위험

그러나 분석이 꼭 좋은 면만 가지고 있는 것은 아니다. 본사 기능의 비대화(이제야 겨우 본사 스태프들이 축소되는 방향으로 바뀌는 것은 다행스러운 일이다), 고도의 수리적 사고를 하는 컨설턴트들이 퍼뜨린 최신의 유행 경영기법에 너무 심취하는 것, 실제로는 회사의 가치 중 일부분만을 나타내고 있는데도 불구하고 눈앞의 수익 분석에 일희일비하는 주식시장의 근시안, 사업 초기에 가졌던 직관적인 자신감의 결여 등이 분석을 너무 과신함으로써 생기는 부작용이다. 특히 직관적인 자신감이 없어지면 판에 박은 듯한 '분석을 위한 분석'이 만연하는 데 그치지 않고 서구의 거대 기업들을 이끄는

최고경영진의 질을 떨어뜨릴 가능성도 있다. 그것은 마치 분석가들이 최고경영진들의 머리에서 환상을 몰아냈듯이 분석의 미래에 대한 선견지명까지 없애버린 꼴이 된 것이다.

간단히 말하자면, 미국이나 영국의 경영자들은 분석을 적절한 선에서 활용하지 못하고 있다. 민간 기업 부문에는 분석이 넘치는 데 반해 공공 부문에서는 너무 적게 쓰고 있다. 대기업들은 그 활용빈도를 줄이되, 보다 효율적으로 분석을 활용해야 할 필요가 있다.

80/20 법칙의 새로운 분석

80/20 법칙의 다음 주요 강령을 잘 기억해두자.

- 반드시 필요한 극소수와 하찮은 다수의 원칙: 정말로 중요한 결과를 만들어내는 것은 오직 소수에 불과하다.
- 열심히 노력한다고 해서 의도한 결과가 나타나는 경우는 흔하지 않다.
- 지금 눈에 보이는 결과만으로 모두 성취한 것은 아니다. 모든 일에는 다 보이지 않는 숨어 있는 힘이 있다.
- 지금 현재 진행되고 있는 일 중에서 어떤 일이 불필요한 것인지 가려내어 제거하는 것은 항상 너무 복잡할 뿐더러 매우 피곤한 일이다. 단지 어떤 것이 현재 필요한지 여부를 가려내서 필요할 때까지 전략을 자꾸 변화시켜야 한다. 그런 다음 그 전략이 효과가 있으면 계속 일정하게 그 상태로 유지해야 한다.
- 대부분의 좋은 일들은 매우 생산적인 힘을 가진 아주 작은 소수 덕분에 일어난다. 나쁜 일 또한 극도로 해를 끼치는 소수의 원인 때문에 발생한다.

- 조직이건 개인이건 대부분의 활동은 시간 낭비에 불과하여 원하는 결과에 실질적으로 아무런 도움이 안 된다.

80/20 의사결정의 5가지 원칙

첫번째 원칙은 진짜 중요한 결정은 그리 많지 않다는 점이다. 어떤 일을 결정하기에 앞서 미리 두 개의 파일 박스를 머릿속에 그려보자. 하나에는 '중요한 결정'이라는 라벨을 붙이고 다른 하나에는 '별로 중요하지 않은 결정'이라는 라벨을 붙여두자. 20개의 결정 중에서 고작해야 하나 정도만이 중요한 결정이 된다는 사실을 염두에 두면서 마음속으로 어떤 결정들이 중요한지 가려내야 한다. 중요하지 않은 결정들에 대해서는 그다지 신경 쓰지 말아야 하며, 특히 비용과 시간을 많이 잡아먹는 분석은 절대 하지 말아야 한다. 가능하다면 중요하지 않은 것들은 남한테 전부 위임하는 것이 좋다. 그럴 수 없을 경우에는 옳을 확률이 51%가 넘는 쪽을 선택하면 충분하다.

두 번째 원칙은 중요한 결정이란 자신이 깨닫지도 못하는 사이에 방향이 정해지는 경우가 많다는 점이다. 중요한 전환점은 미처 인식하지 못하는 사이에 지나쳐버리기 때문이다. 예를 들면 주요 고객의 불만을 파악해서 개선할 만큼 고객과의 관계가 긴밀하지 않았기 때문에 고객이 등을 돌리는 경우가 있다. 혹은 PC 업계에서 IBM의 경쟁자들이 그랬듯이 당사자는 잘못 생각하고 있거나 감히 생각조차 하지 못했던 신제품을 경쟁자들이 개발해내는 경우도 있다. 혹은 유통망이 변했다는 사실을 미처 깨닫지 못하는 사이에 가장 큰 시장점유율을 기록하던 업계의 선두 자리를 빼앗길 수도 있다. 아니면 신상품을 개발한 초기에는 그런대로 성공을 거두었는데

별안간 다른 회사에서 그와 비슷한 제품을 수십억 개나 미친 듯이 쏟아낼 경우를 생각할 수도 있다. 혹은 연구개발 분야에서 일하던 멍청한 직원이 나중에 마이크로소프트 같은 회사를 차릴 수도 있다.

만일 이런 일들이 일어나면 수많은 데이터를 모으고 분석을 한다 한들 문제를 깨닫고 해결할 기회를 찾아내는 데 아무런 도움이 되지 못한다. 그럴 경우 필요한 것은 직관과 통찰력이다. 잘못된 물음에 대해 옳은 대답을 찾아내는 것에 힘을 쓰는 것보다는 올바른 질문부터 하는 것이 훨씬 필요한 것이다. 위기의 전환점을 알아차릴 수 있는 기회를 놓치지 않고 파악하는 유일한 방법은, 한 달에 한 번쯤 모든 자료들과 분석들을 무시하고 아래와 같은 질문들을 해보는 것이다.

- 잠재적으로 놀랄 만한 결과를 가져올 수 있는 어떤 미지의 문제나 기회가 눈치 채지 못하는 사이에 발생하고 있는 것은 아닌가?
- 당신의 판단으로는 일이 잘 안 풀리거나, 적어도 의도한 방향으로 풀리지 않는다고 생각함에도 불구하고, 실제로는 잘 풀리고 있는 일은 무엇인가? 고객에게 만족을 주지 못한다고 생각함에도 불구하고 무슨 이유에서인지 고객은 아주 만족해하는 일은 무엇인가?
- 방향을 벗어나 잘못되고 있는 일은 없는가? 생각 자체가 잘못되어 처음의 목표와 완전히 다른 방향으로 가고 있는 일은 없는가?
- 중요한 일은 항상 아무도 눈치 채지 못하는 사이에 수면 아래에서 진행된다. 지금도 뭔가 중요한 일이 일어나고 있지 않을까?

80/20 의사결정의 세 번째 원칙은 중요한 결정을 위한 지침이다.

사용하는 시간에서 최초의 20% 안에 먼저 80%의 자료를 수집하여 80%의 분석을 하라. 그리고 나머지 시간을 100% 활용하여 결단을 내려라. 결정을 한 다음에는 그 결정이 옳다는 것을 100% 확신하고 과단성 있게 행동하라. 기억하기 쉽게 이것을 의사결정의 80/20/100/100 원칙이라고 부르자.

네 번째 원칙은 만일 결정한 일이 별 효과가 없다는 사실을 알게 되면 더 늦기 전에 빨리 마음을 바꿔라. 넓은 의미에서 시장은 늘 변화무쌍하게 움직이므로 산더미 같은 분석결과보다도 시장 동향이 훨씬 믿을 만한 경제지표이기 때문이다. 실험을 두려워할 필요는 없다. 다만 잘못된 결정에 사로잡혀 문제해결의 시기를 놓치는 잘못을 범하지 말라. 시장을 상대로 싸우지 말라는 뜻이다.

마지막으로 어떤 일이 잘 진행된다면 그 일에 두 배 세 배로 투자를 늘려라. 비록 그 일이 왜 성공을 거두고 있는지 이유를 잘 알 수 없더라도, 하늘이 자신을 돕고 있다고 생각하고 가능한 한 최대의 힘으로 밀어붙쳐라. 벤처 투자가들은 이 사실을 잘 알고 있다. 그들이 전략적으로 실행한 대부분의 투자가 기대치에 부응하지 못하지만, 극소수의 탁월한 투자 단 몇 건이 모든 사람들의 상상을 훨씬 뛰어넘는 큰 성공을 거두기 때문에 그 동안의 손실을 단번에 만회할 수 있는 것이다. 만일 사업이 계속 적자를 기록한다면 틀림없이 쓸모없는 부분이 있다고 의심해봐야 한다. 반대로 사업이 계속 예상을 초과하여 잘 되고 있다면 그 사업이 10배, 100배 확장될 수 있는 좋은 기회가 있다고 봐야 한다. 이런 상황에서는 대부분의 사람들이 적당한 성장에 만족하고 만다. 승부수를 띄우는 사람만이 큰 돈을 벌 수 있다.

재고관리

이미 제12장에서 살펴보았듯이 군더더기를 없애고 업무를 단순화하려면 제품의 종류를 줄여야 한다. 재고관리에서도 80/20 법칙이 힘을 발휘할 수 있는 분야이다. 기업이 흑자를 내고 현금흐름을 원활하게 하기 위해서는 필수적으로 재고관리를 잘 해야만 한다. 또한 그 회사가 단순성을 추구하고 있는지 복잡성을 지향하고 있는지 확인해볼 수 있는 좋은 예이기도 하다.

거의 모든 회사들이 필요 이상의 재고를 가지고 있다. 그 원인은 제품의 종류가 너무 많았던 것도 원인이지만 같은 품목 내에서 파생된 상품이 너무 많기 때문이다. 재고는 한 가지 품목에 대한 각 변종으로 파악하는 재고보유단위(Stock-Keeping Units, SKUs)로 측정한다.

재고는 거의 언제나 80/20 분포의 유형을 따른다. 말하자면, 재고의 80%는 전체 매출이나 이익의 겨우 20%밖에 내지 못한다. 이 말은 잘 팔리지 않는 재고는 값이 비쌀 뿐더러 유지하는 데 돈이 매우 많이 든다. 아마 본래부터 전혀 무익한 제품일지도 모른다.

재고관리에 대한 두 가지 조사결과 중 하나를 먼저 살펴보자.

자료를 분석해보면 파레토의 80/20 법칙이 거의 사실에 가깝다는 것이 드러난다. 재고보유단위(SKUs)의 20%가 하루 출하량의 75%를 차지한다는 것을 알 수 있다. 또한 그 중요한 20%의 상품은 포장상자 단위로 출하되는 경우가 많고 1 SKU가 몇 개의 포장상자로 구성되어 있다. 나머지 80%의 재고보유단위는 하루 출하량의 25%를 차지하고 있을 뿐이다. 그러한 상품은 출하되는 양도 매우 적고 1 SKU가 불과 몇 개의 낱개 상품으로 구성되어 있다.

(피터 서스카인드, 『IIE 솔루션』, 1995년 8월 1일)[1]

위의 예에서 보듯 재고의 20%는 이익을 많이 내고 80%는 별로 이익을 내지 못한다. 또 다른 경우는 전자 시스템을 도입한 창고의 사례이다. 그렇게 하기 전에는 처음 단계에서 재고가 적절한 수준 인지 알기 위해 결정을 내려야 했다.

연구에서는 80/20 법칙과 다른 결과가 나왔다. SKU의 20%가 출하 량의 80%를 점하지는 않았다. SKU의 불과 0.5%에 해당하는 144SKUs 가 출하량의 70%를 점하고 있었다.

(게리 포저, 『모던 머티어리얼 핸들링』, 1994년 4월 1일)[2]

다시 한 번 말하지만, 나는 제품에 대해 전혀 아는 바가 없더라도 전체 매출에서 상위 0.5%의 재고보유단위가 나머지 95.5%보다도 훨씬 이익을 많이 낸다고 생각하는 것이 타당하다고 생각한다.

나는 필로팩스(Filofax)의 경우를 잊을 수 없다. 나는 그 회사의 재고관리를 개선해주고 거액의 보상을 받았었다. 당시 나의 파트너 였던 로빈 필드(Robin Field)의 글에서 인용해보자.

1980년대 후반 필로팩스의 디자인이나 기능은 거의 변하지 않았는데 도 제품의 종류는 엄청나게 늘어났다. 바인더로서의 기능은 같아도 조 금씩 크기가 다른 것부터, 표지로 사용하는 가죽을 서로 다르게 만든 것까지 수많은 종류의 제품이 생산되고 있었다.

이제까지 특이한 동물의 이름만 들으면 노먼과 힐은 그 동물의 가죽 을 표지로 한 수천 종류의 바인더를 만들어 팔며 자랑스럽게 제품 카 탈로그에 사진을 싣고, 창고 안에 물건을 잔뜩 쌓아놓았을 것이다. 나 는 1990년에는 카룽이란 생전 듣도 보도 못한 동물의 가죽으로 만든 수 많은 제품을 받았다.

또한 브리지게임, 체스, 사진, 조류관찰, 파도타기 등 무엇이든 취미 를 말하기만 하면 노먼과 힐은 그 용도에 맞는 삽입용지(插入用紙)를 만들어내고, 역시 카탈로그에 싣고 창고에 재고를 쌓아두었다.[3]

그 결과 아무 쓸모도 없는 재고가 산처럼 쌓이고 재고관리가 지나치게 복잡해져서 경영상의 부담만 커졌다. 그리고 우리와 거래하던 수첩을 취급하는 소매점들도 완전한 혼란상태에 빠졌다.

재고관리의 포인트

재고관리를 잘하기 위해서는 4개의 핵심 사항만 잘 알면 된다. 수익성이 낮은 제품은 근본적으로 제거하라는 가장 중요한 요점은 이미 제10장에서 설명한 바 있다.

생산하는 전체 제품의 품목을 나열한 다음에 우선 잘 팔리지 않는 제품부터 시작하여 파생 상품의 종류를 줄여나가는 것이 가장 쉽고 간단한 방법이다. 먼저 회전이 잘 안 되는 것부터 생산을 중단해야 한다. 잘 팔리지 않아 없애려는 제품을 보고 그래도 꼭 필요로 하는 고객이 있다고 말하는 사람이 있어도, 그 사람의 말에 절대로 귀 기울이지 말라. 만일 그렇게 말하는 사람이 있다면 이미 그 제품은 더 잘 팔렸어야 옳다.

공급사슬에서 자신과 연결되어 제품의 부가가치 생산을 담당하는 다른 부분의 사람들, 즉 물품 공급자나 고객에게 재고관리 문제나 비용을 전가시키도록 노력하라. 가장 이상적인 해결책은 재고를 아예 없애는 것이다. 정보기술의 발달 덕분에 이런 일이 점차 가능하게 되었으며, 그에 따라 비용을 절감하면서도 서비스 수준은 높이는 게 가능해졌다.

마지막으로 불가피하게 어느 정도의 재고를 보유해야 한다면 80/20 법칙을 활용하여 비용을 절감하고 포장과 출하의 스피드를 높일 수 있는 방법이 많이 있으므로 그 방법을 쓰면 될 것이다.

창고 내 작업의 80%는 단지 20%의 재고를 취급하는 데 투자되고

있다는 80/20 법칙을 여러 분야에 활용할 수 있다. 크기와 무게에 따라 구역을 나누고, 다시 출하빈도에 따라 선반을 나누었다. 기본적으로 잘 나가는 제품은 가능한 한 작업자의 동선을 최소화하고 피로감을 줄일 수 있도록 어깨에서 허리 사이의 손이 닿기 쉬운 높이에 두어야 한다.

(레이 크루위에크, 『모던 머티어리얼 핸들링』, 1995년 7월 1일)⁴⁾

재고관리의 미래

과거에는 창고하면 빛바랜 작업복을 입고 지저분한 노동을 해야 하는 장소라는 이미지가 강했지만, 오늘날 재고관리는 매우 빠르게 발전하는 유망한 분야임에 틀림없다. 컴퓨터를 통한 온라인 주문방식의 도입으로 '사이버 재고관리' 시스템이 보급되면서 비용을 낮추면서도 유통업자와 고객들에 대한 서비스는 향상되고 있다. 의료기구 공급업체인 박스터 인터내셔널(Baxter International's)사와 같은 혁신가들은 '고객 밀착형' 재고 시스템으로 커다란 성공을 거두고 있다. 모든 업종에서 가장 중요한 고객, 단순한 제품구조, 단순한 유통경로와 단순한 배달 체계에 초점을 맞추는 것이 성공의 핵심요소가 되고 있다.

80/20 법칙은 또한 기업의 가치를 창조하는 데 점차 중요한 요소가 되고 있는 프로젝트 관리에서도 활발하게 잘 적용되고 있다.

프로젝트 관리

경영구조가 이제는 부적절한 것으로 드러나고 있으며 개선되기는 커녕 나날이 악화되고 있다. 경영진은 부가가치를 창출해내기보다는 가치를 파괴하는 경향이 더 많다. 진정으로 중요한 고객을 위해

기존의 가치를 창조하는 구조를 파괴하는 수단, 혹은 그 지름길이 바로 프로젝트다. 최고경영진에서 평사원에 이르기까지 비즈니스에 종사하는 사람들 중에서 매우 의욕적으로 일하고 있는 사람들 대부분은 특정한 업무를 가지고 있지 않다. 그들은 수많은 프로젝트 사이를 오가며 일한다.

프로젝트 관리란 특이한 업무다. 프로젝트를 수행하기 위해서는 회사의 조직에서 떨어져 나와 상하 계급관계가 아닌 수평적 관계의 팀을 구성해야 한다. 다른 한편으로 팀은 혁신과 임기응변을 필요로 하기 때문에 팀의 구성원들은 대개 어떤 일을 해야 하는지 충분히 알지 못하는 경우가 대부분이다. 프로젝트 관리자의 임무는 바로 팀의 구성원들이 정말로 중요한 몇 가지 일에 집중하도록 만드는 것이다.

목표를 단순화시켜라

우선 업무를 단순화시켜라. 프로젝트는 단순히 하나의 프로젝트로 끝나지 않는다. 거의 몇 개의 프로젝트가 한데 얽혀 있는 경우가 대부분이다. 프로젝트는 중심 과제와 일련의 부수적인 일로 이루어져 있다. 그렇지 않으면 동일한 프로젝트에 관계된 서너 개의 중심 과제가 있을 수도 있다. 자신이 잘 알고 요점을 정확히 파악할 수 있는 프로젝트에 대해 생각해보아라.

프로젝트는 조직 복잡화의 법칙을 따른다. 프로젝트 목표의 수가 많으면 많을수록 만족할 만하게 성취하기 위한 노력은 기하급수적으로 늘어난다.

어떤 한 프로젝트에서 가치의 80%는 프로젝트를 수행하려는 활동의 20%에서 창출된다. 나머지 80%의 활동은 쓸데없이 복잡하기

때문에 발생한다. 그러므로 불필요한 부분을 제거하고 하나의 단순한 목표가 정해지기 전까지는 프로젝트를 시작하면 안 된다. 불필요한 것은 과감히 버려라.

불가능한 기한을 설정하라

불가능한 기한을 설정하면 프로젝트 팀은 정말로 고부가가치의 업무에 매달릴 수 있게 된다.

불가능한 기한에 직면하게 되면 프로젝트의 구성원들은 성과의 80%를 달성하는 데 필요한 20%의 일이 무엇인지 찾아내 실행할 것이다. 여분이 있으면 반드시 낭비가 발생하게 되는 것이 세상의 이치다. 시간 또한 그렇다.

(마이를 알, 데이비드 피니, 『슬로언 매니지먼트 리뷰』, 1994년 3월 22일)[5]

엄격한 조건을 부과하라. 인간은 절망적인 상황에서 창의적인 해결책을 떠올린다. 4주 만에 시제품을 만들고 3개월 내에 견본을 출하하도록 하라. 이렇게 압력을 가하면 개발팀은 80/20 법칙을 적용하지 않을 수 없게 되어, 낭비적인 일을 안하게 된다. 계산된 리스크란 이러한 것이다.

(델릭 딘, 로버트 도브락스, 안드레 호렌, 『매킨지 쿼터리』, 1994년 6월)[6]

행동하기 전에 먼저 계획을 세워라

프로젝트에 할당된 시간이 짧으면 짧을수록 상세하게 계획을 짜고 심사숙고하는 데 더 많은 시간을 배정해야 한다. 내가 베인사의 파트너였을 때, 가장 중요한 고객에게 만족할 만한 경영 자문을 제공하면서도 시간 낭비를 최소한도로 줄여 가장 높은 이익을 기록했던 프로젝트는, 바로 실행 시간에 비해 준비기간이 훨씬 많았던 프로젝트였다.

계획 단계에서는 해결하려고 하는 모든 중요한 항목들을 전부 열거해보아라. 만일 그 항목들이 7개를 넘는다면 덜 중요한 사항들은 빼버려라. 그리고 순전히 추측이라 할지라도 그 해결책에 대해 가설을 세워본다. 하지만 추측이라도 가장 최선의 추측을 해야 한다. 그런 다음에는 추측한 가설이 옳은지 그른지를 확인하기 위해 어떤 정보를 수집해서 처리해야 하는지, 그리고 해결하는 데 어떤 과정이 필요한지 파악하라. 그리고 누가 언제 어떤 일을 해야 하는지 결정하라. 전에 한 추측과 상황이 다르거나 새로운 정보를 얻게 되면 계획을 재검토한다.

실행하기 전에 먼저 설계하라

특히 프로젝트 과정에 제품이나 서비스의 시험적 설계가 필요하다면 먼저 설계 단계에서 가장 가능성 있는 해결책을 얻어내도록 하라. 설계 단계에서 발생한 20%의 문제가 프로젝트가 본격적으로 실행되었을 때 발생하는 비용과 초과예산의 80%를 야기할 것이다. 그리고 이러한 위험한 문제들의 80%가 설계 단계에서 발생하므로 미리 바로잡도록 한다. 나중에 실행 단계에서 바로 잡으려면 전면적으로 재작업을 해야 하고 심할 경우에는 모든 설비를 재배치해야 하는 등 비용이 어마어마하게 많이 들기 때문이다.

협상의 비밀

협상은 비즈니스에 활용할 수 있는 80/20 법칙의 10개 항목 중 마지막 항목이다. 협상에 대해서는 이미 많은 연구가 되어 있다.

80/20 법칙의 관점에서 추가할 것은 단지 두 가지이긴 하지만 그 두 가지는 대단히 중요한 사항이다.

협상에서 정말로 중요한 것은 그리 많지 않다

논점이 되고 있는 문제의 20% 이하가 성과의 80% 이상을 좌우한다. 협상의 두 당사자 모두 20%를 잘 파악하고 있다고 생각할지 모르지만, 대개의 경우 사람들은 별로 중요하지 않은 것까지 자신한테 유리한 쪽으로 결론을 내기 위해 애쓰는 경향이 있다. 그러다 보면 사소한 것에서 상대방의 양보를 이끌어내는 대신 정작 중요한 부분에서는 불가피하게 양보할 수밖에 없는 상황으로 몰리는 경우가 흔히 있다.

그러므로 협상에 들어가기에 앞서 '미끼'로 사용할 요구사항들의 목록을 가능한 한 길게 작성해보라. 중요한 것은 그것을 자신에게 매우 중요한 것처럼 보이도록 만들어야 한다. 또한 이러한 요구사항은 본래부터 터무니없거나 아니면 적어도 상대방에서 출혈을 감수하지 않고는 양보할 수 없는 사안들이어야 한다(그렇지 않으면 상대방이 '미끼용' 요구사항을 한꺼번에 수용함으로써 많은 양보를 했다는 입장을 세울 수 있으므로 애초 의도와 달리 곤경에 빠지게 된다). 그리고 협상의 마지막 단계에서 별로 중요하지 않은 '미끼용' 사안들을 양보해주는 조건으로 정말 중요한 사안에 대해서 자기가 원하는 쪽으로 상대의 양보를 얻어낼 수 있다.

예를 들어 자신이 생산하는 중요한 제품에는 100가지의 부품이 들어가는데, 그 100개 모두를 공급하고 있는 납품업자와 가격을 두고 협상을 벌이고 있다고 가정해보자. 어떤 제품을 만드는 데 드는 비용의 80%를 구성하는 것은 전체 부품의 20%이다. 그렇다면 이

20%의 부품 가격에 신경을 집중하게 될 것이다. 그러나 협상 초기에 너무 일찍 나머지 80%의 부품에 대한 가격에서 상대의 작은 양보를 받아낸다면 협상에서 중요한 것을 내주는 꼴이 되고 만다. 그러므로 그 80%의 부품이 실제로는 별로 중요하지 않다고 해도 그 중 몇 가지의 매입 가격이 회사 전체의 성과에 큰 영향을 미친다고 설득력 있게 말하며 터무니없는 수준의 가격 인하를 강경하게 주장해야 한다.

성급하면 실패한다

또하나 주의할 점은 대부분의 협상이 결정적인 파국을 맞지 않는 한 긴 시간 동안 서로의 허실을 탐색하며 대립한 끝에 타결된다는 점이다. 그런데 아직 협상 시한이 많이 남았는데도 불구하고 초기부터 성급하게 뭔가 진척시키려는 것을 흔히 볼 수 있다.

> 협상을 할 때 시간에 쫓기게 되면 제대로 성과를 거두기 어렵다. 대개 쟁점에 대한 양보의 80%는 협상을 남겨둔 막바지 20%의 시간 내에 이루어진다. 요구안이 너무 일찍 제시되면 어느 쪽도 기꺼이 양보하려고 하지는 않으므로 전체 거래 자체가 완전히 깨져버릴 수 있다. 그러나 협상 시한의 마지막 20% 시간 내에 추가로 제기되는 요구나 문제에 대해서는 양측 모두 보다 유연하게 대응하게 된다.
>
> （로저 도슨, 『석세스』)[7]

조급한 사람은 절대로 좋은 협상가가 될 수 없다.

마지막 20%의 시간 안에 승패가 좌우된다

오텐 스키너(Orten Skinner)는 80/20 법칙을 활용하는 방법에 대해 흥미로운 예를 하나 소개하고 있다.

협상 시한 마지막 20%의 시간 안에 양보의 80%가 이루어진다. 만일 오랫동안 질질 끌어온 연봉인상 협상이 오전 9시에 잡혀 있고, 상사는 10시에 또다른 약속이 있다는 것을 알고 있다면, 9시 50분 전후가 결정적인 순간이라는 점을 생각해서 협상 페이스를 조절하라. 자신의 요구 조건을 너무 일찍 밝혀 상사측에서 정중한 절충안을 내놓을 시간을 주는 실수를 범하면 안 된다.[8]

제15장

새로운 눈으로 보는 경영의 ABC

늘 80/20 법칙으로 생각하고 행동하라

80/20 법칙은 우리에게 레이더와 자동조종장치 역할을 한다. 레이더는 우리에게 정확하게 볼 수 있는 통찰력을 준다. 레이더가 있으므로 우리는 기회와 위기를 알아챌 수 있다. 그리고 우리는 자동조종장치가 있으므로 자신의 운명을 스스로 통제할 수 있으며, 주요 고객을 찾아 대화를 나눌 수 있는 것이다. 80/20 법칙의 간단한 몇 가지 요점만 파악하여 자기 것으로 흡수하면 된다. 그렇게 하면 우리는 쉽게 '80/20 법칙으로 사고'할 수 있게 되고 우리가 무엇을 하든지 '80/20 법칙대로 행동'할 수 있게 된다.

다수보다는 소수가 중요하다

이 말은 처음엔 믿기 힘들겠지만 틀림없는 진실이다. 만일 우리가 80/20 사고방식을 알지 못한다면 정말 중요한 소수보다 덜 중요

한 다수를 더 중요하게 볼 수도 있다. 또한 우리가 마음속으로 그러한 관점을 받아들인다 하더라도 정확히 초점을 맞춘 행동으로 옮기기란 쉽지 않다. 항상 뇌리에 '절대적으로 중요한 소수'의 개념을 각인시켜라. 그리고 늘 하찮은 다수보다 절대적으로 중요한 소수에 자신의 시간과 노력을 기울이고 있는지 끊임없이 확인해보도록 하라.

자원을 저부가가치에서 고부가가치로

생산성이 낮은 부문의 자원을 생산성과 이익이 높은 부문으로 이동시키는 것이 기업가의 임무이며 자유시장 본래의 역할이다. 그러나 오늘날 지나치게 복잡해진 거대기업이나 정부관료는 말할 것도 없이 시장이나 개인 기업가도 자원을 충분히 효율적으로 이동시키지 못한다. 언제든지 낭비요소가 존재하는데 그것도 대개는 자원의 80%로 겨우 20%의 가치만 창출해낼 정도로 많은 낭비요소가 존재한다. 이는 참된 기업가에게는 중재할 수 있는 기회를 제공한다. 기업가적인 중재의 여지는 항상 생각보다 많다.

극소수의 사람들이 대부분의 부가가치를 창출해낸다

기업에서 가장 뛰어난 사람들은 자신에게 가장 적합한 일을 하며, 큰 이익을 내는 사람들로서, 이런 사람들은 막대한 부를 창조하면서도 대개는 그에 걸맞는 보상을 받지는 못한다. 대개 이런 사람들은 극소수에 불과하다. 나머지 대다수는 자신들이 공헌하는 것 이상의 보상을 받아간다. 이러한 자원의 잘못된 배분은 규모가 큰 기업일수록, 사업을 다각화한 기업일수록 그 정도가 심하다.

관리가 잘 되는 대기업도 사실상 보상을 부당하게 배분하려고 조직적인 음모를 꾀하고 있는 셈이다. 회사가 크고 복잡할수록 음모

의 정도와 성공할 확률도 크다. 기업 내에서 일하고 있는 사람들이
나 그 기업과 거래하는 사람들은 보물이라고 말할 수 있는 사원이
극히 일부에 불과하다는 점을 잘 알고 있다. 그들은 자신들이 쓰는
비용을 훨씬 초과하는 막대한 가치를 창출해내고 있다. 반면에 수
많은 다른 사원들은 오히려 자신들에게 드는 비용을 밑도는 가치를
창출하는 짐스러운 무능력자들이다. 그리고 일부의 사람들, 아마도
10~20%의 사람들은 월급을 무시하더라도 오히려 가치를 하락시
키는 사람들이다.

　이러한 상황이 발생하는 데에는 많은 이유가 있다. 개인의 성과
를 정확하게 측정하기가 어렵다는 점, 경영간부들이 정치적인 수완
에 능하다는 점, 개인의 성과보다는 지위를 중시하는 경향, 그리고
팀의 협동작업을 촉진한다는 합법적인 변명으로 포장되는 평등주의
를 향한 맹목적인 추종 등이 얽혀 있다. 복잡성과 민주주의가 결혼
하면 결국 낭비와 게으름이란 자식을 낳게 된다.

　최근 한 투자은행의 회장이 매우 커다란 액수의 보너스를 어떻게
배분하면 좋은지 나에게 조언을 구한 적이 있었다. 이 회장은 자수
성가하여 큰 부자가 된 사업가였는데 그는 시장의 결점을 찾아내
그것을 발전시키는 데서 즐거움을 느끼는 사람이었다. 그는 시장을
마음으로부터 신뢰하였다. 회장은 또한 보너스를 배분할 대상자는
수백 명이지만, 지난 1년간 회장 자신이 속한 부문에서 벌어들인
이익의 50%를 단 2명의 사람이 벌었다는 것도 알고 있었다. 회장
의 사업 부문에서는 두 사람의 성과를 측정하는 것이 쉬워 객관적
공헌도 자체는 분명했다. 그래서 내가 그 두 사람한테 전체 보너스
할당액의 반 이상을 주라고 제안하자 그는 깜짝 놀랐다.

　한편 회사에 이익을 주기보다는 손해를 입히는 임원이 있었다.

이 사람은 은행 내에서 사람들에게 호감을 사고 있었고 눈치 빠른 정략가이기도 했다. 나와 그 회장은 이런 사실을 모두 알고 있었다. 그 임원의 보너스를 완전히 삭감하여 하나도 주지 않는 것이 어떠냐고 제안하자 이번에도 이 회장은 정색을 했다. "아니, 뭐라고! 난 이미 그 사람의 보너스를 작년 수준의 4분의 1로 삭감했는걸. 그러니 더 이상은 깎기가 힘드네." 그러나 사실상 그 중역이 그 은행에서 일하려면 자신이 도리어 돈을 내고 다녀야만 했을 터였다. 다행스럽게도 그 중역은 따끔한 맛을 보게 되었다. 보너스가 결국 하나도 지급되지 않았던 것이었다. 그는 자신이 보탬이 될 만한 일자리를 찾아 옮겨갔다.

회계 시스템이야말로 단연코 어디서 이익을 내는지를 불분명하게 만드는 데 뛰어난 재주를 발휘하기 때문에 공정한 보상을 하는 데 가장 큰 걸림돌이 된다. 인간적인 약점을 차치하면 이것이 바로 작은 사업체보다는 규모가 크고 복잡한 회사일수록 성과와 보상 사이에 불균형이 커지는 원인이다. 직원을 4명만 고용하고 있는 사업가는 부문별로 손익계산을 해볼 것도 없이 누가 회사에 돈을 얼마만큼 벌어주고 있는지 잘 알고 있다. 그러나 대기업의 최고경영자는 잘못된 회계자료와 측근 참모들이 한번 걸러낸 정보에 의존해야 한다. 상황이 이렇다 보니 대기업에서는 정말 회사에 기여를 많이 한 사람은 자신들이 당연히 받아야 할 몫보다 훨씬 적게 받고, 그저 그런 평범한 관리자들은 자신들이 받아야 할 몫보다 더 많이 챙겨가는 것이 하나도 놀랄 만한 일이 아니다.

노력과 보상은 불균형관계이다

가치와 비용 사이에, 노력과 보상 사이에는 늘 큰 불균형이 존재

한다. 높은 이익을 창출하는 사업은 전체 활동 중에서 차지하는 비율이 얼마 되지 않지만 전체 이익의 대부분을 차지한다. 만일 우리가 자원의 배분을 그대로 간섭하지 않고 방치해둔다면 이러한 불균형은 더욱 확연하게 드러날 것이다. 그러나 우리는 회계시스템이 손쉽게 제공해주는 끝없는 모래사장에 머리를 파묻고 우리와 우리가 속한 회사의 다수는 높은 이익을 창출하는 소수의 사람들보다 오히려 더 가치가 없다는 사실을 인정하기를 거부하고 있다.

자원은 항상 잘못 분배되고 있다

우리는 이익이 낮은 활동에는 너무 많은 자원을 쏟아붓고, 이익이 많이 생기는 활동에는 자원을 너무 적게 투입하고 있다. 그러나 이익이 높은 활동은 계속해서 번성하는 데 비해 우리가 아무리 최선의 노력을 해도 이익이 낮은 활동은 자립하는 데 실패한다. 만일 이익이 높은 활동에서 생긴 여유로 인해 형성된 자원을 이익이 낮은 활동에 계속 투자해도 재투자를 위한 잉여금은 거의 남기지 못하거나 오히려 마이너스 성장을 기록할 것이다.

문제가 있는 분야를 바로 세우려면 놀랄 정도의 시간이 소요된다. 대개의 경우 영원히 바로 세울 수 없을지도 모른다. 그리고 대개의 경우 그 사실을 너무 시간이 지난 뒤에야 깨닫게 된다. 위기에 처해 새로운 경영자나 경영컨설턴트들이 개입한 뒤에야 이미 오래 전에 했어야 할 일을 비로소 하게 된다.

성공은 과소평가되고 덜 환영받는다

성공은 과소평가되고, 덜 칭찬받으며, 충분히 이용되지 않고 있다. 흔히 운이 좋았을 뿐이라고 치부하는 경우가 더 많다. 그러나

사고와 마찬가지로 행운 역시 우리가 생각하는 만큼 자주 발생하지는 않는다. '행운'이란 우리가 잘 설명할 수 없는 성공을 일컬으며 사용한다. 행운 뒤에는 항상 우리가 알아차리지 못하지만 이익을 창출하는 매우 효율적인 메커니즘이 작용하고 있다. 우리는 우리의 '행운'을 믿지 않기 때문에 가치를 창조하는 연속된 행운을 잡아 부를 증식시키고 이익을 창출해내는 데 실패하는 것이다.

균형이란 환상이다

영원한 것은 아무것도 없으며 균형상태로 존재하는 것도 없다. 끊임없는 변화만이 있을 뿐이다. 변화는 항상 저항을 받고 많은 경우 방해를 받기는 하지만 소멸하는 경우는 없다. 혁신에 성공하면 현상태보다 훨씬 생산성이 높아진다. 혁신의 진행이 어느 지점을 넘어서면 추진력이 붙어 아무도 저항할 수 없는 대세가 된다. 개인, 기업, 국가의 어느 경우든 눈부시게 혁신을 추진하는 그 자체에 성공의 원동력이 있는 것은 아니다. 오히려 누구도 저항할 수 없는 수준까지 모든 힘을 동원해 혁신을 밀고 나갈 수 있을 때 비로소 성공할 수 있다.

변화란 생존을 위해 필수적인 요소다. 건설적으로 변화하려면 가장 효율적인 것이 어느 것인지 꿰뚫어볼 수 있는 통찰력을 갖추고 그렇게 찾아낸 정확한 목표에 모든 힘을 집중시켜야만 한다.

큰 승리도 작은 승리에서 시작된다

아무리 큰 승리라고 해도 항상 처음에는 작은 것에서 시작한다. 작은 원인, 작은 제품, 작은 회사, 작은 시장, 작은 시스템 등의 모든 것들이 항상 큰 것으로 향하는 출발점이 되는 것이다. 그럼에도

불구하고 사람들은 이 사실을 거의 인식하지 못한다. 사람들은 자기 주변에 있는 미래의 큰 성공의 실마리는 인식하지 못한 채, 이미 누구 눈에나 보이는 커다란 성공의 결과에만 시선을 빼앗긴다. 많은 사람들이 인식할 때는 이미 커다란 파도가 되어 성장에 가속이 붙은 뒤라 곧 하강세로 접어들기 직전이라 때가 늦다. 큰 돈을 버는 사람은 아직 미미한 물결을 남보다 먼저 알아차리고 그것을 꽉 움켜쥐고 있는 아주 극소수의 사람들뿐이다. 이미 성장의 파도를 타고 있으면서도 그 일의 중요성이나 큰 돈을 벌 수 있는 잠재력을 거의 깨닫지 못하는 경우가 많다.

50/50 사고는 이제 그만

50 대 50의 사고를 중단하고 80 대 20의 사고방식을 체득하려면 발상의 전환이 필요하다. 다음은 발상의 전환에 도움이 되는 항목들이다.

- 관점을 바꾸어라. 20%가 80%와 같고, 80%는 20%와 같다고 생각하라.
- 뜻밖의 것을 생각하라. 20%가 80%를 만들고, 80%지만 20%의 결과밖에 못 만든다는 점을 생각하라.
- 주어진 시간, 기업, 시장, 만나는 모든 사람, 거래 상대 등 모든 것 속에 중요한 20%가 있다고 생각하라. 평범한 다수의 그림자에 가려져 있는 진정한 힘이 있고 가치가 있다. 그 20%가 무엇인지를 항상 생각하라.
- 눈에 보이지 않는 20%, 수면 아래 숨어 있는 20%를 찾아내라.

분명 어딘가에 있으니 꼭 찾아내야 한다. 예상치 않았던 성공은 그 20% 중에서 하나가 밖으로 표출된 것이다. 만일 사업이 예상을 뛰어넘는 성공을 거두고 있다면 그곳에 바로 당신이 찾던 20%의 활동이 숨어 있기 때문이다. 이제 남은 문제는 그것을 어떻게 더욱 크게 키워나갈 것인가 하는 것뿐이다.

• 내일의 20%는 오늘의 20%와는 다르다고 생각하라. 내일을 지배할 20%의 씨앗이 어디에 있는지 찾아라. 곧 20%로 성장하고 나아가서는 80%의 가치를 지니게 될 오늘의 1%가 어디에 존재하는지 잘 찾아보라. 작년에는 1%였으나 지금 3%로 성장한 것이 어떤 것인지 찾아보라.

• 쉽게 구할 수 있는 해답, 분명한 사실, 명백한 다수, 현재의 유행, 통념, 상식 등 평범한 80%를 머릿속에서 지워버릴 수 있는 습관을 몸에 익혀라. 이러한 80%는 그 너머에 존재하고 있는 20%를 보는 데 방해가 되는 쓰레기일 뿐이다. 20%의 보석은 80%의 잡석 속에 숨어 있다. 쓸모없는 바윗덩어리 속에 숨어 있는 빛나는 보석을 꿰뚫어볼 수 있어야 한다. 쉽사리 잡히지 않는 20%를 찾아내려면 고정관념을 버리고 빛나는 상상력을 자유롭게 펼쳐라.

심리학자들에 따르면 생각이 바뀌면 행동도 바뀐다고 말하지만 거꾸로 행동이 바뀌면 사고방식이 바뀌는 그 역도 성립할 수 있다. 80/20식 사고를 시작하는 가장 좋은 방법은 80/20식으로 행동하기 시작하는 것이고, 80/20식 행동을 시작하는 가장 좋은 방법은 80/20식으로 생각하기 시작하는 것이다. 80/20식 생각과 80/20식 행동이 서로 긴밀하게 어울리도록 신경 써야 한다. 다음 항목들은 80/20식으로 행동하는 데 대한 힌트를 알려준다.

- 20%의 활동을 일단 포착하면 그것에 집중하여 자신을 그것으로 감싸고, 빠져들며, 자신의 것으로 만들어라. 그리고 그 전문가, 숭배자, 전도사, 동반자, 창조자가 되어야 한다. 20%의 활동을 최대한 활용하라. 그리고 그 활동이 예상보다 뛰어난 것으로 나타나면 상상력을 배가시켜라.
- 우연히 찾아낸 20%를 붙잡아 확대시키고 개발하려면 재능, 돈, 친구, 동업자, 설득력, 신용, 조직 등 모든 자원을 최대한 투입해야 한다.
- 다른 사람의 도움을 받을 때도 유능한 20%의 사람들과 손을 잡아라. 나아가 또 다른 힘있는 20%의 사람이나 자원을 찾아 인맥을 넓혀라.
- 가능하다면 언제든지 80%의 활동에 들어가는 자원을 빼내 20%의 중요한 활동에 투입하라. 이러한 중재는 지렛대 효과가 작용하기 때문에 예상보다 더 큰 이익을 얻을 수 있다. 그러면 매우 가치있는 것을 만들어내는 데 별로 중요하지 않은 것을 활용하는 것이므로 교환을 통해 두 가지 목적을 동시에 달성하게 된다.

80/20식 중재에는 두 가지 중요한 수단이 있다. 사람과 돈이다. 돈을 대신하거나 돈으로 환원될 수 있는 자산도 포함된다.

자기 자신을 포함하여 별로 중요하지 않은 80%의 활동에서 20%의 사람을 빼내어 20%의 중요한 활동에 투입하라.

마찬가지로 80%의 활동에서 빼낸 돈을 20%의 활동에 투자한다. 만일 가능하고 별로 위험하지 않다면 그 과정에 타인 자본을 끌어들여 자기 자본 이익률을 높이는 지렛대 효과를 이용한다. 80%의 활동에서 빼낸 돈을 20%로 옮기면 위험은 보통 예상치보다 훨씬 적다. 돈을 활용하는 방법에는 두 가지 형태가 있다. 하나는 빌

리는 것이고 다른 하나는 타인의 돈(Other People's Money, OPM)을 자본으로 끌어들이는 것이다. 80%의 활동에 쓰이는 OPM은 습관성이고 위험해서 결국에는 부도로 이어질 확률이 높다. 그러나 20%의 활동에 쓰인 OPM은 성공의 가능성을 이끌어내고 결국에는 커다란 성공을 이루도록 해준다.

• 새로운 20%의 활동을 끊임없이 개발하라. 다른 사람, 다른 회사의 제품, 다른 산업, 다른 학계의 연구성과, 다른 나라 등 어디서든 20%의 아이디어를 훔쳐내서 그것을 자신이 가진 20%에 적용해야 한다.

• 쓸모없는 80%의 활동은 가차없이 제거하라. 쓸데없는 80%의 시간은 결국에는 귀중한 20%의 시간도 잡아먹기 때문이다. 80%의 쓸모없는 협조자들은 귀중한 20%의 협조자들에게 할애할 시간까지 잡아먹는다. 80%의 자산은 자본의 20%의 활동까지 빼앗아버린다. 그대로 방치하면 80%의 중요하지 않은 사업관계가 정작 중요한 20%의 사업관계까지 침해한다. 80%의 조직이나 위치에 몸담고 있으면 중요한 20%의 조직이나 위치에서 써야 할 시간을 못 쓰게 만든다. 80%의 자리에서 안주하고 있으면 20%의 자리로 옮겨갈 수 없게 된다. 별로 중요하지 않은 80%의 활동에 쓰는 정신적인 힘을 확대시키면 중요한 20%의 프로젝트에 쏟아야 할 힘을 뺏기는 결과가 초래된다.

검토할 것은 거의 다 살펴본 것 같다. 80/20식으로 생각하고 80/20식으로 행동하자. 80/20 법칙을 무시하는 사람들은 필연적으로 평균 이익밖에 낼 수 없게 된다. 그러나 80/20 법칙을 활용하는 사람들은 발군의 성취를 이루게 될 것이다.

덜 싸우고 풍요로워지는 길 4

보다 나은 사회를 위해서

> 만약 가난한 자들의 불행이 자연의 법칙으로 생겨난 것이 아니라
> 우리가 만든 제도 때문에 생긴 것이라면 우리는 큰 죄를 짓고 있는
> 것이다.
>
> ─ 다윈[1]

80/20 법칙은 집이나 사무실 또는 연구실에서 손쉽게 사용할 수 있는 값싸고 효과적인 진단도구 정도에 지나지 않는 지식인가? 쓸모는 있지만 도덕적 내용은 없는 컴퓨터 프로그램과 같은 사고의 도구에 지나지 않을까? 아니면 그 이상의 의미가 있을까? 과연 80/20 법칙에 기술 만능주의를 넘어서는 그리고 사회의 공공선을 실현하는 데 기여하는 보다 차원 높은 훌륭한 목적성과 도덕적 힘이 있는가?

80/20 법칙을 활용해 기업이 더 많은 이익을 낼 수 있다는 것은 논쟁의 여지가 없다. 이 책에서 나는 80/20 법칙을 일상생활에 활용한다면, 더 큰 성취와 행복을 얻을 수 있다고 주장했다. 행복을 증진시키는 힘은 당연히 선한 것을 바탕으로 하기 때문에, 더 행복하게 살려면 자연히 도덕적 힘을 갖춰야 한다. 그러나 때로는 한 사람이 행복해지기 위해 다른 사람의 행복을 희생시켜야 할 때도 있다. 따라서 80/20 법칙을 사용해서 사회 구성원의 절대다수의 행복을 추구할

수 있어야 이 법칙이 도덕적 가치가 있다고 할 수 있다. 그러므로 80/20 법칙을 활용해 더 나은 사회를 만들 수 있는가를 검토해보아야 한다.

80/20 법칙을 단순히 현상을 설명하는 데만 그치지 않고 이 법칙에 따라 행동을 하는 데까지 확대시킨다면, 충분한 사회적 가치를 가지고 있다고 생각한다. 이렇게 자신있게 말할 수 있는 이유는 80/20 법칙이 기업활동에서 성공적으로 활용되어왔기 때문이며, 또한 그러한 성과가 단지 개별기업의 성패보다 훨씬 중대한 사회문제를 해결하는 데까지 확대될 수 있다는 개인적 신념 때문이다.

왜 사회에 80/20 법칙을 적용해야 하는가

기업에서는 효과성과 이익을 높이거나 적자를 흑자로 전환하기 위해 다양한 방법으로 80/20 법칙을 사용해왔다. 여기서는 그런 사실보다 어떻게 그런 발전을 이룰 수 있었는지에 초점을 맞추어 설명한다. 회사는 이익의 80%를 만들어내는 20%의 우수 그룹에 더 많은 자원과 권한을 분배하고, 품질 결함의 80%를 만들어내는 20%의 부정적 요소를 찾아내어 제거한다. 또한 큰 성과를 낼 것으로 기대했는데 결국 20%의 가치를 생산하는 데 그친 80%의 취약한 부분의 생산성을 높이거나 역할을 바꾸어왔다. 이런 모든 방법이 기업의 부를 증대시켜왔다. 나는 개인의 경우에도 행복과 성취를 높이기 위해 이와 비슷한 방법으로 80/20 법칙을 활용해볼 것을 제안했다.

상상력과 실행력만 있다면 똑같은 방법을 사회 전체에 적용하지 못할 이유는 없다. 우선 이데올로기적인 혼란을 정리한 뒤에 이러한

가능성을 간단히 살펴보자. 80/20 법칙이 기존의 지배 이데올로기를 강화시킬 뿐이라면 공공선에 관한 논쟁은 전혀 무의미할 것이다.

80/20 법칙은 원래 보수적인가

80/20 법칙은 극우파들의 주장과 일치하는 것처럼 보일 수도 있다. 만약 세상이 원래부터 강력한 힘을 가진 소수와 힘없는 다수로 나뉘어져 있고, 인간의 삶, 사회, 기업, 자연이 모두 그렇게 나뉘어진다면 사회는 극우파들이 주장하는 대로 될 것이다. 그들은 불평등이 자연스런 현상이며, 발전의 원동력이라고 말한다. 또한 시장은 자연계 진화의 복사판이어서 스스로 길을 찾아가도록 자유롭게 두어야 하며, 소수 엘리트의 지배는 불가피하며 자연스런 세상의 이치라고 말한다. 결국 사회를 인위적으로 바꾸려는 시도는 세상의 자연스런 규칙을 교란시키기 때문에 항상 실패로 돌아간다고 주장한다.

그들은 80/20 법칙의 이해에서 중대한 오류를 범하고 있다. 우선 극우파의 해석이 옳은 부분부터 살펴보자. 자연, 기업, 사회, 개인의 이치를 관찰해서 자원을 적게 쓰면서도 커다란 성과를 내는 강력한 힘을 발견한 것은 옳았다. 중요한 20%가 선한 것이라면 80%의 성과를 낳는 20%를 확대하고 재생산하고 모방하는 것은 좋은 일이다.

그러나 그것이 악한 것일 가능성도 동일한 확률로 존재하며, 생산성이 높다고 도덕적 해악이 합리화되는 것도 아니다. 80/20 법칙은 불균형이 자연스런 현상이라고 주장하지만, 자연스런 것이 반드시 옳다거나 그대로 방치해두어야 한다고 말하는 것은 아니다. 또한 불

균형에 관심을 집중하기는 하지만, 우주, 자연, 사회, 인간의 삶에서 그런 불균형이 이성적, 합리적인 것이라고 주장하지는 않는다. 또한 이 불평등이 도덕적이거나 정당하다는 것도 아니다. 80/20 법칙은 선악을 떠나 불균형의 원리가 작용하고 강력한 결과를 가져오므로 중시해야 한다는 것을 말하고 있다. 80/20 법칙이 지닌 가치와 힘, 지난 50년간의 실질적인 활용의 결과는 놀라운 것이었다. 일단 우리가 이 놀라운 결과를 인정한다면 이 법칙을 통해서 현재의 상태를 크게 향상시킬 수 있다.

현실 인식은 개선의 출발점

핵심은 80/20 법칙이 어떤 현상을 단지 설명하는 데 머무르지 않고 행동의 방향을 알려준다는 점이다. 이 법칙은 어떤 실패한 일을 더 나은 상태로 개선할 수 있는 길을 찾아내고, 개선책을 제시한다. 강력한 소수의 자원이 그렇게 효과적이라는 사실은 감탄할 만하지만 대다수의 열악한 자원은 어떻게 해야 하는가? 대다수의 자연 자원이 비효과적이어서 이 세상의 많은 부분이 인간이라는 소수의 지배를 받는다고 해도 과연 자연을 위대하다고 할 수 있는가? 수입과 자산에서 80%를 차지하는 활동이 겨우 20%의 이익을 만들어내는데도 과연 그 회사가 효율적이라고 할 수 있는가? 80%의 시간을 들여서 20%의 결과와 행복을 만들어낸다면 과연 시간을 잘 활용하고 있다고 할 수 있는가? 사회 구성원 중 80%가 총생산량의 20%만을 생산해낸다면 그 사회는 구성원의 능력을 잘 활용하고 있는 것인가?

절대로 아니다! 80/20 법칙이 가진 중요한 가치는 이 법칙이 파악된 상황을 개선시킬 수 있는 길을 제시하며, 실제로 더 나은 결과를 만들어내는 훌륭한 도구라는 점이다.

불균형한 것은 효율적이지 않다. 실제로 불균형현상이 나타나고 있지만, 이는 필연적이거나 바람직한 현상이 아니다. 80/20 법칙은 보수적인 헤겔 철학류의 추상적 개념이 아니라 더 좋은 세상을 만들기 위한 실천 도구인 것이다. 80/20 법칙이 실제로 경영에 활용되는 예를 보자. 20%의 제품과 매출이 80%의 이익을 생산하고, 80%의 제품이 겨우 20%의 이익을 만든다는 80/20 현상을 목격한 회사의 최고경영자는 어떻게 반응하겠는가? 그냥 어깨를 으쓱해 보이며 파레토, 하이에크(F. A. Hayek), 프리드맨(Milton Friedman), 자본주의 등에 관해 몇 마디 투덜거리고는 그냥 넘겨버리겠는가? 아니다. 분별있고 이익을 증가시키려는 기업가라면 그 불균형을 바로잡기 위해 무슨 일인가 할 것이다. 그들은 진정으로 생산성이 높은 20%의 활동이 회사 내에서 차지하는 비중을 늘리고, 비생산적인 활동들을 더 생산적으로 만들거나 또는 자원 사용을 축소할 것이다. 즉 더 발전된 미래를 위해 현실을 개선하는 데 80/20 법칙을 사용하는 것이다.

80/20 사회의 비관주의를 넘어서

80/20 법칙의 내용 중 '80 대 20 사회', '승자가 모든 것을 다 갖는 사회'와 같은 사회적 불평등을 다룬 내용이 관심을 끌고 있다. 그러나 우리는 80/20 법칙이 현실에 긍정적인 영향을 미치고, 삶을 향상시킨다는 점에 주목할 필요가 있다. 80/20 법칙의 일부분만을 이용해 사회적 불평등을 설명하며 불평등의 확대를 막을 수 없다는 식의 비관주의가 퍼지고 있다. 그러나 80/20 법칙과 관련된 비관적이고 숙명론적인 주장들은 재고해볼 필요가 있다. 이미 앞에서 최고의 운동 선수가 받는 엄청난 연봉이나, 최고 소득자들과 그 나머지 사이에 커다란 격차가 있다는 내용의 '승자가 모든 것을 갖는 현상'에 관

해 이야기했었다. 이 현상은 미국의 자료를 보면 극명하게 나타나지만 미국뿐 아니라 다른 어느 곳에서도 마찬가지일 것이다.

경제활동 인구 중 상위 10%의 고소득층에 해당하는 사람들의 소득은 급증하는 반면 최저 소득층의 수입은 약간 증가하거나 아예 증가하지 않는다는 사실을 증명하는 자료는 수도 없이 많다. 다보스(Davos)에서 1997년 열린 '세계경제포럼(The World Economic Forum)'에서는 이런 현상에 관해 장시간 토론을 벌였다. 그 중 한 보고서는 다음과 같다.

> 몇몇 경제학자들은 미국은 미래에 20%의 고등교육을 받은 전문 직업인이 연간 7만 5천~50만 달러를 벌며 부유하게 사는 반면 나머지 80%의 사람들은 지저분한 일을 하며 연간 평균 3만 달러 정도를 벌게 될 것이고, 생활수준은 점차 낮아질 것이라고 예측했다.[2]

독일의 베스트 셀러인 『세계화의 덫 The Global Trip』[3]에서도 불평등이 심화되어 '20 대 80 사회'가 되어 인력 중 20%만이 운좋은 사람이 될 것이라고 말한다. 이 책은 1995년 샌프란시스코에 사는 주요 정치가, 최고경영자, 학자 등 500명의 세금을 조사한 결과 세계 경제 시장에 거대한 실업사태가 올 것이라고 주장했다.

> 다음 세기에는 20%의 사람들만으로도 경제가 돌아갈 수 있을 것이다. '더 이상의 인력은 필요치 않다'고 『워싱턴 시십 Washington SyCip』의 유력자는 말한다. 일하기를 희망하는 사람들 중 5분의 1만 있으면 모든 제품을 생산하고 세계 경제에서 사용할 고품격 서비스를 제공할 수 있다. 이 20%의 사람들만이 일하고 즐기며 살아갈 것이다.
> 나머지 사람들은? 80%의 사람들은 직장 없이 살려고 하겠는가? 어떤 전문가들은 중산층이 없는 부유한 국가의 시대가 올 것이라고 말하지만, 아무도 이에 동의하지 않는다.

나는 터무니없어 보이는 이런 생각에 어느 정도는 공감한다. 1996년
에 고든(Ian Godden)과 내가 쓴 『경영자 없는 경영 *Managing
Without Management*』[4]이라는 책의 '대규모 관리직 실업에의 도전'
이라는 장에서 나는 다음과 같이 밝혔다.

> 탈경영 회사들은 10년에 걸쳐 생산성이 낮은 경영자나 사무 직원을
> 포함한 회사의 주요 기능부서들을 50% 줄임에 따라 회사에 필요한 인
> 력은 더 적어질 것이다. 여러 나라의 모든 개인 회사들도 이처럼 탈경
> 영 형태를 띠면 전체적 고용 인원이 15~20% 감소할 것이다. 이에 따
> 라 실업자 비율은 미국의 경우 현재 6% 미만의 수준에서 25%까지 증
> 가할 것이며, 이 중 관리직의 실업률이 급증할 것이다.

80/20 법칙이나 20대 80 사회와 관련해 필연적으로 나타나는 부
정적인 면을 우선 살펴보자. 우선 파레토가 말한 사회적 불평등이 사
회 전반에 나타나게 된다. 20세기에는 급진적인 재산의 재분배와 세
금제도, 복지제도로 이러한 현상을 깨보려고 시도했다. 그러나 세계
시장이 19세기의 힘을 회복하면서 사회 불평등 현상은 다시 나타났
고, 세계 시장이 더 큰 힘을 가질수록 불평등은 심화됐다. 기업의 생
산력이 높아질수록 필요한 인력은 줄어들었다. 결과적으로 세계 자
유 시장은 두 가지 큰 사회문제를 낳았다. 중산층을 포함해 대량 실
업 현상이 나타났고, 잘사는 20%의 사람들과 못사는 80%의 사람으
로 나눠지는 사회 불평등이 더 심각해진 것이다.

숙명론자들도 비관론자와 급진론자의 두 부류로 나누어진다. 비관
론자들은 사회 조류는 바꿀 수 없으니 어쩔 도리가 없다고 주장한다.
그러나 사회 불평등 현상에 관심을 가지고 있는 사람들은 대부분 급
진론자들이다. 급진론자들은 80/20 현상을 타파해야 한다고 주장한

다. 『세계화의 덫』의 독일 저자들도 비슷한 주장을 한다. 그들은 세계화는 선이기보다는 악이므로 없어져야 한다고 주장하며 다음과 같이 말한다. '세계화는 자연의 법칙이 아니다. 목표가 없는 세계화는 이제 끝나야 한다.'

숙명론자들의 오류

나는 비관론자와 급진론자 양쪽의 결론이 모두 틀렸다고 생각한다. 그들의 분석은 많은 부분에서 옳고 또한 교훈적이다. 그러나 어느 정도는 80/20 법칙을 이해했으나, 피상적으로 이해하는 데에 그치고 말았다. 만약 이 법칙을 제대로 이해했다면 변혁 없이도 사회의 발전이 가능하다는 것을 알 것이다.

먼저 실업과 불평등의 구체적 문제들을 살펴본 후 이것들이 점차 자유화, 세계화되어가는 시장과 어떤 관련이 있는지를 알아보자. 사실, 대규모의 관리직 실업의 위험이 있는 것은 사실이다. 회사들은 불필요한 관리업무를 어떻게 처리해야 하는지를 알게 되었고, 세계적인 경쟁에서 최고의 경쟁력을 갖출 수 있는 수준까지 비용을 줄이려 한다. 그렇지 않으면 회사는 파산한다. 이는 상당 부분은 맞는 말이다.

그러나 역사는 자본주의의 번영 그 자체가 사회문제의 원인이 아님을 보여준다. 모든 새로운 기술과 발명, 인력 절감 노력, 생산 기술의 발전, 제품과 서비스를 낮은 비용으로 배달하는 방법의 개발과 같은 산업의 발전은 시장경제에 속한 모든 사람들의 삶의 기준을 향상시켰을 뿐 아니라, 전반적인 고용증대 효과도 가져왔다. 산업혁명 이후 각 세대마다 기계파괴운동(러다이트운동), 인구 폭발을 우려하는 비관론자, 낭만적 신봉건주의자, 마르크스주의자, 사회주의자, 파시

스트, 반자본주의환경론자 등 회의론자들이 있어왔다. 회의론자들은 필요한 수준의 고용을 만들어내기에는 시장경제가 성장에 한계가 있으며 결국 실업문제 해결에 무능력한 시스템이라고 주장해왔다. 인구의 증가, 여성의 경제활동 증가, 엄청난 일자리를 만들어왔던 농업의 축소와 소작제도의 폐지 등 실업을 높일 만한 요인들이 시장경제에 등장해왔다. 그러나 자본주의는 더 높은 생활수준과 고용을 만들어냈다.

250여년 동안 숙명론자들이 틀렸다는 것이 계속 증명되었다. 숙명론자들은 항상 이번에는 경우가 다를 것이라고 얘기한다. 세계 시장은 점점 빠른 속도로 자유화되고 있다. 우리는 거대한 규모의 기업경영에서 여러 가지 잘못이 있었다는 사실을 알게 되었다. 이제 많은 사람을 고용하는 대기업의 장점이 감소되고 있다. 또한 앞으로 10~20년에 걸쳐 관리직 실업도 급증할 것이다.

그러나 우리는 문제에 충분히 대응할 수 있다. 심각한 실업문제 없이도 전체적인 번영을 확대하며 세계시장 체제를 유지할 수 있다. 기존 상품의 가격이 이전보다 더 낮아지면서 새로운 구매력을 만들어낼 것이고 새로운 구매력은 갑작스러운 경기침체로 폭락하지 않는 한 새로운 일자리를 계속 만들어낼 것이다. 새로운 일자리를 창출하는 주된 원천은 대기업이 아니라 보다 작은 기업이 될 것이다. 한 명 또는 소수의 파트너들이 모인 개인사업, 대기업은 접근할 수 없는 개인 대상의 맞춤 서비스를 제공하는 작은 기업들이 생겨날 것이다.

세계시장이 발전하면 기존의 폐쇄적 지역시장을 확대시키고 새로운 시장을 만들어낼 것이다. 단시간 내에 필요한 만큼의 일자리가 민간 부문에서 생기지는 않으므로, 우선 사람들을 공공부문에서 유용한 일을 할 수 있도록 배치해야 한다. 사회를 풍요롭게 하는 활동들은 고

도의 기술이 요구되는 것부터 그렇지 않은 일까지 수없이 많을 것이다. 상업시장이 그러한 일에 대한 보상을 충분히 지불하지 못한다면, 사회가 그러한 일과 관련된 고용과 서비스를 제공할 수 있도록 해야 한다.

부유한 사회에서는 실업 그 자체는 문제가 되지 않는다. 만약 사회가 부유하고 자유시장경제가 사회를 더욱 부유하게 만든다면 시장과 무관한 일을 하려는 사람에게 실업은 문제가 되지 않을 것이다. 그런 사람들은 시장경제 밖의 부문에 고용될 수 있을 것이다. 물론 그 경우에는 시장경제 수준의 보수는 받지 못한다. 그러나 사회 전반의 부가 감소했다고 느끼지 않는 한, 비상업적인 고용인에게 시장 수준의 보상을 못 주는 것 자체는 문제가 되지 않는다. 문제는 사회 내에서 부의 분배가 불공평하다고 느낄 때 일어난다.

가난 · 실업보다 심각한 문제는 불평등

실제 문제는 전반적으로 부의 수준이 높아지는 나라에서 오히려 사회적으로 불평등이 심해진다는 것이다. 부의 재분배가 이루어지지 않는 한 자유시장은 부의 불평등 현상을 보일 것이며, 시장의 자유가 확대될수록 이 불평등은 더욱 심각해질 것이다. 시장경제를 추구하며 계속 경제활동의 자유를 최고 수준으로 확대해온 미국이나 영국, 아시아 일부 국가에서 이러한 현상이 나타나고 있다. 80/20 법칙은 왜 이런 일들이 일어나는가를 설명해준다. 고객이 자율적으로 판단하여 구입한 유용하고 가치있는 80%의 제품이나 서비스는 전체 근로자의 20%가 만들어낸 상품이다. 따라서 시장에 규제가 없다면 각 상품마다 가치가 다르므로 대가도 불평등할 것이다.

이것은 부와 평등 사이에 상호 배척관계가 있다는 것을 의미한다.

즉 부유해질수록 불평등도 더 커진다. 모든 사람들의 절대적인 생활 수준은 향상될 수 있지만, 부는 경쟁력 있는 소수에게로 몰리게 마련이다.

시장은 다른 어떤 메커니즘보다도 가치를 정확하게 반영한다. 따라서 불평등을 해결하는 방법은 시장기능을 억제하여 가치의 창조까지 억압하는 것이 아니고, 사회의 모든 구성요소들이 보편적이고 동등하게 시장에 참여하도록 만드는 것이다.

아직 이 방법에 관해서 깊이있게 연구되지는 않았으나, 기본적인 두 가지 명확한 출발점은 있다. 그 중 하나는 사회의 모든 구성원을 시장에 참여시키는 것, 즉 자원을 가장 생산적으로 사용하는 기업가, 자본가로 만드는 것이다. 다른 하나는 사회의 모든 사람들, 특히 하류층의 사람들이 자기 재능을 최대한 활용할 수 있도록 의욕을 북돋아주고 방법을 알려주는 것이다.

사회적 기업가 정신

시장이 승자와 패자를 만들어내서가 아니라 모든 사람들이 시장에 참여하지 않기 때문에 사회적인 불평등이 생긴다. 시장에서 제외되어 있거나 제한된 범위에서만 참여하는 사람들은 자연히 뒤떨어지게 된다.

시장경제에 참여하려면 더 많은 것을 성취할 것이라는 합리적 기대와 함께 자산이 있어야 한다. 사회가 어떻게 모든 사람들에게 자산을 제공할지 자세히 설명할 수는 없지만, 이 방법이 적어도 복지수당을 주는 것보다 훨씬 가능성 있는 길이고 비용면에서도 효율적이라는 점은 분명하다. 정부는 항상 필요보다 많은 토지와 건물을 소유하고 있으므로, 정부의 토지와 건물을 파는 것도 모든 사람들에게 자본

을 제공해줄 수 있는 한 가지 방법이 될 것이다. 또 국영 사업을 민영화할 수도 있다. 그 결과 모든 시민에게 자본금을 융자해줄 수 있고, 이 돈은 일정 기간 이후에 교육, 보험이나 연금, 사업자금 등 특별한 목적으로 쓰일 수 있을 것이다. .

개인이 선택한 영역에 맞춰 각 시민에게 시장성 있는 기술을 교육하는 것이야말로 무엇보다 중요하다. 필요하다면 국가가 이를 재정적으로 지원해야 한다. 교육이야말로 80/20 법칙을 적용해야 할 필요성이 가장 큰 분야이다. 즉 비용이나 자원의 20%가 80%의 결과를 만들기 때문에, 모든 젊은이들이 시장경제의 한 부분에서 효과적으로 일할 수 있도록 가장 성공적인 20%의 교육 방법론에 초점을 맞추어야 한다. 이 방법만큼 사회의 응집력을 높이고 지속적인 경제 발전을 보장하는 길은 없을 것이다.

80/20 법칙을 교육에 적용해야 한다

사회를 발전시키기 위해 80/20 법칙을 가장 잘 적용할 수 있는 분야는 교육이다. 교육에 80/20 법칙을 적용하기 위한 세 가지 중요한 요소들이 있는데, 첫째는 뛰어난 결과를 낳는 소수의 원인 발견, 둘째는 분권화, 셋째는 경쟁이다.

80/20 법칙은 뛰어난 교육성과를 거두는 소수의 주요 원인이 있으며, 소수의 교육방법이 탁월한 결과를 가져온다는 이론을 제시한다. 그렇다면 그 원인과 교육방법을 알아내어 극대화시킬 수 있다면, 커다란 발전을 이룰 수 있을 것이다.

이러한 발전은 실제로 가능하다. 또한 이미 이와 관련된 조사도 행해진 바 있다. 다음 경우를 주의깊게 살펴보자.

브루킹스 연구소[5]는 미국의 500개 고등학교를 대상으로 학생들의

학업 수행에 영향을 미치는 요소들을 연구했다. 가장 중요한 요소가 학생들의 적성이나 학교에서의 수업태도이며, 이 수업태도는 가정환경의 영향을 크게 받는다는 점은 전혀 놀라운 사실이 아닐 것이다. 그렇다면 학습능력을 높이기 위해서는 모든 학생들이 학습에 적극적인 자세로 학교에 와야 한다는 필요 조건이 성립하며, 이를 위해서는 모든 가정이 부와 재산을 소유하고 있어야 한다. 그러나 이는 불가능한 일이며, 학교 또한 지금 가지고 있는 자원으로 계속 운영될 것이다.

이 연구에서 학생 자신의 적성과 태도 외에 다른 중요한 요소로 밝혀진 것은 학교 자체였다. 몇몇 학교가 다른 학교에 비해 학생들의 학습능력이 훨씬 높았는데, 이들 학교의 특징을 연구했다. 일반적으로는 그 원인들이 학교에 투자하는 돈, 선생들의 월급, 학생 한 명당 들이는 비용, 학급 규모, 졸업 필수 요건 등일 것이라고 생각하게 마련이다. 그러나 이런 일반적인 요소들은 학습능력에 별 차이를 주지 않는다. 정말로 중요한 요소는 학부모의 참여, 학교의 분명한 사명감, 리더십, 학교 자치권, 선생이 누리는 자유와 존경이었다.

하지만 이런 요소를 극대화하고 촉진하는 학교제도가 갖춰진 곳은 매우 드물다. 학부모와 선생에게 학교에 대한 통제권을 준다면 학교에 공공 비용을 덜 투자하면서 더 큰 효과를 얻을 수 있을 것이다.

이제는 학교마다 다른 교육방법을 검토해보자. 여기서 나는 드라이덴(Gordon Dryden)과 보스(Jeannett Vos) 박사가 쓴 『학습혁명 The Learning Revolution』[6]이라는 책에 나온 내용을 두 번째 사례로 들겠다. 이 책에는 실증된 몇 개의 교육방법들이 나와 있다.

- 뉴질랜드의 플랙스미어에서는 보통 아이들에 비해 재능이 5세 정도 뒤진 11세짜리 아이가 테이프를 보조교재로 사용한 읽기 프

로그램을 통해 10주만에 다른 아이들을 따라잡았다.

• 미국 군사 시험에서 특정 독일어 교재의 독일어 학습법을 이용한 군인들이 661%나 뛰어난 성적을 거두었다. 이것은 3분의 1의 시간으로 두 배 이상의 효과를 낸 것이다.

• 영국 레디치(Redditch)의 브리들리 무어(Bridley Moor) 고등학교에서는 외국어를 빨리 배울 수 있는 기술을 가르쳤다. 이전의 학습방법으로는 80점 이상을 받은 학생이 전체의 11%에 불과했는데 새로운 방법을 시행한 후에는 65%의 학생들이 80점 이상을 받았다. 과거의 방법으로 90점 이상을 받은 학생은 3%였는데 새로운 방법으로는 38%였다. 즉 새로운 방법을 이용한 후 90점 이상을 받은 학생들이 10배 이상 늘어난 것이다.

드라이덴과 보스 박사는 책에서 80/20 법칙을 언급하지는 않았지만, 그 내용은 80/20 법칙의 좋은 예가 된다. 80/20 법칙의 요점은 다음과 같다. 삶에서 가장 중요한 일에 최선의 노력을 기울여라. 항상 최고의 결과를 만들어내는 소수의 방법, 소수의 행동, 소수의 원인과 접근법이 존재할 것이다. 그것을 찾아라. 그리고 확대하라. 성과는 단순한 향상을 넘어 획기적으로 높아질 것이다.

교육의 문제를 해결하려면 근본적으로 생각을 바꿔 가장 효과적인 방법을 과감하게 선택해야 한다. 학생들의 두뇌활동을 활발하게 하는 실증된 방법을 활용해야 하며, 학교의 교육구조도 제대로 정비되어 있어야 한다. 그러기 위해서는 학교가 학교의 운영을 자율적으로 책임져야 한다. 각 학교의 선생과 학부모가 객관적인 성과를 점검하고 혁신을 책임있게 시도할 수 있어야 한다.

학교 제도를 대폭 향상시킬 수 있는 또 다른 방법은 경쟁이다. 좋

은 학교는 그 규모를 키울 수 있어야 한다. 또 학습능력이 떨어지는 학교의 학부모와 학생들이 원할 경우에는 우수한 학교가 그 학교를 인수할 수도 있을 것이다. 능력이 떨어지는 학교는 폐교해야 한다.

몇 년 전 피터 드러커는 미국만이 선진국 중에서 유일하게 학교 체제 안에 경쟁이 없는 나라라고 지적했다. 그러나 이제는 변하고 있다. 이스트할렘, 미네소타, 아이오와, 아칸소 오하이오, 네브래스카, 아이다호, 유타, 매사추세츠, 버몬트, 메인 어디서나 이제는 학생들이 학교를 선택할 수 있다. 그러나 미국을 포함한 대부분의 나라에는 뛰어난 학교 경쟁 체제가 없다. 학생들과 사회가 조금씩 변해서 이러한 경쟁 체제가 생길 때 교육은 놀랄 만한 발전을 이룰 것이고, 그 발전은 지속될 것이다.

생산적인 방식과 평범하고 비생산적인 방식의 격차가 크듯 우수한 학교와 그렇지 않은 학교의 격차는 크다. 80/20 법칙을 교육에 체계적으로 적용해서 효과가 검증된 방법을 사용하고, 학부모와 선생들에게 자율권을 주고 경쟁을 허용하면 아주 뛰어난 결과를 얻을 수 있을 것이다. 이를 활용하지 않는 것은 인류에 대한 범죄이고 아이들의 발전을 가로막는 것이다.

80/20 법칙은 현실을 향상시킨다

나는 시장 자유화를 통해 비자발적인 실업이나 사회적인 부조화 없이도 더 큰 번영을 구가할 수 있다고 했다. 이 말은 너무 이상적으로 들릴 수도 있다. 그러나 내가 이렇게 확신하는 이유는 80/20 법칙을 통해 우리가 많은 자원, 시간, 돈, 에너지와 개개인의 노력과 재

능을 낭비하고 있다는 점이 밝혀졌기 때문이다. 역설적으로 자원의 비효율적 사용은 희소식이다. 일반적으로 일을 너무 엉망으로 해왔고, 언제나 소수의 자원만이 나머지 대부분의 자원보다 몇 배나 더 생산적으로 사용됨을 의미하기 때문에, 상황을 획기적으로 개선할 여지가 큰 것이다. 시장은 비효율적인 자원을 최대의 효과를 발휘할 곳으로 전환시키는 속성을 가지고 있다. 그러나 시장이 절대적으로 이런 전환을 보장하는 것은 아니다. 그러기 위해서는 지식과 기술과 기업가 정신이 필요하다. 이러한 전환은 비시장 조건보다는 자유시장 조건에서 더 활발하게 일어난다. 그러나 시장이 항상 올바른 방향을 유지하도록 최소한의 관리는 필요하다. 만약 시장이 달성 가능한 최고의 결과만을 생산했다면 더 이상의 계속적인 발전은 불가능할 것이다. 발전이란 일을 하는 더 나은 방법을 찾는 것이다. 그리고 현재는 자유시장 경제로 나아가는 것이 그 길이다. 80/20 법칙을 활용하면 언제나 현실을 향상시킬 수 있다.

기업의 자원 활용

프랑스 경제학자인 세이는 1800년대에 '기업가들은 경제자원을 생산성이 낮은 분야에서 높은 분야로 옮겨 부를 증대시켜야 한다'고 했다. 현재의 상황에서 얼마나 개선할 여지가 있는가를 파악하는 것이 80/20 법칙의 핵심이다. 오늘날 이 과정을 '중재(Arbitrage)'라고 한다. 자유시장은 중재의 기회를 만들기는 하지만 중재를 자동적으로 실행하지는 않는다. 국제 통화가치와 같이 중재가 가장 효과적이거나 시장의 지배적인 규칙으로 자리잡은 영역에서만 시장은 자동적으로 중재를 실행한다.

현대의 주식회사들은 경쟁이 이루어질 때마다 세이가 말한 기업가

의 정의대로 중재를 확대해나가는 경향이 있다. 그러나 안타깝게도 회사의 경영자들은 대부분 '기업가' 역할을 하지 못하며, 또한 회사 구조가 복잡해질수록 중재를 효과적으로 하기도 어렵다. 주식회사, 특히 한 가지 일만 하는 것이 아니라 자유시장의 자원 대부분을 지배하는 거대 기업집단은 생산성이 천차만별인 경영자들의 연합체이고, 수익성이 다른 사업 분야의 연합이라고 할 수 있다. 이제 거대 기업집단의 개별 사업부를 분리하여 한 분야에만 집중하는 독립기업으로 만들려는 경향이 폭넓게 나타나고 있다. 이렇게 복합기업에서 분리한 회사들은 한 가지 사업만 하기 때문에 보다 단순해졌고, 그러한 단순화의 가치를 나타내는 주가도 크게 오르는 경우가 많다.[7] 단순화를 통해 중재가 쉬워지면, 이익을 쉽게 극대화할 수 있다는 점은 80/20 법칙을 이해한다면 놀랄 만한 일은 아니다.

기업은 자원을 잘 분배하지 못하고 있다

자원을 보다 생산성 높은 분야로 옮기는 중재의 과정은 자유 기업이 가장 발달한 사회에서도 자동적으로 이루어지지는 않는다. 항상 올바른 방향으로 가도록 관리해야 한다. 그렇다면 어떤 방향으로 어떻게 유도해야 하는가?

80/20 법칙은 명확한 해답을 제시한다. 소수의 경쟁력 있는 부분과 취약한 부문을 구분해서 피악한다면 방향을 결정할 수 있다. 이것은 각각의 부문이 성취한 것과 그것을 위해 사용한 자원을 비교하면 쉽게 파악할 수 있다. 한 요소가 낮은 성과를 보인다면 성과가 나쁜 부문에서 자원을 빼내 생산성이 높은 분야로 투입하면 커다란 발전을 할 수 있다. 여기에서 부문은 제품, 고객, 유통망, 경영층 중 어느 기준으로도 가능하다. 효율적이지 않은 부문에서도 생산성 높은

부문을 모방하거나 생산적인 부문으로 재배치하면 몇 배의 향상을 기록할 수도 있다. 방향을 정하기 위해서는 단순화의 성과를 세밀하게 해야 한다. 또한 단순화, 분권화, 그리고 낮은 수준의 통합의 성과 측정이 가장 온건한 방법이다. 자원을 가장 잘 활용하기 위해서 급진적인 수술이 필요한 경우도 있다. 높은 생산성을 보이는 분야는 더 많은 자원을 공급하고, 낮은 생산성을 보이는 분야는 자원의 공급을 중단해버리는 급진적인 해결책이 여기에 해당된다.

비즈니스맨들은 보통 사람들과 마찬가지로 급진적인 단순화를 싫어한다. 급진적인 단순화를 하면 기존의 권한을 침해받고 업무의 단절이 발생하며 모든 사람의 책임과 기여도가 분명히 드러나기 때문이다. 사람들은 대부분 조용하고 안정적이며 책임지지 않는 삶을 선호한다. 시장은 자동적으로 작동하지 않고 인간의 활동을 통해 작용하기 때문에 항상 불완전하다. 그리고 시장에 참여하는 조직이 더 크고 복잡할수록 더 불완전해진다. 기업 조직은 중재의 기회가 많고 경쟁에 의해 강제되기 때문에 비영리 조직에 비해 상대적으로 더 효율적이다. 그러나 기업인들이 경쟁을 좋아한다고 생각하면 오산이다. 80/20 법칙은 시장은 항상 불완전하며, 자원의 사용은 거의 언제나 최적화되어 있지 않으므로 합리적인 중재가 필요한 분야가 다수라고 주장한다. 중재는 비즈니스를 단순화시키는 방향으로 작용하며 각 자원의 개별적인 성과를 밝혀준다.

그렇다면 책임있는 우파를 위한 80/20 법칙의 교훈은 무엇인가? 문제는 물론 단순화에 있다. 우파는 보수주의자, 급진주의자, 자유주의자, 권위주의자, 사회적 자유주의자를 말한다. 그러나 우파는 대부분 경제적인 불평등의 인정, 엘리트의 중시, 국가의 규제에 대한 거부, 시장이나 경쟁의 신봉 등을 공통적인 특징으로 가지고 있다.

80/20 법칙은 경제적인 불평등은 뿌리깊은 문제이며 낭비적인 사회구조를 반영하는 것으로 본다. 이와 비슷하게 80/20 법칙은 엘리트의 부각과 소수에게 성과가 집중되는 현상을 설명해주고 있지만, 동시에 모든 인적 자원을 효율적으로 쓰지 못하는 사회적 문제점을 일깨워준다. 엘리트는 그 존재 자체가 아니라 사회적인 낭비를 막는 일을 진지하게 자기 과제로 받아들이고 모든 사회 구성원의 생활의 질을 높이는 데 기여해야 정당화될 수 있다. 80/20 법칙은 시장을 인정하고 중재를 번영을 향한 획기적인 도약의 방법으로 보고 있지만, 또한 기업들은 대부분 전혀 효율적이지 않으며 경영자들은 경쟁이나 중재를 싫어한다는 현실을 지적한다. 이제 80/20 법칙이 사회경제적 영역에서 어떤 정책 방향으로 귀결되는지를 검토해보자.

사회발전을 위한 80/20 법칙

80/20 법칙이 주장하듯이 시장이 최적의 결과를 내지 못하고 기업은 원래부터 비효율적이라면 이 법칙은 경제, 사회적인 문제에서 낭비를 막고 모든 시민들에게 좋은 결과를 낳을 수 있도록 국가가 개입하는 것을 정당화시켜주는가? 이 질문에 대한 대답을 시작하면서 경제적인 문제가 아닌 사회적인 문제들을 간단히 논해보겠다. 80/20 법칙을 일반적으로 적용할 때 가장 뚜렷하게 드러나는 특성은 무엇인가? 이들 특성은 보수주의나 간섭주의적 사회정책에 걸맞는가?

80/20 법칙은 범죄를 줄여준다

1993년부터 뉴욕시에서의 범죄가 눈에 띄게 감소했다. 예를 들면 브루클린(Brooklyn) 북부 지역은 범죄가 많기로 유명했는데 1993년 126건에 달하던 범죄가 1995년에는 44건으로 감소해 65%의 범죄 감소율을 보였다.[8] 뉴욕에서의 생활의 질은 완전히 달라졌다. 이 변화는 아무도 예상하지는 못했지만 사실은 신중하게 추진된 것이었다. 경찰 국장인 윌리엄 브래턴(William Bratton)은 소수의 범죄자가 대부분의 범죄를 저지르며 범죄가 자주 발생하는 특정 상황이 있음을 발견했다. 브래턴 국장은 즉시 많은 경찰들을 동원해 대부분의 범죄를 야기하는 소수의 상황과 범죄자들을 더 감시하도록 했다. 경찰은 길에서 술을 마시거나 방뇨하는 행위, 낙서 등 실제로는 경범죄에 해당하는 상황에 단호하게 대처했다. 특정 목표를 가지고 대대적으로 실행된 조치는 곧 효과가 입증되었다. 브래턴 국장은 80/20 법칙을 알았건 몰랐건, 이 법칙을 적용하여 80%의 문제를 야기하는 20%의 범죄자를 뿌리뽑기로 결심한 것이다.

이보다 조금 먼저 비슷한 노력을 스페인 마벨라의 한 시장이 시도했는데, 그 효과는 대단한 것이었다. 특정 그룹의 범죄 행위를 단속하는 수준을 넘어 전체 지역 주민의 성격을 바꾸어버린 것이다. 이 책의 제1장에서 소개한 발화점의 개념으로 설명할 수 있을 것이다. 혁신이나 새로운 관행을 발전시켜 어느 수준에 이르면 약간의 부가적 노력만으로도 큰 성과를 얻을 수 있다는 원리이다. 그 지역에서 어느 정도의 범죄가 아직 남아 있기는 하지만 공공 지역에서의 음주나 노상방뇨, 낙서와 같이 상대적으로 해가 적은 범죄 행동들도 줄어들었다. 과거에는 길거리의 차가 부숴지고 평범한 시민들조차 경범죄를 일상사로 범했기 때문에 거리에서 노인과 부자는 찾아볼 수가

없었다. 그러나 경찰의 노력으로 일단 범죄가 아주 드문 수준으로 감소하자 주민들도 교화되어 태도와 행동이 완전히 바뀌었으며 지역사회 전체가 달라졌다.

사회정책에 관해 80/20 법칙이 시사하는 바는 아주 명백하다. 사회문제를 치유하기 위한 노력이 질적인 전환점에 이르지 못하면 그야말로 밑 빠진 독에 물 붓기에 불과하다. 그러나 80%의 문제를 일으키는 20%의 원인에 집중적인 노력을 들여서 이 전환점에 도달한다면, 비용이나 노력 면에서 약간의 추가적인 노력만으로도 환상적인 결과를 얻을 수 있다.

그것이 좌파와 우파, 보수주의와 자유주의와 무슨 관계가 있냐고 물을지도 모른다. 그러나 사실은 깊은 관계가 있다. 80/20 법칙은 범죄를 줄이는 데에 아주 효과적이었다. 핵심적 소수에 초점을 맞춘 간섭주의가 범죄 감소에 효과를 보았다면 다른 사회정책에서도 본질적으로 같은 원리가 적용될 수 있을 것이다.

사회의 낭비 요인들

그러나 간섭주의적 사회 프로그램을 80/20 법칙으로 정당화하기에는 두 개의 큰 장애물이 있다. 하나는 80/20 법칙이 상식을 벗어나는 해결책으로 귀결되는 경향이 있다는 것이다. 80/20 법칙의 핵심적 통찰력을 상기해보라. 모든 문제나 기회에는 반드시 찾아내서 매우 집중력 있게 그리고 단호하게 소수의 핵심적 원인들이 있을 것이라는 점 말이다. 이러한 견해는 우파와 좌파 양쪽의 입장에 모두 반대될지도 모른다.

골치 아픈 문제인 보건제도에 대해 생각해보자. 모든 나라의 좌파들은 복지제도를 확대해 병원을 더 많이 짓고 의사와 간호사를 더

고용하는 등, 필요하다면 세금을 높게 책정해서라도 국가 재정의 많은 부분을 보건제도에 할애하라고 한다. 우파들은 세금을 줄여서 꼭 필요한 사람에게만 혜택을 주어야 한다고 주장한다. 이 두 주장에는 공통점이 거의 없고 어느 쪽이 맞다고 하기도 어렵다.

그러나 80/20 법칙에 따라 어느 쪽이 옳겠느냐고 물으면 둘 다 아니라고 답할 수밖에 없다. 20여년 전 미국의 의사협회에서 질병의 원인을 조사했는데 그 중 10%만이 의료 복지제도와 연관된 것이며, 50%는 전적으로 개인의 습관과 관련이 있다고 결론 내렸다. 그러나 미국은 공화당이나 민주당 정부 모두 영양이나 건강교육, 자가치료법과 체력단련에 쓰는 예산의 20배를 집단보건 의료사업에 썼다.

80/20 법칙은 20%의 지출이 80%의 결과를 낳고 반대로 80%의 지출이 20%의 효과를 낸다고 주장한다. 발전은 80%의 결과를 낳는 20%의 지출, 20%의 결과를 내는 80%의 지출을 파악하는 데서 시작된다. 의료복지의 경우에 특히 큰 효과를 낼 수 있는 조기건강교육이 80%의 효과를 내는 20%의 원인에 포함될 것이다. 다른 것과 마찬가지로 건강도 치료보다는 예방이 효과도 크고 비용도 적게 든다. 아이들에게 건강하게 사는 습관을 길러주면 그 습관은 평생을 가게 된다. 이런 원리가 다른 어떤 형태의 사회적 비용보다 더 효과적일 것이다.

학교에서 건강교육을 하는 데에 질적인 전환을 이룰 수 있도록 집중적으로 노력을 기울이면 학생들의 행동을 바꿀 수 있을 것이다. 국가에서 건강한 식사와 운동 프로그램을 만들되 실행은 민간 부문에 맡기고, 정부는 관리와 감독을 하고 성과에 따라 보수를 지불하는 것도 좋을 것이다. 그렇게 되면 필요한 병원과 의사와 간호사의 숫자는 줄고, 자원봉사와 가정단위의 건강 보조업무 종사자, 체육관, 운동

기구, 공원, 자전거 도로의 숫자는 늘어날 것이며 불량식품에 대한 높은 세금책정도 가능할 것이다.

국가의 낭비 요인들

80/20 법칙은 사회 변화에 대해서도 상대적으로 낙관적이다. 이 법칙은 80%의 효과를 내는 20%를 찾아내 집중적인 노력을 하면 적은 노력으로 큰 결과를 얻을 수 있다는 새로운 사고방식을 제안한다. 목표를 정하고 전환점에 도달할 때까지 충분한 자원을 투입하면 사회문제도 획기적으로 개선할 수 있다. 그러나 이 해결책은 매우 생산적인 20%를 파악하는 것을 토대로 이끌어내는 매우 비전통적이고 실용적인 것이다. 여기서 좌파가 아직도 안고 있는 큰 문제를 이야기해야겠다. 서비스 제공자로서의 국가의 자료정리는 한심할 정도여서 민간 기업에도 훨씬 못 미친다. 영국의 국민건강보험과 같은 예외적인 경우를 제외하고는 국가가 제공하는 서비스는 모두 20%의 결과를 낳는 80%의 낭비적 활동에 해당한다.

정부의 서비스 기능 축소

80/20 법칙은 정부역할의 강화 전략이 형편없었음을 보여줄 뿐 아니라, 그 원인도 설명해준다. 나는 앞에서 민간 기업 대부분이 비효율적이라고 비판했다. 특히 복잡하고 여러 분야의 사업을 하는 기업들은 각 제품이나 고객, 경영진, 사업부문 단위로 볼 때 생산성이 떨어짐을 살펴보았다. 그러나 민간 기업의 비효율성은 상대적인 것이며, 현대 기업들 덕분에 생활수준이 엄청나게 향상되었다는 사실을 부정하지는 못할 것이다. 지난 100년 동안 근로자 한 사람당 생산성이 50배 향상되었고, 생활수준도 그에 맞게 향상되었다. 이것은 국가

가 아니라 기업의 공헌이며 특히 대기업이 넘쳐나는 풍요의 가장 큰 원천이 된 것이다.

국가의 서비스에 대해 80/20 법칙의 예상을 정확히 확인하기가 어렵다. 서비스 가치를 측정하기도 어려울 뿐 아니라 개별 서비스 단위는 물론 종합적으로도 투입과 산출의 관계를 측정할 수 없기 때문이다. 이것은 정부 부문이 취약하거나 냉소적이어서가 아니라, 고객의 선택권이 거의 없고 성과를 측정할 필요도 없으며 더 나은 가치를 제공하는 것에 대한 보상도 없는 시스템의 속성 때문이다.

모든 조직, 특히 복잡한 조직은 거의 예외없이 비효율적이다. 공공 부문에는 시장의 원리가 결여되어 있으므로 질 나쁜 서비스를 제공한 사람도 특별히 불이익을 당하지 않으며 그렇다고 우수한 성과를 거둔 부분에 새로운 서비스 자원을 더 투입하지도 않는다. 중재의 과정도 실행되지 못한다. 공공 부문에서 80/20 분석은 별 의미가 없다. 성과에 대한 의미있는 개별적인 자료를 얻는 것이 불가능하기 때문이다. 설령 분석이 가능해도 그 결과를 토대로 비효율적인 부분의 자원 분배를 축소하거나 생산성이 높은 분야를 촉진하는 어떤 조치도 취해지지 않을 것이기 때문이다. 이런 식으로는 가치의 획기적 향상이 불가능하다. 생산성을 높이는 한 가지 방법은 국가로부터 서비스 기능을 빼앗아버리는 것이다.

똑똑한 좌파들은 이 점을 알았다. 서비스 제공 기능이 없어진다고 해서 정부가 재정적으로 하는 역할이 적어지는 것은 아니다. 조세와 부의 재분배는 국가 서비스 제공의 범위와는 상관이 없다. 그러나 실제로는 어느 정도 연관성은 있을 것이다. 만약 국가가 이러한 서비스 제공 기능을 포기하지 않는다면 국민들이 조세에 저항하게 되고 국가의 가치가 저하되어 국가 재정에 나쁜 영향을 줄 수도 있다. 반대

로 자원봉사 조직이나 민간 기업 또는 이상적으로는 여러 유형의 조직간의 경쟁을 통해 선정한 조직에 서비스를 맡긴다면, 비용을 줄이면서도 서비스의 양과 질은 훨씬 높일 수 있을 것이다.

80/20 법칙과 국가의 중재활동

좌파와 우파 사이의 주요 논쟁거리는 경제에 대한 국가 개입 문제이다. 80/20 법칙은 시장은 비효율적인 복잡한 조직이 중요한 구성원이기 때문에 완벽하다고 보지는 않는다. 그러나 고객들이 자유롭게 상품가치를 비교하여 선택할 수 있는 분권화된 시장은 중재와 효율성을 높이는 최고의 기회를 제공한다. 실제로 국가는 소비자의 이해와는 상반되는 생산자의 입장에 서서 개입하게 된다. 독점금지법이 유일하게 국가가 소비자 편을 드는 경우이지만, 이나마도 60여년간 성취한 것이 겨우 생색만 낼 수 있는 수준이다.

80/20 법칙은 국가가 경제문제에 간섭하지 않을수록 중재와 효율성이 높아질 것이라고 암시한다. 이 점은 (국가가 직접 서비스를 제공하는 것이 아니라) 80/20 법칙을 적용해 사회적인 문제에 국가가 개입하면 커다란 성과를 낼 수 있다는 점과 뚜렷이 대비된다. 사회 문제에서 전체적인 낭비를 최소화하는 길은 근본적으로 사회적 활동의 질서를 바꾸는 것이다. 그리고 이것을 할 수 있는 유일한 것이 정치이다.

80/20 법칙은 최고의 효과를 가져온다

80/20 법칙이 제시하는 프로그램이 좌파나 극진적인 우파, 제3의 길 어디에 속하는지는 다른 사람들이 판단할 문제이다. 80/20 법칙이 좌파와 우파 간의 효과 없는 논쟁을 종결시키는 데 도움이 될 수도 있다. 이 법칙은 삶의 모든 면에 효율성의 큰 격차가 있다는 것을 밝혀준다. 투입과 산출의 불균형, 평균적이고 전체적인 성과 중심 사고의 한계, 소수의 뛰어난 사람들과 다수의 평범한 사람들 사이의 차이도 강조한다. 그러므로 80/20 법칙은 본질적으로 쉬지 않고 현 상태를 바꾸려는 분명한 성질을 가지고 있다. 이것으로 모든 개인의 행복과 부 그리고 사회 전체의 가치를 크게 증가시킬 수 있다고 확신하는 것이다.

따라서 80/20 법칙은 전통적인 정치적 동맹이 아니라 정직하고 공평한 시민들에게서 큰 가능성을 찾는다. 이 법칙의 관점에서 보면 정치는 급진적이고 야심적이며 이상주의적이기까지 하다. 정치인들은 사회적 개입에 초점을 둔 정책을 선호한다. 그들은 자본주의나 기업, 시장의 완벽성에 대한 환상도 가지고 있지 않다. 그러나 국가의 서비스에는 부정적이며, 국가의 경제적 개입에 대해서도 대단히 회의적이다. 80/20 법칙은 개인이나 기업의 경우와 마찬가지로 공공의 이익에 대해서도 원인과 결과를 보는 통찰력을 제공하는 데 큰 가치가 있고, 그 통찰력은 앞으로 전진해나갈 수 있는 힘을 준다. 긍정적인 변화의 기회는 언제나 있다. 80/20 법칙은 공공 정책 분야에서도 근본적이고 변화를 추구하며 또한 성과 중심적이다.

그래서 나는 80/20 법칙이 도덕적인 힘을 가지고 있다고 대답할 수 있다. 따라서 이익을 위해서건 아니건 기업을 정비하고, 사회가

구성원에게 최대의 혜택을 주는 소수의 분야에 최대한의 자원을 투입하도록 바꾸어나가는 것이 우리의 도전 과제이다. 그런 과정을 통해 그동안 비생산적이었던 자원이 지금보다 몇 배의 효과를 발휘하게 될 것이다.

발전: 과거, 현재, 미래의 사실

왜 인류가 효율성을 극대화할 수 있다는 가능성을 우리는 신뢰하지 않을까? 1798년에 영국의 괴짜 성직자였던 맬서스는 『인구론 Essay on Population』이라는 책에서 인구가 급증해서 토지의 생산량으로는 인류를 먹여 살릴 수 없을 것이라고 염려했다.[9] 맬서스는 인구가 기하급수적으로 늘어날 것이라고는 생각했지만 이미 진행중인 농업의 효율성 향상은 상상하지 못했다. 서구에서는 인구의 98%가 농업에 종사하던 것이 3%로 줄어들었는데도 자급자족이 가능하다. 또한 제조업도 인구 한 사람당의 부나 생산량 증가의 면에서 본다면 놀라운 발전을 했다. 매년 3~4%씩 생산성이 향상되고 근로자 한 사람당 생산량도 50배나 늘었다.

일상생활에서 볼 때 소비재들의 질이나 기능이 우리 할아버지 대에는 상상할 수 없었던 수준까지 향상되었다. 집과 직장을 바꾸고 둘 사이의 경계도 없애버린 기적적인 전자제품의 발명도 이루어졌다. 나라 전체가 황폐해지고 굶주리고 비도덕화되어 파괴의 끝에 서 있던 나라들이 번영을 구가하며 선진 산업국가로 바뀌었다. 유럽의 여러 나라들에서 민족적, 이데올로기적 대립도 사라졌다. 이제 전 세계가 번영의 길로 가고 있다. 이런 성과 모두가 80/20 법칙의 정신을

이용한 것이고, 전자제품이나 컴퓨터와 같이 질적으로 놀라운 발명품들에서는 의식적으로 효율성을 높이기 위해 이 법칙을 사용해왔다.

이 모든 역사적 사실들을 보면서도 사람들은 아직도 더 많은 획기적 발전이 있을 것이라고 믿지 못한다. 산업발달의 종착점에 서 있기 때문에 더 이상 새로 만들 것이 없고 우리와 아이들이 할 일은 현재 있는 것을 강화하는 것뿐이라고 생각한다. 정치가와 산업을 믿지 않으며 희망의 습관을 포기해버렸다. 일자리를 잃을까봐 불안해하고 문명 사회가 붕괴될까봐 두려워한다.

80/20 법칙을 받아들인다면 이런 두려움들을 낙관주의의 세계관으로 바꿀 수 있을 것이다. 일류 글로벌 기업을 잘 아는 전략 컨설턴트도 아직 산업 분야에서 효율성을 높일 수 있는 부분이 매우 많다고 하니 나를 믿어도 좋다. 20세기에 기업들이 상당히 잘 해온 것은 사실이지만 아직도 비효율적인 부분들이 많이 있으며 개선할 부분들도 어마어마하게 많으므로 기업들은 끊임없이 생산성을 향상시켜나갈 것이다. 오히려 기업들은 이제 막 정보 기술을 제대로 활용하기 시작했고 최근에서야 내부의 경영 프로세스보다 고객과 주주들이 더 중요하다는 사실을 깨달았다. 또한 이제서야 효과적으로 경쟁하는 법을 배웠고 무엇보다도 중요한 문제로 복잡한 기업구조 때문에 얼마나 많은 비용이 들고 낭비가 많은지 깨닫게 되었다.

나는 조직혁신을 위해 어떤 대가를 치르더라도 고객과 주주가치를 위해 헌신하겠다는 최고경영진의 결정과 새로운 기술이 조화를 이루어 눈부신 성공을 이루는 소수의 기업이 등장할 것으로 확신한다. 자유시장이 유지되는 한 우리는 50년 안에 자유기업에 의해 삶의 수준의 놀라운 향상이 이루어지는 것을 목격하게 될 것이다. 그 폭은 지난 반세기 동안의 발전을 훨씬 넘어서는 것이 될 것이다.

기업이 현재의 역할에서 어떤 성취를 이루었든 그것에는 우리가 활용할 수 있는 생산성 향상의 요소가 내재되어 있다. 80/20 법칙은 일관되게 이 점을 설명해준다. 정부 부문이야말로 비효율의 대명사이다. 민간 기업이 현재의 역할 속에서 비효율적인 부분이 있기는 하지만 80/20이 시사하는 바와 같이 생산성을 획기적으로 높일 수 있는 요소 역시 동시에 가지고 있다. 정말 비효율성으로 똘똘 뭉쳐 있는 곳은 바로 정부 부문이다. 민영화에도 불구하고 대부분의 나라에서 국가 부문은 경제자원의 30~50%를 소비하고 있다. 민영화의 본고장인 영국에서조차 국가 부문이 전체 자원의 40%를 사용하고 있다. 국가의 서비스 제공 기능은 이미 합리적 근거를 잃어버렸으며 좌파에서도 그 점은 대부분 인정하고 있다. 교육과 경찰업무를 포함한 모든 것을 민영화하여, 기존의 서비스 공급자와 잠재적인 공급자의 확실한 경쟁체제를 만들고, 비영리 조직과 영리 조직이 동일한 조건에서 경쟁하도록 허용한다면, 우리는 엄청난 서비스 가치의 상승을 지속적으로 경험하게 될 것이다. 비용 절감보다 더 중요한 점은 바로 획기적으로 서비스가 향상될 것이라는 사실이다.[10] 교육 분야를 예로 들면 일부 학교와 교육방법은 나머지에 비해 50배 이상의 효과를 발휘하고 있으며, 아직도 정보기술을 교육에 활용하는 교육자는 극소수에 불과하다. 만약 우리가 사회적 중재를 가로막는 제도의 장벽을 제거하여 최우수 사례(best practice)가 확산된다면, 우리의 생활과 경제는 상상할 수 없을 만큼 발전할 것이다. 우리가 컴퓨터 분야에서 활용한 만큼 80/20 법칙을 교육에 적용한다면 개선 효과는 그야말로 놀라울 정도가 될 것이다.

사회를 발전시키는 힘

마음속에 깃든 회의주의와 비관주의를 날려버려라. 이 두 가지 악마에 지배당하는 순간 당신의 삶도 세상도 절망적으로 된다. 역사 발전에 대한 당신의 신념을 회복하라. 미래는 이미 우리의 주변에 있음을 알아야 한다. 농업, 제조업, 교육, 인공지능, 의학은 물론 사회적·정치적 실험 속에서 전에는 상상도 못했던 수준의 성취를 이루어내고 더 높은 목표를 향해 끊임없이 나아가는 빛나는 사례가 바로 우리가 도달해야 할 미래를 보여주고 있는 것이다.

늘 80/20 법칙을 생각하라. 역사 발전은 늘 소수의 사람, 일부의 조직화된 자원에서 비롯된다. 그 소수는 늘 우리가 성취의 최고봉이라고 생각해왔던 수준에 먼저 도달하고 그것을 모두가 딛고 더 높이 나아갈 발판으로 만들어왔다. 역사 발전에는 유능한 엘리트가 필요하다. 그러나 역사를 만들어가는 엘리트는 명예를 중시하고 사회에 봉사하며 자신의 타고난 재능을 모두에게 나눠주는 사람이다. 역사 발전은 예외적으로 탁월한 성취를 이룬 경우를 어떻게 파악할 것인가, 그리고 그런 성공의 경험을 어떻게 확산시키느냐에 달려 있다.

주와 참고문헌

제1장

1. Josef Steindl의 (1965) *Random Processes and the Growth of Firms: A Study of the Pareto Law*, London: Charles Griffin, p18.

2. 연구과정에서 80/20 법칙을 언급하는 많은 단편 기사들을 발견할 수 있었으나, 이에 관한 서적을 찾는 데에는 실패하였다. 만일 출판되지 않은 학술논문일지라도 80/20 법칙에 대한 책이 존재한다면 독자 여러분들이 알려주시길 바란다. 최근에 출판된 책 한 권이 비록 80/20 법칙 자체에 대한 것은 아니지만 그 중요성에 대해 언급하고 있다. John J. Cotter의 *The 20% Solution*(Chichester: John Wiley, 1995)은 서문에서 올바른 해답을 제시하고 있다. '하는 일 중 미래의 성공에 가장 많이 기여할 20%를 파악하고 시간과 에너지를 그 20%에 투자하라.'(pxix) Cotter는 파레토에 대해 잠시 언급하고 있으나(pxxi) 서론을 제외하고는 파레토나 80/20 법칙은 나오지 않으며 파레토는 색인에조차 나오지 않는다. 많은 저자들과 마찬가지로 Cotter는 80/20 공식 자체를 파레토의 공으로 돌리는 시대착오적인 실수를 하고 있다. '빌프레도 파레토(Vilfredo Pareto)는 프랑스인 경제학자로 기업 수익의 80%가 고객의 20%에서 얻어지는 것처럼, 대부분 상황의 요인 중 20%가 결과의 80%를 초래한다는 사실을 100년 전에 관찰했다. 그는 이를 파레토의 법칙이라 불렀다.'(pxxi) 사실 파레토는 '80/20', 또는 이와 비슷한 표현을 쓴 적이 없다. 그가 '법칙'이라 부른 것은 실제로는 주 4에 제시된 것처럼 수학공식이었으며 우리가 현재 알고 있는 80/20 법칙의 궁극적인 근원이긴 하지만 조금 다른 성격을 지니고 있다.

3. The Economist(1996) Living with the car, *The Economist*, 22 June, p8.

4. Vilfredo Pareto(1896~7) *Cours d'Economique Politique*, Lausanne University. 일반적인 통설과는 달리 파레토는 수입 불균형에 대한 논의 또는 그 어떤 곳에서도 '80/20'이라는 표현을 쓴 일이 없다. 노동인구의 20%가 수입의 80%를 얻는다는 단순한 관찰조차 하지 않았다. 파레토가 발견하여 그와 그 제자들을 흥분시킨 사실은 고소득자들과 그들이 향유한 총수입의 백분율 간의 일정한 관계였다. 이 관계는 일정한 대수법칙을 따랐으며 한 나라의 어떤 시기를 예로 들어도 비슷한 결과를 나타냈다.

   그 공식은 다음과 같다. N을 x보다 높은 수입을 올리는 수입자들의 숫자라고 하고 A와 m은 상수라고 하자. 파레토는 다음과 같은 공식을 발견하였다.

   $$\log N = \log A + m \log x$$

5. 파레토나 그 제자들이 안타깝게도 한 세대가 지나도록 이를 단순화하지 못했다는 사실을 염두에 두어야 할 것이다. 하지만 그의 방법을 합리적으로 추론한 것이며 파레토 자신이 제시한 설명보다 훨씬 더 접근하기가 쉽다.

6. 특히 하버드 대학이 파레토를 높이 평가한 듯하다. philogy에 끼친 집프(Zipf)의 영향을 제외하고도 경제학과의 교수들이 '파레토의 법칙'에 대한 매우 높은 평가를 내렸다. 이에 대한 가장 뛰어난 설명을 보려면, 파레토가 *Quarterly Journal of Economics*, Vol. LXIII, No. 2, May 1949(President and Fellows of Harvard College)에 기고한 글을 참조하라.

7. 집프의 법칙에 대한 훌륭한 설명을 보려면 Paul Krugman(1996), *The Self - Organizing Economy*, Cambridge, Mass: Blackwell, p39를 참조하라.

8. Joseph Moses Juran(1951) *Quality Control Handbook*, New York: McGraw-Hill, pp38~39. 이는 초판인데, 2000페이지가 넘는 가장 최근판과 비교해보았을 때 고작 700페이지에 지나지 않는다. 주란이 '파레토의 법칙'을 분명히 언급하고 올바르게 그 중요성을 제시하고 있지만 초판에서는 80/20이라는 개념을 쓰지 않고 있음을 염두에 두도록 한다.

9. Paul Krugman, op cit., note 7.

10. Malcolm Gladwell(1996) The tipping point, *New Yorker*, 3 June.

11. Malcolm Gladwell, ibid.

12. James Gleik의 (1987) Chaos: *Making a New Science*, New York, Little, Brown을 보라.

13. W. Brian Arthus의 (1989) Competing technologies, increasing returns, and lock-in by historical events, *Economic Journal*, vol 99, March, pp116~131을 보라.

14. George Bernard Shaw, John Adair의 (1996) *Effective Innovation*, Pan Books, London, p169에 인용되어 있다.

15. James Gleick, 앞서 인용한 책의 주 12에 인용되어 있다.

제2장

1. 나의 계산은 Donella H. Meadows, Dennis L. Meadows, Jorgen Randers의 (1992) Beyond the Limits, London: Earthscan, pp66f에 그 기반을 두고 있다.

2. 나의 계산은 Ronald V. A. Sprout, James H. Weaver의 (1991) *International Distribution of Income*: 1960~1987, Working Paper No. 159, Department of Economics, American University, Washington D. C. May에 근거하고 있다.

3. Health Care Strategic Management(1995) Strategic planning futurists need to be capitation-specific and epidemiological, *Health Care Strategic Management*, 1 September.

4. Malcolm Gladwell(1996) The science of shopping, *New Yorker*, 4 November.

5. Mary Corrigan, Gary Kauppila(1996) *Consumer Book Industry Overview and Analysis of the Two Leading Superstore Operators*, Chicago, Ill: William Blair & Co.

제3장

1. 이 표현은 Ivan Alexander(같은 책, 제2장)의 책에서 저자의 진보에 대한 생각을 체면불구하고 훔쳐서 인용한 것이다.

2. Ivan Alexander(앞서 인용한 책의 제13장의 주 2를 보라)는 다음과 같이 좋은 지적을 하고 있다. '이제는 지구의 자원이 유한하다는 사실을 알지만 우리는 기회의 다른 모습, 즉 사업이 번창하고 확장할 수 있는 밀집된 새로운 공간을 발견하였다. 무역, 상업, 자동화, 기계화, 정보화 분야는 거의 지리적인 공간을 차지하지 않음에도 불구하고 무한한 기회의 영역이다. 컴퓨터는 인류가 지금까지 고안해낸 가장 무궁무진한 기계이다.'

제4장

1. *Oxford Book of Verse*(1961) Oxford: Oxford University Press, p216에 인용되어 있다.

2. 가장 훌륭하고 진보적인 시간경영 개념에 관한 지침서는 Hiram B. Smith(1995) *The Ten Natural Laws of Time and Life Management*, London: Nicholas Brealey이다. Smith는 Franklin Corporation에 대해 폭넓게 다루고 있는 반면 그 기업의 모르몬적 기원에 대해서는 상대적으로 덜 다루고 있다.

3. Charles Handy(1969) *The Age of Unreason*, London: Random House, 제3장. Charles Handy의 (1994) *The Empty Raincoat*, London: Hutchinson도 참조하라.

4. William Bridges의 (1995) *JobShift: How to Prosper in a Workplace without a job*, Reading, Mass: Addison-Wesley/London: Nicholas Brealey를 참조하라. Bridges는 대형 조직의 전임 채용은 관례보다는 예외가 될 것이며 'job'의 의미는 'task'라는 원래의 뜻으로 돌아갈 것이라고 강력히 주장하고 있다.

5. Roy Jenkins(1995) *Gladstone*, London: Macmillan.

제6장

1. Donald O. Clifton, Paula Nelson(1992) *Play to your strengths*, London: Piatkus.

2. *Re/Search* Magazine(San Francisco), October, pp21~22에서의 J. G. Ballard와의 인터뷰.

3. 성 바울은 아마 기독교의 성공에 있어서 역사상의 예수보다 더 중요한 의미를 가질 것이다. 바울 때문에 로마는 기독교를 우호적으로 받아들이게 되었다. 성 베드로와 나머지 대부분의 사도들이 심하게 거부했던 이런 수단을 취하지 않았다면 기독교는 세상에 잘 알려지지 않은 종파로 남았을 것이다.

4. 빌프레도 파레토의 (1968) *The Rise and Fall of Elites*, intr. Han L. Zetterberg,

New York: Arno Press를 참조하라. 1901년에 이탈리아에서 초판된 이 책은 파레토의 후기저서들보다 그의 사회학에 대해 더 짧고 훌륭한 서술을 담고 있다. 파레토를 '부르주아적 칼 마르크스'라고 칭한 것은 사회주의신문 *Avanti*가 1923년 실은 추모 기사에서 그를 이와 같이 간접적으로 칭찬한 데서 비롯되었다. 파레토는 마르크스와 마찬가지로 행동양식을 결정하는 데 있어서 계급과 이데올로기의 중요성을 강조했기 때문에 이는 적절한 표현이라고 할 수 있을 것이다.

5. 음악과 시각예술은 아마 제외될 것이다. 하지만 이 분야에서도 일반적으로 인식되는 범위보다 협조관계는 더 중요할 수 있다.

제7장

1. Robert Frank, Philip Cook의 (1995) *The Winner-Take-All Society*, New York: Free Press를 참조하라. 80/20이라는 표현을 쓰고 있지는 않지만 저자들은 확실히 80/20과 비슷한 법칙의 작용을 이야기하고 있다. 저자들은 이처럼 불균형적인 성과를 수반하는 낭비를 매우 개탄한다. *The Economist*(25 November 1995, p134)에 실린 통찰력 있는 에세이에서 내가 이 부분에서 광범위하게 사용한 이 책에 대해 논평한 부분을 참조하라. *The Economist*에 실린 글을 보면 1980년대 초 시카고 대학의 Sherwin Rose가 스타들의 경제학에 대해 두어 개의 논문을 썼다는 사실을 기억할 수 있다.

2. Richard Kock의 (1995) *The Financial Times Guide to Strategy*, London: Pitman, pp17~30을 참조하라.

3. G. W. F. Hegel, Trans. T M Knox(1953) *Hegel's Philosophy of Right*, Oxford: Oxford University Press.

4. Louis S. Richman의 (1994) The new worker elite, *Fortune*, 22 August, pp44~50을 참조하라.

5. 이 경향은 경영자들이 너무 많다고 판단되고 효율적인 기업에서는 '행동하는 사람'의 자리만 있다는 '경영의 종말'의 한 부분이다.

제8장

1. 다음에 제시될 것은 매우 단순화된 경우이다. 진지하게 개인투자를 해볼 사람은 Richard Koch의 (1994, 1997) *Selecting Shares that Perform*, London: Pitman을 참조하기 바란다.

2. *BZW Equity and Gilt Study*(1993) London: BZW에 기반을 두었다. Koch의 같은 책 p3을 참조하라.

3. 앞서 인용한 빌프레도 파레토의 책.

4. Janet Lowe의 (1995) Benjamin Graham, *The Dean of Wall Street*, London: Pitman을 참조하라.

5. 지난해 발표된 수입에 기반을 두는 역사적인 P/E 외에도 주식시장 분석가들이 추

정한 미래 수입에 기반을 두고 예상하는 P/E가 있다. 만일 수입이 오르리라 추정될 경우 예상되는 P/E는 역사적인 P/E보다 낮게 나타남으로써 주식이 싸다고 느껴질 것이다. 예상되는 P/E는 경험많은 투자자들이 생각해야 할 부분이지만 추정된 수입이 실현되지 않을 수 있으며 또 실제로도 그렇기 때문에 잠재적으로 위험하다. P/E에 대한 보다 자세한 논의에 대해서는, 앞서 인용한 Richard Kock(주 1을 보라)의 책 pp108~112를 참조하라.

제9장

1. Daniel Goleman의 (1995) *Emotional Intelligence*, London: Bloomsbury, p179에서 인용된 의미심장한 장의 제목이다.
2. 곧 출판될 Steve Jones 교수의 책 In the Blood: *God, Genes and Destiny*(1996, London: HarperCollins)를 인용한 Dr. Dorothy Rowe의 (1996) The escape from depression, *Independent on Sunday*(London), 31 March, p14를 참조하라.
3. Dr. Peter Fenwick(1996) The dynamics of change, *Independent on Sunday*(London), 17 March. p9.
4. 앞서 인용한 Ivan Alexander의 책(제6장 주 2를 보라)의 제4장.
5. 앞서 인용한 Daniel Goleman의 책(주 1을 보라) p34.
6. 같은 책 p36.
7. 같은 책 p246.
8. 같은 책 pp6~7.
9. 앞서 인용한 Dr. Peter Fenwick의 책(주 1을 보라) p10.
10. 앞서 인용한 Goleman의 책(주 1을 보라) p87에 인용되었다.
11. 같은 책 p179.
12. 나는 다음과 같은 80/20 법칙의 매우 중요한 작용을 지적한 친구 Patrice Trequisser에게 감사의 뜻을 표한다. 사람은 몇 초만에 사랑에 빠질 수 있고 이는 나머지 인생에 지배적인 영향을 끼칠 수 있다. Patrice는 25년 전 첫눈에 사랑에 빠져 아직까지 행복하게 결혼생활을 하고 있기 때문에 내 경고를 받아들이지 않았다. 하지만 이 사람 역시 프랑스 사람이다.

제10장

1. Joseph Moses Juran, 앞서 언급한 책(제1장 주 8을 보라), pp38~39.
2. Ronald J. Recardo(1994) Strategic quality management: turning the spotlight on strategies as well as tactical issues, *National Productivity Review*, 22 March.
3. Niklas Von Daehne(1994) The new turnaround, *Success*, 1 April.
4. David Lowry(1993) Focusing on time and teams to eliminate waste at Singo prize-winning Ford Electronics, *National Productivity Review*, 22 March.

5. Terry Pinnell(1994) Coporate change made easier, *PC User*, 10 August.
6. James R. Nagel(1994) TQM and the Pentagon, *Industrial Engineering*, 1 December.
7. Chris Vandersluis(1994) Poor planning can sabotage implementations, *Computing Canada*, 25 May.
8. Steve Wilson(1994) Newton: bringing AI out of the ivory tower, *AI Expert*, 1 February.
9. Jeff Holzman(1994) And then there were none, *Electronics Now*, 1 July.
10. MacWeek(1994) Software developers create modular applications that include low prices and core functions, *MacWeek*, 17 January.
11. Barbara Quint(1995) What's your problem? *Information Today*, 1 January.
12. Richard Koch, Ian Godden의 (1996) *Managing Without Management*, London: Ncholas Brealey 중 특히 제6장 pp96~109를 보라.
13. Peter Drucker(1995) *Managing in a Time of Great Change*, London, Butterworth-Heinemann, pp96f.
14. Richard Koch, Ian Godden의 앞서 인용한 책(주 12를 보라)의 제6장과 p159를 보라.

제12장

1. Henry Ford(1991) *Ford on Management*, intr. Ronnie Lessem, Oxford: Blackwell, pp10, 141, 148. Henry Ford(1922) *My Life and Work*와 (1929) *My philosophy of Industry*의 신판.
2. Gunter Rommel(1996) *Simplicity Wins*, Cambridge, Mass: Harvard Business School Press.
3. George Elliott, Ronald G. Evans, Bruce Gardiner(1996) Managing cost: transatlantic lessons, *Management Review*, June.
4. Richard Kock, Ian Godden, 앞서 인용한 책(제3장 주 12를 보라).
5. Carol Casper(1994) Wholesale changes, *US Distribution Journal*, 15 March.
6. Ted R. Compton(1994) Using activity-based costing in your organization, *Journal of Systems management*, 1 March.

제13장

1. Vin Manaktala(1994) Marketing: the seven deadly sins, *Journal of Accountancy*, 1 September.
2. 몇몇 중추적인 20세기 초반의 기업가들의 이상주의와 능력으로 이루어진 고의적이고 성공적인 사회변화를 잊기 쉽다. 이들은 가난이 널리 퍼져 있기는 하지만 없앨 수 있다는 'horn of plenty' 주장을 폈다. 다시 헨리 포드를 예로 들 수 있다. '보다 비참한 형태의 가난과 빈곤을 없애야 하는 의무는 쉽게 수행할 수 있다. 지구는

너무나도 비옥하기 때문에 충분한 음식, 의복, 일자리와 여가가 충분히 있을 수 있다.' Henry Ford의 (1991) *Ford on Management*, intr. Ronnie Lessem, Oxford: Blackwell, pp10, 141을 보라. 나는 그 첫장에서 내가 빌린 이 논점과 다른 여러 가지 주안점들을 제시한 *The Civilized Market*(1997, Oxford: Capstone)의 초고를 보여준 저자 Ivan Alexander에게 깊은 감사의 뜻을 표한다.(주 3 참조)

3. Ivan Alexander의 (1997) *The Civilized Market*, Oxford: Capstone 참조.

4. Michael Slezak이 (1994) Drawing fine lines in lipsticks, *Supermarket News*, 11 March에서 인용하였다.

5. Mark Stevens(1994) Take a good look at company blind spots, *Star-Tribune*(Twin cities), 7 November.

6. John S Harrison (1994) Can mid-sized LECs succeed in tomorrow's competitive marketplace?, *Telephony*, 17 January.

7. Ginger Trumfio(1995) Relationship builders: contract management, *Sales & Marketing Management*, 1 February.

8. Jeffrey D. Zbar(1994) Credit card campaign highlights restaurants, *Sun-Sentinel*(Fort Lauderdale), 10 October.

9. Donna Petrozzello(1995) A tale of two stations, *Broadcasting & Cable*, 4 September.

10. Sidney A. Friedman의 (1995) Building a super agency of the future, *National Underwriter Life and Health*, 27 March에 인용된 보험회사 컨설턴트 Dan Sullivan.

11. 특정 사업과 기업에 대한 많은 기사들이 이를 입증하고 있다. 예를 들어 Brian T Majeski(1994)의 The scarcity of quality sales employees, *The Music Trades*, 1 November를 참조하라.

12. Harvey Mackay(1995) We sometimes lose sight of how success is gained, *The Sacramento Bee*, 5 November.

13. The Music Trades(1994) How much do salespeople make?, *The Music Trades*, 1 November.

14. Robert E. Sanders(1987) The Pareto Principle, its use and abuse, *Journal of Consumer Marketing*, Vol 4, Issue 1, Winter, pp47~40.

제14장

1. Peter B. Suskind(1995) Warehouse operations: don't leave well alone, *IIE Solutions*, 1 August.

2. Gary Forger(1994) How more date + less handling = smart warehousing, *Modern Materials Handling*, 1 April.

3. Robin Field, Branded consumer products, in James Morton(ed.)(1995) *The*

Global guide to Investing, London: FT/Pitman, pp471f.

4. Ray Kulwiec(1995) Shelving for parts and packages, *Modern Materials Handling*, 1 July.
5. Michael J. Earl, David F. Feeny(1997) Is your CIO adding value?, *Sloan Management Review*, 22 March.
6. Derek L. Dean, Robert E. Dvorak, Endre Holen(1994) Breaking through the barriers to new systems development, *McKinsey Quarterly*, 22 June.
7. Roger Dawson(1995) Secrets of power negotiating, *Success*, 1 September.
8. Orten C. Skinner(1991) Get what you want through the fine art of negotiation, *Medical Laboratory Observer*, 1 November.

제16장

1. Charles Darwin(1839) *Voyage of the Beagle*, 노예제도에 대한 장.
2. Guardian, 3 February 1997.
3. Hans-Peter Martin, Harald Schumann(1996) *The Global Trap: The Assault on Democracy and Prosperity*, Reinbeck bei Hamburg, Rowohlt Verlag.
4. 앞서 인용한 Richard Koch, Ian Godden의 책(제3장 주 12를 보라) p210.
5. David Osborn, Ted Gaebler(1992) *Reinventing Government*, New York: Plume, pp93~107.
6. Gordon Dryden, Jeannette Vos(1994) *The Learning Revolution*, Aylesbury, Accelerated Learning Systems, pp330~333, 378~381.
7. David Sadtler, Andrew Campbell, Richard Koch의 (1997) *Breakup! Why Large Companies Are Worth More Dead than Alive*, Oxford: Capstone 을 참조하라.
8. The Economist(1996) Cop out, *The Economist*, 30 March, p56.
9. Thomas Robert Malthus(1798) *An Essay on the Principles of Populations as it Affects the Future Improvements of Society*. Malthus는 칼 마르크스 다음으로 뛰어난 분석능력을 엄청나게 크게 잘못된 예지능력과 조합시킨 별난 영국인 목사였다.
10. 모든 것을 민영화한다는 생각은 순진하거나 극단적이라고 보일 수 있다. 예를 들어 군대나 사법부의 경우는 어떤가? 이는 여기서 이야기하기는 너무나도 큰 주제이다. 국가의 기관 중 몇몇은 축소된 형태로 남아야 하겠지만, 책임감 있는 상업적 단체 나 비영리적인 단체들이 최대한 많은 기능을 수행하는 것이 돈의 가치면이나 시민 의 권리면에서 공익을 위해 나을 것이다. 아직 아무도 이 법칙을 얼마나 실제상황 에 적용할 수 있는지에 대해 심각하게 시험해보지 않았다. 아직 실용적인 생각들을 많이 해야야겠지만 어느 방향으로 가야 자유와 풍요로움을 누릴 수 있는지에 대해서 는 의심하지 않아도 되는 것이다.

KI신서 376

80/20 법칙

리처드 코치 지음 | 공병호 옮김

1판 1쇄 발행 | 2000. 9. 30
1판 2쇄 발행 | 2000. 10. 10

펴낸곳 | (주)북21
펴낸이 | 김영곤
책임편집 | 김기옥 · 권정희

등록번호 | 제10-314호
등록일자 | 1989. 4. 4

서울시 마포구 서교동 464-41 미진빌딩 4층(121-210)
전화 | (02)336-2100(대표)
팩시밀리 | (02)336-2151

http://www.book21.co.kr
E-mail | book21@book21.co.kr

값 12,000원
ISBN 89-509-0442-X 13320

2000. 12. 16 / 2. 26 讀
신기술

이주오 경영 란 1서정 (수시 黃인)